GW-BASIC
Lenguajes entrañables

David Herrera Pérez

GW-BASIC

LENGUAJES
ENTRAÑABLES

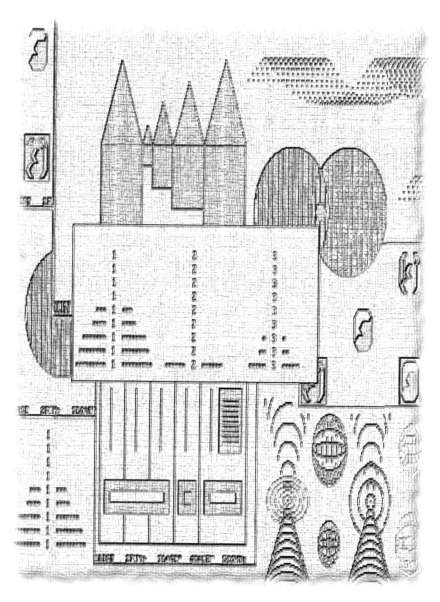

Contacto: **micifut@hotmail.com**

URL del autor: **https://amazon.com/author/davidhperez**

El programa-utilidad para explorar todos los códigos ASCII, ubicado en la sección dedicada a la función STRING$ es libre.

Dado el carácter didáctico de este libro, el autor permite la manipulación particular de todos los programas de este libro siempre y cuando el objeto sea un uso personal y de aprendizaje.

En caso de divulgar informaciones como las fracciones que aproximan π de los capítulos 4.4 y 4.5 o los ejemplos de recursividad del capítulo 4.6 deberá indicarse su lugar de procedencia, a saber, este libro.

Índice de contenidos

Prólogo

Posiblemente tenga en sus manos uno de los manuales más
completos que se hayan escrito sobre el intérprete GW-BASIC. Las
particularidades de cada opción del ejecutable GWBASIC.EXE que
inicia el intérprete se trata exhaustivamente en el capítulo 2. Del
funcionamiento del editor y la descripción de las teclas rápidas se
encarga el capítulo 3. El siguiente capítulo describe los distintos
tipos de operadores y cómo se representan en el lenguaje e
introduce conceptos de bases numéricas y cómo cambiar de una a
otra; así mismo pone en evidencia la complejidad de determinar la
igualdad de dos números reales usando varios ejemplos, el último
de los cuáles genera una gran variedad de fracciones que
aproximan el número π que se proporcionan debidamente
ordenadas para deleite de los amantes del famoso número. Una
completa sección dedicada a la recursividad y su implementación
en GW-BASIC consuma en una fascinante resolución del problema
de las torres de Hanoi de agradable visualización. El capítulo 5 se
encarga de la descripción de cada sentencia, función o comando
del lenguaje. Prácticamente toda la información que aparece aquí
ha sido verificada mediante pequeños programas de prueba,
muchos de los cuales forman parte de este libro en forma de
ejemplos. Es mediante éstos que lo entrañable llega a ser palmario.
Finalmente, se proporciona una pequeña bibliografía para aquellos
que quieran profundizar en el lenguaje.

Lo entrañable deviene al revivir acontecimientos pasados que nos
han marcado por personalmente destacables. Al igual que en un

viaje es lo acontecido lo que determina nuestra apreciación de la calidad del mismo, las sensaciones adquiridas al interactuar con el intérprete mientras creamos nuestros propios programas son las que paulatinamente convierten en entrañable la experiencia.

Capítulo 1

Orígenes del intérprete de GW-BASIC

1.1.- ¿Qué es GW-BASIC?

GWBASIC.EXE es un programa desarrollado por Microsoft originariamente para la compañía *Compaq* a partir del lenguaje BASICA (*IBM Advanced BASIC*, incluido en el computador IBM PC DOS original en forma de archivo .COM que precisaba de la presencia de chips con el lenguaje en el computador). No necesita estar integrado en una memoria ROM (acrónimo en inglés de *Read-Only Memory* o *Memoria de sólo lectura*) de BASIC del ordenador, sino que es un verdadero programa ejecutable más de los muchos que residen en el disco duro de un ordenador. Apareció por primera vez como parte del sistema operativo de Microsoft MS-DOS 3.2 y siguió formando parte del mismo en posteriores versiones hasta llegar a la 5.0, en la que fue sustituido por el intérprete QBASIC (el cual ya no requiere números de línea e incorpora nuevas características propias de la programación estructurada como la inclusión de procedimientos, funciones y recursividad, así como una mejora de las funciones y sentencias del lenguaje).

1.2.- ¿Por qué GW-BASIC?

Si QBASIC es más avanzado, ¿por qué dedico un libro a una versión *inferior* del lenguaje BASIC? La respuesta es clara: el editor de GW-BASIC aún conserva ese encanto que provoca el uso de un editor que al mismo tiempo es intérprete de órdenes. Si bien se entiende que el IDE (acrónimo en inglés de *Integrated Development Environment* o *Entorno integrado de desarrollo*) utilizado por QBASIC mejora mucho la edición y el depurado de los programas, pierde la vieja forma de trabajo en el que averiguar el fallo de un algoritmo a veces se convertía en una aventura en la que la incorporación en el código de sentencias PRINT y/o STOP que informaran del valor de ciertas variables o permitieran cambiar su contenido en ciertos tramos de ejecución era *el pan nuestro de cada día*. GW-BASIC es la última versión de BASIC que requiere números de línea en sus programas y saltos de una sección de código a otra como parte intrínseca del lenguaje; y precisamente esto es lo que lo convierte en divertido. Además, *prácticamente todos* los conocimientos adquiridos por la lectura de este libro son igualmente válidos para QBASIC.

Capítulo 2

Invocar al intérprete de GW-BASIC

Invocar a `GW-BASIC` con las opciones por defecto es tan sencillo
como escribir la palabra `GWBASIC` en la línea de comandos de `DOS`
y pulsar la tecla `ENTER` o `INTRO`. En la versión que he utilizado
para la programación y verificación de los ejemplos de este libro,
el intérprete responde con las líneas:

```
GW-BASIC 3.22
(c) Copyright Microsoft 1983,1984,1985,1986,1987
60300 Bytes libres
Ok
_ (cursor intermitente)
```

que nos dan información sobre la versión, los derechos de autor y
la memoria libre disponible. La palabra `Ok` indica que la carga del
programa no ha tenido errores y el cursor intermitente que aparece
en la línea siguiente es la señal que usa el intérprete como *prompt*
para invitar al usuario a introducir un programa, comando o
sentencia de `GW-BASIC`. Asimismo, en la línea `25` aparecen nueve
palabras numeradas, cada una de las cuales será invocada al pulsar
la tecla de función (`F1` a `F9`) de número parejo.

Existen una serie de modificadores con los que se puede pedir al intérprete (a la hora de ser invocado) un cambio en el entorno o en su comportamiento por defecto. Son los parámetros que admite el ejecutable GWBASIC.EXE y se escriben tras su nombre, en la línea de comandos de DOS, como aquí se indica (los corchetes denotan las partes opcionales):

GWBASIC [*nomFich*[.BAS]] [<stdin] [[>]>stdout]
[/f:*n*] [/i] [/s:*n*] [/c:*n*] [/m:[*n*][,*nb*]] [/d]

Más en detalle:

nomFich[.BAS] es el nombre de un archivo que sigue la norma del sistema operativo DOS: nombre de no más de ocho caracteres válidos (distintos de: \ / : * ? " < > .), el carácter punto (.) y una extensión de a lo sumo tres letras. Puesto que el intérprete de GW-BASIC presupone que el archivo contiene un programa en BASIC, tratará de ejecutar su contenido sea cual sea su extensión; pero en caso de omitirla, se asume que es .BAS. El archivo debe existir. Se admite indicar la ruta parcial o completa donde se localiza el archivo, aunque este no se encuentre en el directorio actual. Por ejemplo:

✓ .\MISPROG\TAN o MISPROG\TAN indica que el archivo TAN.BAS se encuentra en el subdirectorio MISPROG del directorio actual. El directorio actual se puede referenciar con punto (.) y el directorio del cual desciende con dos (..).

✓ C:\GWBASIC\MISPROG\TAN.BAS indica que el archivo TAN.BAS se encuentra en el subdirectorio MISPROG del directorio GWBASIC que desciende del directorio raíz de la unidad (C:\).

<stdin redirige la entrada estándar de GW-BASIC (el teclado) al archivo de nombre stdin para leer automáticamente información

del mismo. Como ejemplo, supongamos que el archivo SRMD.BAS contiene este programa en GW-BASIC:

```
10 INPUT "Operandos: ",A,B
20 INPUT "NomOp1:",SUM$,RES$,MUL$,DIV$
30 PRINT:GOSUB 100:PRINT
40 INPUT "NomOp2:",SUM$,RES$,MUL$
50 PRINT:GOSUB 100:END
100 REM Mostrar resultados
110 PRINT SUM$;TAB(16)" de "A" y "B"= ";A+B
120 PRINT RES$;TAB(16)" de "A" y "B"= ";A-B
130 PRINT MUL$;TAB(16)" de "A" y "B"= ";A*B
140 PRINT DIV$;TAB(16)" de "A" y "B"= ";A/B
150 RETURN
```

y que el archivo SRMDDAT.TXT contiene los datos que necesita; en concreto, las tres líneas:

```
78,7
"Suma","Resta","Multiplicación","División"
"Adición","Sustracción","Producto"
```

La siguiente orden:

```
GWBASIC SRMD.BAS <SRMDDAT.TXT
```

ejecuta el programa SRMD.BAS asignando cada dato del archivo SRMDDAT.TXT a la variable de la sentencia INPUT correspondiente y produce la siguiente *salida por pantalla*:

```
Operandos: 78,7
NomOp1:"Suma","Resta","Multiplicación","División"

Suma            de 78 y 7 =  85
Resta           de 78 y 7 =  71
Multiplicación  de 78 y 7 =  546
```

```
División          de  78  y  7  =  11.14286
NomOp2:"Adición","Sustracción","Producto"
Adición           de  78  y  7  =  85
Sustracción       de  78  y  7  =  71
Producto          de  78  y  7  =  546
División          de  78  y  7  =  11.14286
Ok
```

Esto funciona porque la información se lee secuencialmente del archivo a medida que se necesita y cada dato coincide en formato con el que espera la sentencia INPUT en curso.

>stdout redirige la salida estándar de GW-BASIC (la pantalla) al archivo o dispositivo de nombre stdout para escribir en él toda la información de salida. Si adjunto a la palabra stdout se utiliza **>>** en lugar de **>**, la información se añadirá a la que ya existía. Como ejemplo, y suponiendo que tenemos los mismos archivos de antes, la orden:

```
GWBASIC SRMD.BAS <SRMDDAT.TXT >SALIDA.TXT
```

ejecuta el programa SRMD.BAS asignando cada dato del archivo SRMDDAT.TXT a la variable de la sentencia INPUT correspondiente y crea un archivo nuevo llamado SALIDA.TXT con la información que antes se mostraba en la pantalla. Tras finalizar la ejecución del programa se vuelve al *prompt* de DOS. Si la orden es:

```
GWBASIC SRMD.BAS <SRMDDAT.TXT >>SALIDA.TXT
```

procede como se indicó antes; pero si el archivo SALIDA.TXT ya existe, no se borran sus datos sino que se añaden a los que había previamente.

```
GWBASIC CALCULA >RES.DAT
```

ejecuta el programa CALCULA.BAS y saca la salida por la pantalla. Al finalizar la ejecución, permanece en GW-BASIC a la espera de una orden del usuario. El programa sigue en la memoria. Todo el texto es mostrado en la pantalla y mientras la sentencia SYSTEM no provoque la salida del intérprete, es reflejado en el archivo de texto RES.DAT. Si la orden fuera:

```
GWBASIC CALCULA >>RES.DAT
```

se procede como antes; pero si el archivo RES.DAT ya existe, no se borran sus datos sino que se añaden a los que había previamente.

Tanto <stdin como [>]>stdout, en caso de aparecer, deben preceder a cualquiera de los restantes parámetros admitidos por el programa ejecutable GWBASIC.EXE:

/f:n determina el número máximo de archivos que pueden abrirse simultáneamente durante la ejecución del intérprete (si se omite, el número máximo de archivos abiertos será de 3). Este parámetro es ignorado a menos que el modificador /i esté presente entre las opciones de ejecución de GW-BASIC. El gasto de memoria es de 194 bytes por cada FCB (*File Control Block* o bloque de control del archivo) más los 128 bytes del búfer de datos (aunque este tamaño depende de la opción /s:n).

/i hace uso de las opciones /s:n y /f:n para determinar cuánta memoria reservar para las operaciones sobre ficheros.

/s:n determina la longitud máxima de cada registro permitida al operar con archivos. Este parámetro limita la opción que establece el tamaño de cada registro del archivo en la sentencia OPEN. Si se omite, el valor por defecto es de 128 bytes. El valor máximo de n es de 32767.

/c:n controla el puerto de comunicaciones serie RS-232. Si se omite, cada tarjeta RS-232 presente en el computador dedicará 128 bytes para el búfer de transmisión y 256 bytes para el de recepción. Para desactivar toda operación de E/S (*Entrada/salida*) a través de las tarjetas de comunicaciones RS-232 el valor de *n* debe ser 0; cualquier otro valor válido determina un búfer fijo de 128 bytes para el búfer de transmisión y *n* bytes para el búfer de recepción. Si no existe ninguna tarjera RS-232 el parámetro no tiene efecto.

[/m:[*n*][,*nb*]] define la ubicación de la dirección de memoria más alta permitida (*n*) y el tamaño de bloque de memoria máximo (el *múltiplo de 16* que garantice la cantidad *nb*) para el entorno del intérprete. Por defecto, GW-BASIC localiza 64Kbytes de memoria para albergar los segmentos de datos y de pila. Este parámetro es importante para las rutinas en lenguaje ensamblador y máquina que interactúan con GW-BASIC a la hora de localizar una ubicación en memoria para su ejecución dentro del espacio de trabajo reservado para GW-BASIC. Si se omiten *n* y *nb*, el valor por defecto es de 64K (1K son 1024 bytes); pero si omitiéndose *n* se especifica *nb*, el valor por defecto depende del múltiplo de 16 cercano a *nb*:

```
GWBASIC  /M:,&O2000       (Entorno con 11150 Bytes libres)
GWBASIC  /M:,1023         (Entorno con 11134 Bytes libres)
GWBASIC  /M:              (Entorno con 60300 Bytes libres)
GWBASIC                   (Entorno con 60300 Bytes libres)
GWBASIC  /M:&H8000        (Entorno con 27534 Bytes libres)
GWBASIC  /M:32768,2048    (27534  B. libres. Bloques de 2K)
```

Como se aprecia en los ejemplos anteriores, cuando GW-BASIC encuentra un número sin especificadores lo entiende como decimal; pero estos números pueden estar escritos en otra base distinta a la 10. Si la base es 16 el número *hexadecimal* resultante precisa del prefijo &H (como en el penúltimo ejemplo, que se corresponde con el decimal 32768); si la base es 8, el número *octal* resultante debe ir precedido por el prefijo &O (como en el primer ejemplo, que se corresponde con el decimal 1024). Estos prefijos se pueden utilizar en el entorno de GW-BASIC cuando se desea indicar un número en octal o hexadecimal en vez del (más común) formato numérico decimal.

/d determina el uso de *números de doble precisión* en el cálculo del resultado de ciertas funciones (SIN, COS, TAN, ATN, LOG, EXP y SQR). Requiere un gasto de memoria extra para el código de unos 3000 bytes debido a la utilización de un número mayor de bits en la representación de cada número.

Para *salir del entorno de GW-BASIC* y volver al sistema operativo DOS basta con ejecutar el comando SYSTEM.

Capítulo 3

El editor de GW-BASIC

El editor de GW-BASIC es al mismo tiempo un intérprete del
lenguaje. Si lo escrito en una línea va precedido de un número, se
considera parte del código del programa en GW-BASIC y al pulsar
la tecla ENTER, RETURN, INTRO o ↵ se guarda en memoria en el
lugar correspondiente del mismo, acorde con el número. Si los
primeros caracteres de la línea no son numéricos, el intérprete
intenta descifrar y ejecutar la orden escrita por el usuario; si la
desconoce, emite el mensaje: «Error de sintaxis»; si tiene
éxito, lo indica con un Ok, si no, genera el mensaje de error que
corresponda.

Las teclas del cursor (←,↓,↑,→) se pueden utilizar para desplazarse
por toda la pantalla del editor (excepto la línea 25, que es sólo
informativa). El uso del comando LIST, permite mostrar las líneas
del programa en memoria que queremos revisar. Si se posiciona el
cursor sobre una de esas líneas y se modifica, la pulsación de la
tecla ENTER con el cursor sito sobre esa misma línea hará efectivo
el cambio. La escritura de un número de línea e inmediata
pulsación de la tecla ENTER produce el borrado de la línea del
programa de mismo número; pero si ese número no existe, se

genera el error «No. de línea no definido». La mayor parte de las veces, esta forma de edición resulta bastante cómoda; pero en ocasiones (cuando la longitud de la línea sobrepasa el ancho de pantalla) es más conveniente utilizar directamente el comando EDIT.

Las teclas de borrado e inserción del teclado funcionan acorde con lo esperado:

✓ Si la tecla de inserción (Insert o Ins) está activada, los caracteres que se escriban en la posición del cursor desplazarán a los que se encuentren a su derecha en esa misma dirección, si no, los sobrescribirá.

✓ BACKSPACE o ← borra el carácter previo a la posición actual del cursor (el situado inmediatamente antes). Todos los caracteres ubicados la derecha del cursor se desplazan una posición hacia la izquierda dentro de la línea de edición.

✓ DEL o Supr borra el carácter ubicado en la posición del cursor. Todos los caracteres a la derecha del cursor se desplazan una posición hacia la izquierda dentro de la línea de edición.

Ciertas *combinaciones de teclas* pulsadas simultáneamente (esto es, manteniendo presionada la primera de ellas se pulsa la segunda) equivalen a las anteriores o realizan acciones útiles adicionales. (Es posible que alguna no funcione en entornos modernos):

✓ CTRL-] equivale a la tecla ← (*Cursor izquierda*); mueve el cursor una posición hacia la izquierda, de forma que si éste se encuentra en el borde izquierdo de la pantalla, pasará a estar ubicado justo al final de la línea precedente.

✓ CTRL-- equivale a la tecla ↓ (*Cursor abajo*); mueve el cursor una línea hacia abajo en la pantalla. Si éste se encuentra en el extremo inferior de la pantalla, no tiene efecto.

✓ CTRL-6 (no el 6 del teclado numérico) equivale a la tecla ↑ (*Cursor arriba*); mueve el cursor una línea hacia arriba en la pantalla. Si éste se encuentra en el extremo superior de la pantalla, no tiene efecto.

✓ CTRL-\ equivale a la tecla → (*Cursor derecha*); mueve el cursor una posición hacia la derecha, de forma que si éste se encuentra en el borde derecho de la pantalla, pasará a estar ubicado justo al inicio de la línea posterior.

✓ CTRL-B o CTRL-← ; mueve el cursor al principio de la palabra precedente. Si para ello el cursor precisa cambiar de línea, lo hará. Por definición, una palabra está compuesta por letras del abecedario (excepto: ñ, Ñ y espacio) mayúsculas o minúsculas y/o números, por lo que cualquier carácter válido para una palabra determinará el final de una y el comienzo de otra.

✓ CTRL-F o CTRL-→ ; mueve el cursor al principio de la palabra siguiente. Si para ello el cursor precisa cambiar de línea, lo hará. Como antes, una palabra está compuesta por letras del abecedario (excepto: ñ, Ñ y espacio) mayúsculas o minúsculas y/o números, por lo que cualquier carácter válido para una palabra determinará el final de una y el comienzo de otra.

✓ CTRL-R equivale a la tecla Insert o Ins.

✓ CTRL-H equivale a la tecla BACKSPACE (retroceso).

✓ CTRL-BACKSPACE equivale a DEL o Supr.

✓ CTRL-M equivale a ENTER, RETURN, ↵ o INTRO; valida una línea como parte de un programa en GW-BASIC (si sólo se indica un número de línea existente, la elimina del código) o acepta lo escrito como una orden del usuario. También mueve el cursor al principio de la siguiente línea lógica.

✓ CTRL-J o bien, dependiendo del teclado: CTRL-RETURN, CTRL-ENTER, CTRL-↵ o CTRL-INTRO; mueve el cursor al principio de la línea siguiente sin cambiar de línea lógica (una *línea lógica* está formada por no más de 255 caracteres: la longitud máxima de una línea de programa) Se puede utilizar como un salto de línea dentro de una línea del programa para mayor legibilidad. Realmente, lo que hace es introducir la combinación de caracteres LF-CR (*Line Feed-Carriage Return*) en la línea (justo al revés que los caracteres de terminación de una línea usados comúnmente en un archivo de texto en DOS, a saber, CR-LF). El *retorno de carro* (CR) se corresponde con el decimal 13 o hexadecimal &H0D; El *cambio de línea* (LF) se corresponde con el decimal 10 o hexadecimal &H0A.

✓ CTRL-N equivale a la tecla END o FIN; mueve el cursor al final de la línea lógica determinada por la posición actual del cursor. Es útil para añadir código a una línea de programa ya existente.

✓ CTRL-E o CTRL-END (dependiendo del teclado: CTRL-FIN); borra los caracteres que existen desde la posición actual del cursor hasta el final de la línea lógica.

✓ CTRL-[equivale a ESC; borra la línea lógica en la que se encuentra el cursor. Si el cursor está posicionado sobre el listado de parte del código del programa en memoria, éste no sufre modificación alguna aunque desaparezca parte del mismo de la pantalla.

✓ CTRL-I equivale a TAB (tecla tabulador); mueve el cursor hasta el siguiente posición de tabulación, que está por defecto ocho columnas más a la derecha de la actual.

✓ CTRL-C o CTRL-BREAK (si no funciona, pruebe CTRL-LOCK) detiene la edición de la línea en curso sin guardar los cambios efectuados en la misma y retoma el modo directo en el que espera órdenes del usuario. Permite anular la numeración automática de líneas provocada por el comando AUTO o interrumpe el programa que se encuentre en ejecución.

✓ CTRL-K o HOME (dependiendo del teclado: INICIO); establece como posición actual del cursor, la esquina superior izquierda de la pantalla sin modificar el contenido de la misma.

✓ CTRL-L o CRTL-HOME (según el teclado: CRTL-INICIO); limpia la pantalla y posiciona el cursor en la esquina superior izquierda de la misma. Si en ese instante se mostraba un listado de partes del programa en memoria, éste no se verá afectado. si se está editando una línea del programa en ese instante, no se guardarán los cambios efectuados.

✓ CTRL-G Emite un pitido (*beep*) por el altavoz del computador.

✓ CTRL-S o CRTL-NUM LOCK deja el computador en pausa. Para continuar, se pulsa cualquier tecla. En ordenadores más modernos: tecla Pause.

✓ CTRL-PRTSC activa el modo eco con la impresora en línea (normalmente lpt1:). Todo lo que se escriba en la pantalla, también se manda a la impresora. Para desactivar el modo eco basta pulsar de nuevo CTRL-PRTSC.

✓ SHIFT-PRTSC envía una instantánea del contenido actual de la pantalla a la impresora.

3.1.- Atajos del teclado

Presionar simultáneamente las teclas CRTL y ALT equivale a la pulsación de la tecla ALT GR en los teclados modernos. Mantener presionada esta tecla mientras se digita una letra del abecedario provoca la impresión (dentro del editor de GW-BASIC) de una palabra del lenguaje, a saber:

- ✓ CRTL-ALT-A equivale a teclear el comando: AUTO
- ✓ CRTL-ALT-B equivale a teclear el comando: BSAVE
- ✓ CRTL-ALT-C equivale a teclear la sentencia: COLOR
- ✓ CRTL-ALT-D equivale a teclear el comando: DELETE
- ✓ CRTL-ALT-E equivale a teclear la palabra: ELSE
- ✓ CRTL-ALT-F equivale a teclear la sentencia: FOR
- ✓ CRTL-ALT-G equivale a teclear la sentencia: GOTO
- ✓ CRTL-ALT-H equivale a teclear la función: HEX$
- ✓ CRTL-ALT-I equivale a teclear la sentencia: INPUT
- ✓ CRTL-ALT-K equivale a teclear la sentencia: KEY
- ✓ CRTL-ALT-L equivale a teclear la sentencia: LOCATE
- ✓ CRTL-ALT-M equivale a teclear la palabra: MOTOR
- ✓ CRTL-ALT-N equivale a teclear la sentencia: NEXT
- ✓ CRTL-ALT-O equivale a teclear la sentencia: OPEN
- ✓ CRTL-ALT-P equivale a teclear la sentencia: PRINT
- ✓ CRTL-ALT-R equivale a teclear el comando: RUN
- ✓ CRTL-ALT-S equivale a teclear la sentencia: SCREEN
- ✓ CRTL-ALT-T equivale a teclear la palabra: THEN
- ✓ CRTL-ALT-U equivale a teclear la palabra: USING
- ✓ CRTL-ALT-V equivale a teclear la función: VAL
- ✓ CRTL-ALT-W equivale a teclear la sentencia: WIDTH
- ✓ CRTL-ALT-X equivale a teclear el operador: XOR

Adicionalmente, las nueve primeras teclas de función están programadas por defecto de la siguiente manera:

- ✓ Pulsar la tecla F1 equivale a teclear: LIST
- ✓ Pulsar la tecla F2 equivale a teclear: RUN←
- ✓ Pulsar la tecla F3 equivale a teclear: LOAD"
- ✓ Pulsar la tecla F4 equivale a teclear: SAVE"
- ✓ Pulsar la tecla F5 equivale a teclear: CONT←
- ✓ Pulsar la tecla F6 equivale a teclear: ,"LPT1:"
- ✓ Pulsar la tecla F7 equivale a teclear: TRON←
- ✓ Pulsar la tecla F8 equivale a teclear: TROFF←
- ✓ Pulsar la tecla F9 equivale a teclear: KEY
- ✓ Pulsar la tecla F10 equivale a teclear: SCREEN 0,0,0←

donde el carácter ← provoca la pulsación automática de la tecla ENTER, INTRO, RETURN o ← que confirma una orden del usuario. La siguiente característica es habitual en todos los teclados:

Para **obtener el carácter correspondiente a un código ASCII** determinado, basta *mantener presionada la tecla Alt al mismo tiempo que se pulsan los dígitos del código*. Por ejemplo, si con la tecla Alt pulsada escribimos el número 126, al soltar dicha tecla aparecerá en pantalla el carácter ~.

En la función STRING$ proporciono un programa pequeño y funcional para facilitar la exploración de todos los códigos ASCII y sus caracteres asociados.

Capítulo 4

Características del lenguaje GW-BASIC

Toda lengua precisa de palabras asociadas a los conceptos que pretendemos expresar. En el caso de los lenguajes de programación estos conceptos se limitan a lo que puede hacer la máquina con los recursos que tiene a su alcance. Habrá símbolos asociados a las operaciones matemáticas básicas y palabras inteligibles para el ser humano asociadas a otros quehaceres. Aquéllas más propicias para su uso en *modo directo* (interactuando con el usuario) por estar asociadas a funciones aledañas al programa (carga, grabación, listado, renumeración de sus líneas, cambio de directorio, etc.) se agrupan bajo el nombre de *comandos o instrucciones* (como RUN, que permite ejecutar el programa que reside en memoria); otras, aparecen de forma más habitual en los programas por lo que su uso suele ser en *modo indirecto* (se invocan al ejecutar el programa que reside en memoria) y se agrupan en:

- ✓ *Variables*: zonas de la memoria cuyos datos allí almacenados sólo son accesibles al usuario mediante nombres específicos.

- ✓ *Operadores*: palabras asociadas a una operación sobre una o dos *entidades* (expresiones numéricas literales o variables numéricas). Las operaciones lógicas, las relacionales, el cálculo aritmético y el módulo de un número están integrados en el lenguaje mediante distintos operadores.

✓ *Sentencias*: palabras asociadas a una serie de acciones y que no precisan devolver ningún valor. En otros lenguajes se conocen como *procedimientos*. También pueden llamarse *instrucciones*.

✓ *Funciones*: palabras asociadas a tareas que precisan de cálculo y devuelven un resultado. Un abuso del lenguaje hace que a veces también se llamen *instrucciones*.

Las sentencias y funciones pueden requerir información adicional que el usuario puede proporcionar tras su nombre y con el formato que precise, en forma de lista de *argumentos* o *parámetros* (el uso de esta última palabra es más propio en la línea de comandos de DOS).

La sentencia PRINT es habitual tanto en modo indirecto como directo, pero en este último su uso es tan frecuente que tiene un sobrenombre: ? (GW-BASIC no pone ninguna pega si dentro del programa se digita el nombre más corto, pero éste será sustituido automáticamente por el más completo).

4.1.- Operadores aritméticos y bases numéricas

Las operaciones contempladas por el intérprete de GW-BASIC (en *orden de precedencia* de operaciones) son:

✓ Potenciación (^):   `?11"(base 2)="2^0+2^1"(base 10)`
✓ Signo (-):   `PRINT -2 + (-4)`
✓ Multiplicación (*):   `PRINT "5!=";5*4*3*2*1`
✓ División (/):   `X#=(1+SQR(5))/2: PRINT X#`
✓ División entera (\):   `C=7\2:?7"="2"x";C;"+";7-2*C`
✓ Módulo (MOD):   `C=3\2:?3"="2"x";C;"+";3 MOD 2`
✓ Adición (+):   `A=2.01308: B=1.128512: ? A+B`
✓ Sustracción (-):   `?.81603428+2.6042016-1.8022019`

La inclusión de paréntesis permite determinar la prioridad en el cálculo. La potenciación es el operador de máxima prioridad; le sigue el signo de un número; la división y la multiplicación tienen la misma prioridad; la división entera tiene preferencia ante el módulo de un número:

```
PRINT (2 MOD 3)\2  muestra como resultado: 1
PRINT  2 MOD 3 \2  muestra como resultado: 0
```

Por último, la adición y la sustracción tienen la misma prioridad; pero también la más baja entre estos operadores. Los operandos (valores a ambos lados del operador) son forzados a tener el mismo tipo —*decimal entero* (con o sin sufijo %), *decimal real de simple precisión* (sufijo !), *decimal real de doble precisión* (sufijo #), *hexadecimal* (prefijo &H) u *octal* (prefijo & o &O)—, de forma que no se pierdan decimales en el cálculo. Los hexadecimales y octales son siempre enteros. Una variable o un literal sin prefijo está por defecto en base 10 y los resultados de las operaciones también se muestran en base 10:

```
PRINT &60+ &O7+ &HA  muestra como resultado: 65
```

Esto requiere una explicación:

✓ El octal &60 es (en base 10): $6*8^1+0*8^0= 48$
✓ El octal &O7 es (en base 10): $7*8^0= 7*1=7$
✓ El hexadecimal &HA es (en base 10): $10*16^0= 10*1=10$

En base 10, se utilizan los dígitos 0, 1, 2, 3, 4, 5, 6, 7, 8 y 9 para representar cada número. Además, la posición de cada número está asociada a una potencia de 10, comenzando por el extremo de más a la derecha con 10^0 y aumentando correlativamente la potencia en una unidad con cada nuevo dígito que aparezca a la izquierda. Por ejemplo:

✓ El decimal 65 es: 6*10^1+5*10^0= 6*10+5*1=60+5=65

En base 8 (octal), se utilizan los dígitos 0, 1, 2, 3, 4, 5, 6 y 7 para representar cada número (ocho números, en lugar de diez). Estos ocho números se reutilizan en cada posición formando un ciclo, de modo que al 7 le sigue el 0 (al igual que en base 10, donde tras el 9 se retorna al 0). Así pues, cuando una posición se completa, se cierra un ciclo en el que la numeración de esa posición comienza de nuevo en 0 al mismo tiempo que se aumenta en 1 la posición inmediata superior adyacente. Como ejemplo, el octal &10 es el número decimal 8.

Lo mismo ocurre en base 16 (hexadecimal); salvo que la carencia de números suficientes hace pertinente el uso adicional de 6 letras del alfabeto para representar los números. Así pues, los dieciséis números quedan identificados por los caracteres: 0, 1, 2, 3, 4, 5, 6, 7, 8, 9, A, B, C, D, E y F. El procedimiento de formación de los números es el mismo; el ciclo se cierra con la letra F y comienza con el dígito 0. La adición de una unidad en una posición completa cierra un ciclo e inicia otro en esa misma ubicación; su valor pasa a ser 0, al tiempo que el de la posición inmediata superior se ve incrementado en una unidad. Como ejemplo, sumar &H0001 al hexadecimal &H01FF da como resultado &H0200.

En base 2 (binario), se utilizan solamente los dígitos 0 y 1 para representar cada número (dos símbolos, en lugar de diez). La forma para crear números binarios es similar a como se hace en las otras bases. El ciclo se cierra con el 1 y se abre con el 0; y puesto que también es una base ponderada, la posición adyacente superior a la que cierra un ciclo se ve incrementada en una unidad.

Cada dígito (0 ó 1) de un número en binario representa dos estados posibles (activo o inactivo). Un bit (*binary digit* o dígito binario) se corresponde con un dígito y es la unidad mínima de información que maneja un computador. Cuatro bits se agrupan en un *nibble*, dos nibbles (ocho bits) en un *byte*. En tiempos del GW-BASIC, dos bytes contiguos eran una *palabra*, 2 palabras contiguas (4 bytes) una *doble palabra*, 4 palabras contiguas (8 bytes) una *cuádruple palabra*, 16 bytes eran un *párrafo*, 256 bytes eran una *página*, y un *segmento* estaba formado por 64 Kbytes (*1 Kbyte=1024 bytes*). Hoy en día, los conceptos se mantienen, pero los tamaños son mayores (la palabra aumentó a 4 bytes y se introdujo el concepto de *media palabra* de 2 bytes) para adaptarse al hardware (CPUs de más bits) de los computadores . Este párrafo sólo es útil para las rutinas en lenguaje máquina (ceros y unos, básicamente) o en ensamblador (instrucciones en bajo nivel, más cercanas al lenguaje de la máquina que al humano, pero comprensibles por éste). Pero resulta que desde GW-BASIC se puede llamar a este código e incluso incluir en el propio programa en BASIC partes en lenguaje máquina mediante las instrucciones PEEK y POKE (y alguna otra). Esto permite acceder a características de la máquina que un lenguaje de alto nivel no puede manejar directamente. En ese mundo, cada bit tiene un significado preciso. El cambio de un bit determinado de un byte situado en una ubicación de memoria bien definida, es capaz de cambiar la programación de prácticamente cualquier dispositivo conectado a la CPU del computador).

En ocasiones, saber qué binario corresponde a un número en base 10 no es tan evidente. Sin embargo, en las bases 4, 8 y 16 puede verse claramente qué número binario es el buscado.

Para pasar un número en base 10 a binario, hay que coger el último cociente y (en orden inverso) todos los restos al dividir el número en decimal y cada cociente generado por 2. Por ejemplo:

✓ 55 = 2 x 27 + 1   (resto 1)

✓ 27 = 2 x 13 + 1   (resto 1)
✓ 13 = 2 x 6 + 1   (resto 1)
✓ 6 = 2 x 3 + 0   (resto 0)
✓ 3 = 2 x 1 + 1   (último cociente 1, resto 1)

El número 55 (en base 10) a binario es: 110111.

Para pasar un número binario a base 4, puesto que 4=2^2, basta con transformar a decimal cada 2 bits (de derecha a izquierda):

✓ 01 (en base 2) a base 10 es: 1.
✓ 11 (en base 2) a base 10 es: 3.

Entonces, 11 01 11 (en base 2) a base 4 es: 313.

Para pasar un número binario a base 8, puesto que 8=2^3, basta con transformar a decimal cada 3 bits (de derecha a izquierda):

✓ 110 (en base 2) a base 10 es: 6.
✓ 111 (en base 2) a base 10 es: 7.

Entonces, 110 111 (en base 2) a base 8 es: 67.

Para pasar un número binario a base 16, puesto que 16=2^4, basta con transformar a decimal cada 4 bits (de derecha a izquierda):

✓ 0011 (en base 2) a base 10 es: 3.
✓ 0111 (en base 2) a base 10 es: 7.

Entonces, 0011 0111 (en base 2) a base 16 es: 37.

4.2.- Operadores relacionales

Estos operadores requieren dos operandos a ambos lados del operador. Tienen menor prioridad que los operadores aritméticos y mayor que los operadores lógicos. En ausencia de paréntesis, y a igual precedencia de operadores, las expresiones se evalúan de izquierda a derecha. Los símbolos que el intérprete de GW-BASIC utiliza para representar cada uno de ellos son:

<	Menor que	?1+3<3+4 (muestra -1)
<=	Menor o igual que	?3<=-3 (muestra 0)
=<	Menor o igual que	?1+(3=<-3)+7 (muestra 8)
=	Igual que	?1=4 MOD 3 (muestra -1)
>=	Mayor o igual que	X=1:?X>=0+X (muestra -1)
=>	Mayor o igual que	X=1:?(X=>0)+X (muestra 0)
<>	Distinto de	IF X MOD 2<>0 THEN ?"I" ELSE ?"P"

Los operadores relacionales se usan principalmente en sentencias IF...THEN...ELSE, como en el último ejemplo, en el que se imprime el carácter I si X es impar o el carácter P si es par.

Como se observa en los ejemplos, GW-BASIC devuelve 0 cuando la expresión relacional es falsa y -1 cuando es verdadera. En general, *cualquier valor distinto de 0 se considera verdadero*.

4.3.- Operadores lógicos o Booleanos

Estos operadores actúan sobre el equivalente binario de cada uno de los operandos, los cuáles son forzados a enteros previamente a aplicar los operadores lógicos correspondientes. Debe tenerse en cuenta que la certeza absoluta se representa con el valor -1 (cuyo equivalente binario es todos los bits a 1) y la falsedad con el valor 0 (que a nivel de bits es todo ceros). Sin embargo, en una sentencia IF <expresión lógica> THEN...ELSE el número 0 es el único resultado en la evaluación de la expresión lógica que denota falso; cualquier otro resultado se considera verdadero.

Ante la falta de cualquier operando, se emite el mensaje de error: «Falta operando». Todos los operandos deben separarse de las palabras clave (NOT, AND, OR, XOR, EQV, IMP) mediante al menos un espacio o estar entre paréntesis para evitar que la expresión así formada sea considerada una variable por GW-BASIC. Se admiten los siguientes *operadores Booleanos*:

NOT	Negación bit a bit	PRINT NOT 0 (muestra -1)
AND	Conjunción («Y»)	? 3 AND 5 (muestra 1)
OR	Disyunción («O» inclusivo)	? 3 OR 5 (muestra 7)
XOR	«O» exclusivo	? 3 XOR 5 (muestra 6)
EQV	Equivalencia	? 3 EQV 5 (muestra -7)
IMP	Implicación	? 3 IMP 5 (muestra -3)

Teniendo en cuenta que la representación binaria del negativo de un número dado coincide con invertir todos sus bits y sumar 1:

- ✓ El binario de 0 es 0000.
- ✓ El binario de 1 es 0001 (el de -1 es 1110+0001= 1111)
- ✓ El binario de 3 es 0011 (el de -3 es 1100+0001= 1101)
- ✓ El binario de 5 es 0101.
- ✓ El binario de 6 es 0110.

✓ El binario de 7 es `0111` (el de `-7` es `1000+0001= 1001`)

Todo lo anterior nos permite deducir la tabla de verdad usada por los distintos operadores Booleanos en su funcionamiento:

3 Op1	5 Op2	AND	OR	XOR	EQV	IMP	NOT 3
0 (F)	0 (F)	0(F)	0(F)	0(F)	1(V)	1(V)	1(V)
0 (F)	1 (V)	0(F)	1(V)	1(V)	0(F)	1(V)	1(V)
1 (V)	0 (F)	0(F)	1(V)	1(V)	0(F)	0(F)	0(F)
1 (V)	1 (V)	1(V)	1(V)	0(F)	1(V)	1(V)	0(F)

donde 3 (u `Op1`) y 5 (u `Op2`) son respectivamente el primer y el segundo operador, F denota «`FALSO`» y V denota «`VERDADERO`».

4.4.- Comparar números reales. Fracciones de π

La comparación de números reales puede resultar en ocasiones tediosa debido a los redondeos internos de los decimales que el usuario no indica de forma explícita. Números aparentemente iguales para el programador se comportan como si no lo fueran y cuando una decisión importante del programa depende de ello, la sorpresa en el comportamiento del mismo se hace patente. En la ejecución del siguiente programa (tras la palabra RUN) puede verse este hecho:

```
10 A#=99/10
20 B#=99: B#=B#/10
30 C#=B#
40 PRINT "A#="A#
50 PRINT "B#="B#
60 PRINT "C#="C#
```

```
70 IF A#=B# THEN M1$="A#=B#" ELSE M1$= "A#<>B#"
80 IF B#=C# THEN M2$="B#=C#" ELSE M2$= "B#<>C#"
90 PRINT "Claramente: ";M1$;" y ";M2$
RUN
A#= 9.899999618530274
B#= 9.9
C#= 9.9
Claramente: A#<>B# y B#=C#
Ok
```

Este párrafo es para los novatos, pero los más expertos no corren peligro alguno de perecer por leerlo. Para la ejecución de este programa es conveniente entrar en el intérprete de GW-BASIC usando el modificador /d. Una variable es una zona de memoria a la que se le asigna un nombre por el que puede ser referida y un tipo de dato que determina su comportamiento. Los sufijos # en las variables de nombres A, B y C hacen que éstas sean tratadas como reales de doble precisión. El sufijo $ tras el nombre de las variables M1 y M2 las convierte en variables de cadena. La sentencias PRINT se encarga de mostrar información en la pantalla y las sentencias IF <condición> THEN...ELSE dirigen el flujo de ejecución a las órdenes existentes entre THEN...ELSE si la condición es verdadera, o a las existentes tras la palabra ELSE si es falsa. La ejecución del programa es secuencial, desde la primera línea hasta la última, siguiendo el orden establecido por los números de línea o por las sentencias de salto (GOTO o GOSUB).

Para un humano las líneas 10 y 20 son equivalentes y deberían asignar el mismo valor a ambas variables (A# y B#): 9.9. Sin embargo, en la línea 10, el número se representa internamente mediante una aproximación al valor deseado con 15 dígitos de precisión: 9.899999618530274. En la línea 30 se asigna el valor de la variable B# a la variable C# por lo que mantiene los mismos dígitos decimales. Como se aprecia en el resultado de la ejecución del programa, el ordenador considera A# distinta de B# y B# igual a C#.

El siguiente programa de esta sección calcula fracciones con las que aproximar el número π con diferentes precisiones. Entre todas ellas, las más cercanas al valor buscado son:

✓ 3927 / 1250   = 3.1416 920353982
✓ 355 / 113   = 3.141592 920353982
✓ 96538 / 30729   = 3.1415926 3236682
✓ 209051 / 66543   = 3.14159265 4373864
✓ 208341 / 66317   = 3.141592653 467437
✓ 312689 / 99532   = 3.141592653 618937
✓ 18550869 / 5904925 = 3.1415926535 90012
✓ 28451504 / 9056395 = 3.14159265358 8983
✓ 5419351 / 1725033 = 3.141592653589 815
✓ 15111645 / 4810186 = 3.141592653589 695
✓ 69305155 / 22060516 = 3.1415926535897 89
✓ 80143857 / 25510582 = 3.14159265358979 26

π real (16 decimales) = 3.14159265358979 32

El listado del programa es:

```
10 PIMAX#=3.141592653589793#
20 DEC=9 'número de decimales exactos
30 CORTE#=10^(DEC\2+1)-1 'Ajusta precisión
40 PI#=INT(PIMAX#*10^DEC): PI#=PI#/(10^DEC)
50 PAT#=10^DEC:PAT#=PAT#-1 'Tantos 9s como DEC
60 PIDEN#=0
70 WHILE PIDEN#<200000!
```

```
80 PIDEN#=PIDEN#+1
90 P#=PI#*PIDEN#
100 PINUM#=FIX(P#)
110 T#=P#-PINUM#
120 T#=INT(T#*10^DEC):SESGO#=PAT#-T#
130 LOCATE CSRLIN,1
140 PRINT "Máximo denominador="PIDEN#;
150 IF SESGO# > CORTE# THEN 220
160 LOCATE CSRLIN,1
170 PRINT "Denominador="PIDEN#;" ( *"PI#"="P#")";
180 PRINT " Sesgo="PAT#-T#
190 PRINT (PINUM#+1)"/"PIDEN#;
200 PRINT "->"(PINUM#+1)/PIDEN#;
210 PRINT "( PI real="PIMAX#")":PRINT
220 WEND
```

La idea subyacente consiste en explorar los denominadores que al ser multiplicados por π producen un resultado cercano a un entero, el cual (redondeado) será el numerador de la fracción buscada. La variable DEC# decide con cuántos decimales un objetivo se considera válido; la variable CORTE# permite coger como buenas fracciones que aún no llegando a la precisión considerada son interesantes. Debe tenerse en cuenta que el número de decimales del producto de π por el denominador que se está explorando influye en el número de decimales exactos de π, pero no lo determina, por ello el valor de CORTE# es importante. El valor de π es truncado en la línea 40 al número de decimales indicado por DEC# porque así se obtenían más y mejores fracciones. Para determinar si los primeros DEC# decimales del producto de π por el denominador son nueves, se convierten a un entero y se restan del patrón PAT# (ese es el valor de SESGO#). La variable CORTE#

deja pasar fracciones que de otra manera (aún siendo válidas) serían rechazadas por querer ser demasiado exigentes.

4.5.- Recopilación de fracciones que aproximan π

Las distintas fracciones obtenidas variando las partes configurables del programa son (ordenadas por precisión):

```
      (π real = 3.14159 2653589793)
3927 / 1250    = 3.1416  920353982

      (π real = 3.141592 653589793)
355 / 113      = 3.141592 920353982

260504 / 82921 = 3.1415926 00185719
 86953 / 27678 = 3.1415926 00621432
261214 / 83147 = 3.1415926 01055961
174261 / 55469 = 3.1415926 01272783
261569 / 83260 = 3.1415926 01489311
 87308 / 27791 = 3.1415926 01921485
262279 / 83486 = 3.1415926 0235249
174971 / 55695 = 3.1415926 02567555
262634 / 83599 = 3.1415926 0278233
 87663 / 27904 = 3.1415926 03211009
263344 / 83825 = 3.1415926 03638533
175681 / 55921 = 3.1415926 03851862
263699 / 83938 = 3.1415926 04064905
 88018 / 28017 = 3.1415926 04490131
264409 / 84164 = 3.1415926 04914215
176391 / 56147 = 3.1415926 0512583
264764 / 84277 = 3.1415926 05337162
 88373 / 28130 = 3.1415926 05758976
177101 / 56373 = 3.1415926 06389584
265474 / 84503 = 3.1415926 06179662
```

```
265829 / 84616 = 3.1415926 06599225
 88728 / 28243 = 3.1415926 07017668
266539 / 84842 = 3.1415926 07434997
177811 / 56599 = 3.1415926 07643245
266894 / 84955 = 3.1415926 07851215
 89083 / 28356 = 3.1415926 08266328
267604 / 85181 = 3.1415926 0868034
178521 / 56825 = 3.1415926 08886934
267959 / 85294 = 3.1415926 09093254
 89438 / 28469 = 3.1415926 09505076
268669 / 85520 = 3.1415926 09915809
179231 / 57051 = 3.1415926 10120769
269024 / 85633 = 3.1415926 10325459
 89793 / 28582 = 3.1415926 10734028
269734 / 85859 = 3.1415926 11141523
179941 / 57277 = 3.1415926 11344868
270089 / 85972 = 3.1415926 11547946
 90148 / 28695 = 3.1415926 11953302
180651 / 57503 = 3.1415926 12559345
 90503 / 28808 = 3.1415926 1316301
181361 / 57729 = 3.1415926 13764313
 90858 / 28921 = 3.1415926 14363265
182071 / 57955 = 3.1415926 14959883
 91213 / 29034 = 3.1415926 15554178
182781 / 58181 = 3.1415926 16146165
 91568 / 29147 = 3.1415926 16735856
 91923 / 29260 = 3.1415926 17908407
 92278 / 29373 = 3.1415926 19071937
 92633 / 29486 = 3.1415926 20226548
 92988 / 29599 = 3.1415926 21372344
 93343 / 29712 = 3.1415926 22509424
```

```
93698 / 29825 = 3.1415926 23637888
94053 / 29938 = 3.1415926 24757833
94408 / 30051 = 3.1415926 25869355
94763 / 30164 = 3.1415926 2697255
95118 / 30277 = 3.1415926 2806751
95473 / 30390 = 3.1415926 29154327
95828 / 30503 = 3.1415926 30233092
96183 / 30616 = 3.1415926 31303893
96538 / 30729 = 3.1415926 3236682
        (π real = 3.1415926 53589793)

        (π real = 3.14159265 3589793)
209051 / 66543 = 3.14159265 4373864
104703 / 33328 = 3.14159265 4824772
105058 / 33441 = 3.14159265 5722018

 103993 / 33102  = 3.141592653 011903
 312334 / 99419  = 3.141592653 315765
 208341 / 66317  = 3.141592653 467437
         (π real  = 3.141592653 589793)
 312689 / 99532  = 3.141592653 618937
2084475 / 663509 = 3.141592653 603794
1771786 / 563977 = 3.141592653 601122
 104348 / 33215  = 3.141592653 921421

1459097 /  464445 = 3.1415926535 97304
4064602 / 1293803 = 3.1415926535 9564
2605505 /  829358 = 3.1415926535 94708
3751913 / 1194271 = 3.1415926535 93699
4898321 / 1559184 = 3.1415926535 93162
6044729 / 1924097 = 3.1415926535 92828
7191137 / 2289010 = 3.1415926535 92601
8337545 / 2653923 = 3.1415926535 92437
```

```
 1146408 /  364913 = 3.1415926535 91404
15737023 / 5009250 = 3.1415926535 90857
14590615 / 4644337 = 3.1415926535 90814
13444207 / 4279424 = 3.1415926535 90764
12297799 / 3914511 = 3.1415926535 90704
11151391 / 3549598 = 3.1415926535 90632
10004983 / 3184685 = 3.1415926535 90544
18863558 / 6004457 = 3.1415926535 90491
 8858575 / 2819772 = 3.1415926535 90432
16570742 / 5274631 = 3.1415926535 90365
 7712167 / 2454859 = 3.1415926535 90288
21990093 / 6999664 = 3.1415926535 9023
14277926 / 4544805 = 3.1415926535 90198
20843685 / 6634751 = 3.1415926535 90165
 6565759 / 2089946 = 3.1415926535 90093
25116628 / 7994871 = 3.1415926535 90033
18550869 / 5904925 = 3.1415926535 90012
           (π real = 3.1415926535 89793)

28451504 / 9056395 = 3.14159265358 8983
           (π real = 3.14159265358 9793)

11985110 / 3814979 = 3.141592653589 967
29389571 / 9354991 = 3.141592653589 939
17404461 / 5540012 = 3.141592653589 92
22823812 / 7265045 = 3.141592653589 895
28243163 / 8990078 = 3.141592653589 88
 5419351 / 1725033 = 3.141592653589 815
           (π real = 3.141592653589 793)
15111645 / 4810186 = 3.141592653589 695
24803939 / 7895339 = 3.141592653589 669
 9692294 / 3085153 = 3.141592653589 628
```

```
23657531 / 7530426 = 3.141592653589 584
13965237 / 4445273 = 3.141592653589 555
18238180 / 5805393 = 3.141592653589 516
22511123 / 7165513 = 3.141592653589 492
26784066 / 8525633 = 3.141592653589 475
31057009 / 9885753 = 3.141592653589 464
 4272943 / 1360120 = 3.141592653589 389
28764193 / 9155927 = 3.141592653589 309
24491250 / 7795807 = 3.141592653589 295
20218307 / 6435687 = 3.141592653589 275
15945364 / 5075567 = 3.141592653589 244
27617785 / 8791014 = 3.141592653589 222
11672421 / 3715447 = 3.141592653589 191
30744320 / 9786221 = 3.141592653589 164
19071899 / 6070774 = 3.141592653589 147
26471377 / 8426101 = 3.141592653589 127
 7399478 / 2355327 = 3.141592653589 077
25324969 / 8061188 = 3.141592653589 024
17925491 / 5705861 = 3.141592653589 003
            (π real = 3.1415926535897 93)
69305155 / 22060516 = 3.1415926535897 89*
63885804 / 20335483 = 3.1415926535897 86*
58466453 / 18610450 = 3.1415926535897 84*
53047102 / 16885417 = 3.1415926535897 81*
47627751 / 15160384 = 3.1415926535897 77*
42208400 / 13435351 = 3.1415926535897 72*
36789049 / 11710318 = 3.1415926535897 65*
31369698 /  9985285 = 3.1415926535897 57
25950347 /  8260252 = 3.1415926535897 45
20530996 /  6535219 = 3.1415926535897 27
```

```
85563208 / 27235615 = 3.14159265358979 4*
           (π real = 3.14159265358979 32)
80143857 / 25510582 = 3.14159265358979 26*
74724506 / 23785549 = 3.14159265358979 10*
```

Curiosamente, los denominadores de los dos últimos grupos de fracciones se diferencian en exactamente el valor: 1725033; de hecho, las líneas marcadas con un * han sido calculadas «*a mano*» con una calculadora. Sin embargo, la regla no parece generalizable.

4.6.- Recursividad en GW-BASIC

El algoritmo recursivo define un problema en términos de sí mismo. Suele proporcionar una solución sencilla y elegante para un gran número de problemas; pero, en general, requiere un gran consumo de memoria y es más lento que un algoritmo iterativo. El hecho de que GW-BASIC carezca de recursividad no quiere decir que sea imposible implementar con él algoritmos recursivos. Todo lo contrario. Basta el uso de una pila (una estructura de datos en la que el último elemento en entrar es el primero en salir) y unas sencillas reglas para convertir un algoritmo recursivo en iterativo, eso sí, con un consumo de recursos prácticamente similar.

El siguiente ejemplo para QBASIC (que sí admite recursividad) es una solución recursiva del factorial de un número:

```
DECLARE FUNCTION factorial! (N!)
INPUT "¿ N "; N
PRINT "Factorial de "; N; " es: "; factorial(N)

FUNCTION factorial (N)
  IF N = 1 THEN
        factorial = 1
```

```
ELSE
        factorial = factorial(N - 1) * N
    END IF
END FUNCTION
```

Este tipo de algoritmo tiene una sentencia IF para controlar la condición de finalización —en este caso, cuando N es 1, devuelve su factorial (factorial = 1)—; y otra parte en la que se invoca a sí mismo en al menos una ocasión —factorial(N - 1) llama al factorial de N-1—.

Un solución iterativa en GW-BASIC que consume muchos menos recursos es:

```
10 INPUT "¿ N "; N
20 R=1
30 FOR I=2 to N: R=R*I: NEXT I
40 PRINT "Factorial de "; N; " es: "; R
```

Las soluciones recursivas lineales directas (en las que sólo hay una llamada recursiva dentro de la función o procedimiento) podemos dividirlas en tres casos. Con un pseudocódigo basado en QBASIC, el *primer caso* tiene este aspecto:

```
SUB caso1rec (P1,P2,…,Pn)
  IF <condición> THEN
    <sentencias>
    CALL caso1rec(p1,p2,…,pn)
    <sentencias>
  END IF
END SUB
```

El *segundo caso*, este:

```
SUB caso2rec (P1,P2,…,Pn)
```

```
  <sentencias>
  IF <condición> THEN
    <sentencias>
    CALL caso2rec(p1,p2,…,pn)
  END IF
END SUB
```

Y el *tercer caso*, este otro:

```
FUNCTION caso3rec (P1,P2,…,Pn)
  IF <condición> THEN
    <sentencias>
  ELSE
    <sentencias>
    caso3rec = caso3rec(p1,p2,…,pn) + <expresión>
  END IF
  <sentencias>
END FUNCTION
```

A continuación, ponemos un ejemplo de cada caso y su conversión en algoritmo iterativo. Los algoritmos recursivos pueden ejecutarse en QBASIC. Los iterativos *correrán* también en GW-BASIC.

Primer caso:

Este programa muestra en pantalla los números impares y sus dobles, así como los pares y sus dobles basándose en el hecho de que: 2*(N+2)-2N= 4. La suma de 4 se efectúa en dos partes para hacer más interesante el caso de recursión considerado.

Algoritmo recursivo en QBASIC:

```
DECLARE SUB parimpx2 (x!, y!)
CLS
PRINT "Impares y sus dobles:"
```

```
CALL parimpx2(1, 1): REM Impares y sus dobles
PRINT : PRINT
PRINT "Pares y sus dobles:"
CALL parimpx2(2, 3): REM Pares y sus dobles

SUB parimpx2 (x, y)
  IF x < 9 THEN
    y = y + 1
    A$ = " de la llamada recursiva"
    PRINT x, y, "Antes" + A$
    CALL parimpx2(x + 2, y + 3)
    PRINT : PRINT x, y, "Después" + A$;
  END IF
END SUB
```

En este caso, el uso de la pila es primordial. En cada llamada al procedimiento QBASIC guarda en la pila del sistema (entre otras cosas) el valor de los argumentos. Precisamente ésa información es la que necesita almacenar el algoritmo iterativo para simular la recursión. La pila simulada es un simple array unidimensional de nombre PILA (definido en la línea 10) con un puntero llamado SP que señala al tope de la pila (allí por donde se introducen y sacan sus datos) y una variable exclusiva llamada DATOPILA a través de la cual se efectúan las operaciones básicas de la PILA:

✓ Inicia PILA (líneas 3000 a 3030). Pone a cero las variables SP (para indicar que la pila está vacía) y DATOPILA.

✓ PUSH pila (líneas 4000 a 4030). Introduce el dato que se encuentre en ese instante en la variable DATOPILA en PILA e incrementa SP para que señale al último dato introducido.

✓ POP pila (líneas 5000 a 5030). Almacena en la variable DATOPILA el valor del último dato introducido en PILA y decrementa SP para que señale al último dato introducido (o indique pila vacía, si es cero). Téngase en cuenta que no mira antes si la pila está vacía. Un valor de SP negativo indica que las operaciones PUSH y POP no están pareadas, lo cual nunca debe suceder.

La condición del IF del algoritmo recursivo pasa a ser la condición del WHILE en el iterativo. Las sentencias previas a la llamada recursiva, son las primeras sentencias del bucle WHILE (líneas 130 a 150); las siguientes, son aquellas que guardan los argumentos X e Y en la pila (líneas 170 y 180) y las que modifican sus valores (líneas 190 y 200) para que sean los mismos de los argumentos de parimpx2. Las sentencias posteriores a la llamada recursiva en el algoritmo recursivo son las últimas sentencias del segundo WHILE en el que se recuperan los datos de la pila (estos deben obtenerse en orden inverso al que fueron introducidos).

Algoritmo iterativo equivalente en GW-BASIC:

```
10 DIM PILA(7) 'Máx. 8 elementos en PILA
20 X=1:Y=1
30 PRINT "Impares y sus dobles:"
40 GOSUB 110 'Llamada subrutina recursiva
50 PRINT:PRINT
60 X=2:Y=3
70 PRINT "Pares y sus dobles:"
80 GOSUB 110 'Llamada a subrutina recursiva
90 END
100 REM Subrutina recursiva
110 GOSUB 3010 'Inicia la PILA
```

```
120 WHILE X< 9
130 Y=Y+1
140 A$=" de la llamada recursiva"
150 PRINT X, Y, "Antes" + A$
160 REM Simula recursión
170 DATOPILA=X: GOSUB 4010 'PUSH DATOPILA
180 DATOPILA=Y: GOSUB 4010 'PUSH DATOPILA
190 X=X+2
200 Y=Y+3
210 WEND
220 WHILE SP >0
230 GOSUB 5010:Y=DATOPILA 'POP Y
240 GOSUB 5010:X=DATOPILA 'POP X
250 PRINT: PRINT X,Y, "Después" + A$;
260 WEND
270 RETURN
3000 REM Operación Inicia PILA
3010 DATOPILA=0 'Por defecto el dato va a ser 0
3020 SP=0 'SP apunta al TOPE de PILA
3030 RETURN
4000 REM Operación PUSH pila (meter dato)
4010 PILA(SP)=DATOPILA
4020 SP=SP+1:REM Stack Pointer (puntero de pila)
4030 RETURN
5000 REM Operación POP pila (sacar dato)
5010 SP=SP-1:REM Stack Pointer (puntero de pila)
5020 DATOPILA=PILA(SP)
5030 RETURN
```

Salida producida por la ejecución del algoritmo:

```
Impares y sus dobles:
 1      2       Antes de la llamada recursiva
 3      6       Antes de la llamada recursiva
 5      10      Antes de la llamada recursiva
 7      14      Antes de la llamada recursiva

 7      14      Después de la llamada recursiva
 5      10      Después de la llamada recursiva
 3      6       Después de la llamada recursiva
 1      2       Después de la llamada recursiva

Pares y sus dobles:
 2      4       Antes de la llamada recursiva
 4      8       Antes de la llamada recursiva
 6      12      Antes de la llamada recursiva
 8      16      Antes de la llamada recursiva

 8      16      Después de la llamada recursiva
 6      12      Después de la llamada recursiva
 4      8       Después de la llamada recursiva
 2      4       Después de la llamada recursiva
Ok
```

Segundo caso:

Este programa multiplica los números 0 a 4 por 32 (antes del IF de la condición de salida de la recursión) y los números 1 a 4 por 64 (dentro del IF, pero antes de la recursión) adaptándose así al caso considerado.

Algoritmo recursivo en QBASIC:

```
DECLARE SUB mul32y64 (x!, y!)
CLS
PRINT "Múltiplos de 32 y 64:"
CALL mul32y64(0, 0):

SUB mul32y64 (x, y)
  PRINT
  PRINT x;"x 32=";y/2,"(Justo antes de IF)"
  IF x < 4 THEN
    y = y + 64
    PRINT x + 1; "x 64=";
    PRINT y,"(Justo antes de recursión)"
    CALL mul32y64(x + 1, y)
  END IF
END SUB
```

En este caso, el uso de la pila es innecesario. La condición del IF del algoritmo recursivo pasa a ser la condición del WHILE en el iterativo. Las sentencias previas al IF de la condición de salida de la recursividad deben preceder a dicho WHILE (líneas 70 y 80) y repetirse justo antes de su final (líneas 140 y 150). La llamada recursiva es sustituida en el algoritmo iterativo por la actualización de todas las variables que simulan sus argumentos a los valores que toman éstos antes de iniciar un nuevo ciclo —mul32y64 tiene como argumentos x+1 e y; en consecuencia, en el algoritmo iterativo la variable X debe actualizarse (en la ubicación análoga dentro del código) a X+1 (línea 130)—.

Algoritmo iterativo equivalente en GW-BASIC:

```
10 CLS
20 PRINT "Múltiplos de 32 y 64:"
30 X=0:Y=0
40 GOSUB 60 'Llamada a subrutina recursiva
50 END
60 REM Subrutina recursiva
70 PRINT
80 PRINT X;"x 32=";Y/2,"(Justo antes de IF)"
90 WHILE X < 4
100 Y = Y + 64
110 PRINT X + 1; "x 64=";
120 PRINT Y, "(Justo antes de recursión)"
130 X=X+1
140 PRINT
150 PRINT X;"x 32=";Y/2,"(Justo antes de IF)"
160 WEND
170 RETURN
```

Salida producida por la ejecución del algoritmo:

```
Múltiplos de 32 y 64:
 0 x 32= 0     (Justo antes de IF)
 1 x 64= 64    (Justo antes de recursión)

 1 x 32= 32    (Justo antes de IF)
 2 x 64= 128   (Justo antes de recursión)
```

```
2 x 32= 64    (Justo antes de IF)
3 x 64= 192   (Justo antes de recursión)

3 x 32= 96    (Justo antes de IF)
4 x 64= 256   (Justo antes de recursión)

4 x 32= 128   (Justo antes de IF)
```

Tercer caso:

Esta versión del programa permite multiplicar un número entero entre 1 y 32767 por uno real (entero o no) mediante el método ruso mostrando todo el proceso del cálculo. Para ello, hay que crear filas con una columna para el multiplicador y otra para el multiplicando en las que:

✓ *El multiplicador (no decimal) se divide sucesivamente entre 2.*
✓ *El multiplicando se multiplica sucesivamente por 2.*

Cuando la división sucesiva del multiplicador deviene en 1, la suma de los multiplicandos de las filas de multiplicador impar constituye el producto buscado.

Algoritmo recursivo en QBASIC:

```
DECLARE FUNCTION multrusa! (x%, y!)

INPUT "Multiplicando"; y!
R: INPUT "Multiplicador entero (1-32767)"; x%
IF (x%<1) OR (x%>32767) THEN GOTO R: ELSE PRINT
t = multrusa(x%, y!)
PRINT:PRINT "Producto (método ruso) de ";
PRINT x%; "X"; y!; "="; t

FUNCTION multrusa (x%, y!)
```

```
IF x% = 1 THEN
  PRINT "+"; y
  multrusa = y
  PRINT:PRINT "Multiplicador","Multiplicando"
ELSE
  IF (x% MOD 2) <> 0 THEN
    PRINT "+"; y
    multrusa = multrusa(x% \ 2, y * 2) + y
  ELSE
    multrusa = multrusa(x% \ 2, y * 2)
  END IF
END IF
PRINT x%, y
END FUNCTION
```

En este caso la pila es necesaria. La condición del IF del algoritmo recursivo pasa a ser la condición opuesta en el WHILE del iterativo (línea 1030). Las sentencias del ELSE pertenecientes al citado IF deben ponerse dentro y al inicio del bucle WHILE (línea 1040 y siguientes) de forma que cuando se vaya a simular la llamada a la función recursiva, se introduzcan en primer lugar los argumentos en la pila (líneas 1070 y 1080) para inmediatamente después modificar su valor al pertinente (líneas 1090 y 1100). Todas las sentencias del IF de finalización del algoritmo recursivo sitas antes del ELSE correspondiente deben situarse justo al finalizar el bucle WHILE (líneas 1120 a 1140), de forma que el valor que devuelve la función quede simulado con la inicialización a dicho valor de la variable utilizada para proporcionar el resultado final (línea 1130). Las sentencias que se encuentren tras dicho IF deben situarse antes del comienzo del bucle WHILE que recupera los argumentos de la pila (línea 1150) y también dentro de dicho bucle como sus últimas instrucciones (línea 1200). El valor de la variable que guarda el resultado final debe irse actualizando con las operaciones necesarias en las que participen los argumentos cada vez que estos son sacados de la pila (líneas 1170 a 1190). El valor resultante se muestra en el programa principal (líneas 60 y 70).

Algoritmo iterativo equivalente en GW-BASIC:

```
10 DIM PILA(29) 'M x. 30 elementos en PILA
20 INPUT "Multiplicando"; Y
30 INPUT "Multiplicador entero (1-32767)"; X
40 IF (X < 1) OR (X > 32767) THEN 30 ELSE PRINT
50 GOSUB 1000 'Llamada subrutina recursiva
60 PRINT: PRINT "Producto (método ruso) de ";
70 PRINT X; "X"; Y; "="; MULTRUSA
80 END
1000 REM Subrutina recursiva
1010 REM x = Multiplicador; y = Multiplicando
1020 GOSUB 3010 'Inicia la PILA
1030 WHILE X <> 1
1040 IF (X MOD 2) <> 0 THEN 1050 ELSE 1060
1050 PRINT "+"; Y
1060 REM Simula recursión
1070 DATOPILA=X: GOSUB 4010 'PUSH X
1080 DATOPILA=Y: GOSUB 4010 'PUSH Y
1090 X=X\2
1100 Y=Y*2
1110 WEND
1120 PRINT "+"; Y
1130 MULTRUSA = Y
1140 PRINT:PRINT "Multiplicador","Multiplicando"
1150 PRINT X, Y
```

```
1160 WHILE SP >0
1170 GOSUB 5010:Y=DATOPILA 'POP Y
1180 GOSUB 5010:X=DATOPILA 'POP X
1190 IF (X MOD 2)<>0 THEN MULTRUSA=MULTRUSA+Y
1200 PRINT X, Y
1210 WEND
1220 RETURN
3000 REM Operación Inicia PILA
3010 DATOPILA=0 'Por defecto el dato va a ser 0
3020 SP=0 'SP apunta al TOPE de PILA
3030 RETURN
4000 REM Operación PUSH pila (meter dato)
4010 PILA(SP)=DATOPILA
4020 SP=SP+1:REM Stack Pointer (puntero de pila)
4030 RETURN
5000 REM Operación POP pila (sacar dato)
5010 SP=SP-1:REM Stack Pointer (puntero de pila)
5020 DATOPILA=PILA(SP)
5030 RETURN
```

Salidas producidas por dos ejecuciones del algoritmo:

```
Multiplicando? 73
Multiplicador entero (1-32767)? 25

+ 73
+ 584
+ 1168

Multiplicador Multiplicando
 1          1168
 3          584
```

```
6              292
12             146
25             73
```

Producto (método ruso) de 25 X 73 = 1825
Ok

RUN
Multiplicando? 2.37
Multiplicador entero (1-32767)? 17

+ 2.37
+ 37.92

```
Multiplicador Multiplicando
 1             37.92
 2             18.96
 4             9.479999
 8             4.74
17             2.37
```

Producto (método ruso) de 17 X 2.37 = 40.29
Ok

Un caso clásico (las torres de Hanoi):

Dice la leyenda que en un templo de Benarés (en la India) quiso Dios establecer la caducidad del mundo que recién había creado. Sobre una base de bronce sita bajo la cúpula del centro del mundo hizo aparecer tres agujas de diamante de 50 centímetros de alto, cada una de un grosor del cuerpo de una abeja. Sesenta y cuatro discos de oro puro de distinto diámetro apilados de mayor a menor diámetro sobre una de las agujas constituían la parte esencial del mecanismo que determinaría la extinción de su obra. Sacerdotes del templo especialmente dotados para la tarea debían trasladar todos los discos a otra de las agujas siguiendo un par de normas imposibles de quebrantar:

✓ *Sólo puede moverse un disco a la vez de una aguja a otra.*

✓ *El diámetro del disco desplazado debe ser menor que el de aquél que ocupe en ese instante la aguja destino.*

Los sacerdotes están condenados a seguir incesantemente su tarea hasta que los sesenta y cuatro discos hayan sido trasladados, momento en el que serán recompensados con el descanso eterno, siendo convertidos en polvo justo antes de la desaparición del mundo.

El problema de las torres de Hanoi es el clásico ejemplo que puede ser resuelto fácilmente mediante un algoritmo con dos recursiones. Las acciones que permiten el desplazamiento de todos los discos desde la aguja origen hasta la aguja destino en el mínimo número de pasos son realmente simples:

✓ Mover todos los discos menos uno desde la aguja de origen hasta la aguja de tránsito.

✓ Desplazar el disco restante de la aguja de origen a la aguja destino.

✓ Mover todos los discos de la aguja de tránsito a la aguja destino.

Algoritmo recursivo en QBASIC:

```
DECLARE SUB hanoiQB (disc!, orig!, dest!, aux!)

PRINT : INPUT "¿Discos"; d
CALL hanoiQB(d, 1, 3, 2)

SUB hanoiQB (disc, orig, dest, aux)
   IF disc = 1 THEN
     PRINT "Paso disco de"; orig; "a"; dest
   ELSE
     CALL hanoiQB(disc - 1, orig, aux, dest)
     PRINT "Paso disco de"; orig; "a"; dest
     CALL hanoiQB(disc - 1, aux, dest, orig)
   END IF
END SUB
```

Los argumentos del procedimento hanoiQB son: el número de discos (disc), la aguja de origen (orig), la aguja destino (dest) y la aguja de tránsito (aux, la que no es ni origen ni destino).

Salida producida por una ejecución del algoritmo:

```
¿Discos? 3
Paso disco de 1 a 3
Paso disco de 1 a 2
Paso disco de 3 a 2
Paso disco de 1 a 3
Paso disco de 2 a 1
Paso disco de 2 a 3
```

```
Paso disco de 1 a 3
```

La salida muestra cómo se pueden trasladar tres discos desde la aguja origen (1) a la aguja destino (3) siguiendo las reglas que impuso Brahma a los sacerdotes del templo. El número de desplazamientos mínimo es dos elevado al número de discos menos uno.

Algoritmo iterativo equivalente en GW-BASIC:

```
10 REM Torres de Hanoi (recursividad)
20 RETARDO=2000 'Retardo para Visualización
30 OPTION BASE 0
40 REM PARA MOSTRAR DATOS
50 DIM T(3,9):'3 Torres: Vacía o máx 9 discos
60 DIM TOPT(3):REM Tope de cada T
70 REM RECOGIDA DE DATOS
80 PRINT "Número de discos (1-9):";
90 A$=INKEY$:IF A$="" THEN 90
100 ND=VAL(A$)
110 IF ND<1 OR ND >9 THEN ND=5
120 PRINT ND
130 PRINT "Torre de inicio  (1-3):";
140 A$=INKEY$:IF A$="" THEN 140
150 ITOR=VAL(A$)
160 IF ITOR<1 OR ITOR >3 THEN ITOR=1
170 PRINT ITOR
180 PRINT "Torre de destino (1-3):";
190 A$=INKEY$:IF A$="" THEN 190
200 DTOR=VAL(A$)
210 IF DTOR=ITOR THEN DTOR=(ITOR+1) MOD 3
220 IF DTOR<1 OR DTOR >3 THEN DTOR=3
```

```
230 PRINT DTOR
240 REM CARGAR DATOS
250 FOR I=1 TO ND
260 IF ITOR=1 THEN T(1,I)=ND-I+1 ELSE T(1,I)=0
270 IF ITOR=2 THEN T(2,I)=ND-I+1 ELSE T(2,I)=0
280 IF ITOR=3 THEN T(3,I)=ND-I+1 ELSE T(3,I)=0
290 NEXT I
300 TOPT(ITOR)=ND
310 TOPT(DTOR)=0
320 TOPT(6-ITOR-DTOR)=0
330 PRINT "¨Visualizar movimientos (/N)? ";
340 A$=INKEY$:IF A$="" THEN 340
350 IF A$<>"N" AND A$<>"n" THEN V=1 ELSE V=0
360 CLS
370 GOSUB 3000:REM Visualizar torres
1000 REM ALGORITMO RECURSIVO
1010 REM Parámetros de la función recursiva:
1020 DISCOS=ND 'Discos a pasar
1030 ORIG=ITOR 'Torre origen
1040 DEST=DTOR 'Torre destino
1050 REM Reservar memoria para la pila
1060 DIM PILA(ND*4+1)
1070 SP=0:REM SP señala el TOPE de la PILA
1080 DATO=DISCOS:GOSUB 4000 'PUSH DISCOS
1090 DATO=ORIG   :GOSUB 4000 'PUSH ORIG
1100 DATO=DEST   :GOSUB 4000 'PUSH DEST
1110 DATO=0      :GOSUB 4000 'PUSH FLAG
1120 WHILE SP >1
1130 GOSUB 5000:FLAG=DATO    'POP FLAG
1140 GOSUB 5000:DEST=DATO    'POP DEST
1150 GOSUB 5000:ORIG=DATO    'POP ORIG
```

```
1160 GOSUB 5000:DISCOS=DATO 'POP DISCOS
1170 AUX=6-ORIG-DEST 'Tercera torre (1+2+3=6)
1180 IF FLAG=1 THEN 1310
1190 IF DISCOS=1 THEN 1360 'Mover y recursión
1200 REM FLAG=1 tras el paso de discos a AUX
1210 DATO=DISCOS  :GOSUB 4000 'PUSH DISCOS
1220 DATO=ORIG    :GOSUB 4000 'PUSH ORIG
1230 DATO=DEST    :GOSUB 4000 'PUSH DEST
1240 DATO=1       :GOSUB 4000 'PUSH FLAG 1
1250 REM Mover DISCOS-1 discos de ORIG a AUX
1260 DATO=DISCOS-1:GOSUB 4000 'PUSH DISCOS-1
1270 DATO=ORIG    :GOSUB 4000 'PUSH ORIG
1280 DATO=AUX     :GOSUB 4000 'PUSH AUX
1290 DATO=0       :GOSUB 4000 'PUSH FLAG 0
1300 GOTO 1370
1310 REM Mover DISCOS-1 discos de AUX a DEST
1320 DATO=DISCOS-1:GOSUB 4000 'PUSH sobre pila
1330 DATO=AUX     :GOSUB 4000 'PUSH sobre pila
1340 DATO=DEST    :GOSUB 4000 'PUSH sobre pila
1350 DATO=0       :GOSUB 4000 'PUSH FLAG 0
1360 GOSUB 2000 'Mover un disco
1370 WEND
1380 END
2000 REM Mueve disco de ORIG a DEST
2010 TOPT(DEST)=TOPT(DEST)+1
2020 T(DEST,TOPT(DEST))=T(ORIG,TOPT(ORIG))
2030 T(ORIG,TOPT(ORIG))=0
2040 TOPT(ORIG)=TOPT(ORIG)-1
2050 IF V=0 THEN 2090
2060 GOSUB 3000:REM Visualizar torres
2070 FOR R=1 TO RETARDO:NEXT R
```

```
2080 GOTO 2100
2090 PRINT USING "Mueve disco: # -> #";ORIG;DEST
2100 RETURN
3000 REM Visualizar torres
3010 FOR I=1 TO ND
3020 K=0
3030 FOR J=1 TO 3
3040 LOCATE 2+I,1+K: K=K+24
3050 D=T(J,ND-I+1): D$=SPACE$(9-D)+STRING$(D,42)
3060 IF D THEN PRINT D$;" ";J;" "; STRING$(D,42);
SPACE$(9-D)
3070 IF D=0 THEN PRINT SPACE$(10);J;SPACE$(10)
3080 NEXT J,I
3090 PRINT
3100 RETURN
4000 REM Operación PUSH pila (meter dato)
4010 PILA(SP)=DATO
4020 SP=SP+1:REM Stack Pointer (puntero de pila)
4030 RETURN
5000 REM Operación POP pila (sacar dato)
5010 SP=SP-1:REM Stack Pointer (puntero de pila)
5020 DATO=PILA(SP)
5030 RETURN
```

Salidas producidas por dos ejecuciones distintas del algoritmo:

La siguiente imagen es una captura de pantalla de un instante de la ejecución del programa en el que se eligieron: 9 discos, torre de inicio 1, torre de destino 3 y visualización de movimientos:

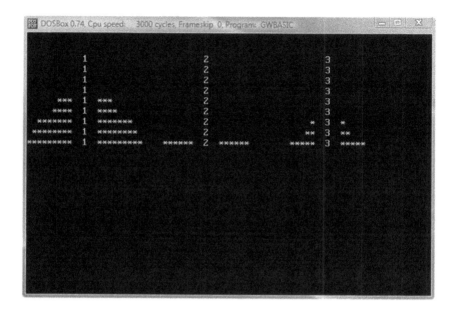

Lo siguiente es la salida producida por otra ejecución distinta, sin visualización de movimientos:

```
Número de discos (1-9): 3
Torre de inicio  (1-3): 2
Torre de destino (1-3): 3
¿Visualizar movimientos (/N)? N

            1        *  2  *         3
            1        ** 2  **        3
            1        *** 2  ***      3

Mueve disco: 2 -> 3
Mueve disco: 2 -> 1
Mueve disco: 3 -> 1
Mueve disco: 2 -> 3
Mueve disco: 1 -> 2
Mueve disco: 1 -> 3
Mueve disco: 2 -> 3
```

Ok

Entre las líneas 1000 y 2000 se encuentra el algoritmo que emula la recursión. La velocidad a la que pasan los discos de una torre a otra puede ajustarse modificando el valor de la variable RETARDO de la línea 20. Cada torre está implementada como una pila de forma que el traslado de un disco de una torre a otra es el trasvase de un elemento entre pilas, asegurando que siempre se mueve el disco ubicado en la parte superior de la torre (un fallo en el algoritmo se visualizaría inmediatamente). La variable FLAG decide cuál de las dos recursiones se va a simular:

La llamada CALL hanoiQB(disc - 1, orig, aux, dest) es simulada mediante las líneas 1250 a 1290.

La llamada CALL hanoiQB(disc - 1, aux, dest, orig) es simulada mediante las líneas 1310 a 1350.

Las líneas 1210 a 1240 junto con la 1360 (en realidad, el código que invoca) son claves para decidir qué discos deben moverse de una torre a otra y a su manera suplen a las sentencias PRINT del algoritmo en QBASIC.

Capítulo 5

El dialecto del intérprete de **GW-BASIC**

El vocabulario es una de las partes más importantes de un lenguaje. En las siguientes páginas, se describe en detalle cada una de las palabras que forman parte del dialecto de **GW-BASIC**, ordenadas alfabéticamente. Cada función, sentencia o comando se describe siguiendo el mismo patrón:

✓ **Sintaxis:** Es el formato de la instrucción. Las palabras entre corchetes son opcionales. En general, las palabras mayúsculas en tipo de letra «*Consolas*» deben escribirse tal cual se ven; las que estén en cursiva se describen adecuadamente en la sección «*Información adicional*» de la instrucción.

✓ **Descripción:** Indica brevemente qué hace la instrucción.

✓ **Información adicional:** Describe en detalle los parámetros de la instrucción (si los tuviere) y su funcionamiento.

✓ **Ejemplos:** Son pequeños programas o instrucciones inmediatas que exploran el funcionamiento de la instrucción. Casi siempre se muestra la salida que produce en pantalla (u otro dispositivo) la ejecución del código, así como comentarios en cursiva que aclaran los resultados producidos.

✓ **Véase también:** Menciona funciones, sentencias o comandos relacionados que complementan a la instrucción.

Los ejemplos suelen ser el camino más rápido para conocer el funcionamiento de una función, una sentencia o un comando. Cada uno de ellos prueba distintas formas de funcionamiento y disímiles comportamientos extraños. Probarlos constituye el camino ideal para llegar a esa evocación sentimental que adquiere el apelativo de «*entrañable*» en personas que años atrás tuvieron su primer contacto con algún intérprete de BASIC.

A continuación se describen las *palabras que integran el lenguaje* GW-BASIC ordenadas alfabéticamente:

ABS

Sintaxis:

ABS(*n*)

Descripción:

La función ABS devuelve el valor absoluto de la expresión *n* que se le pasa como argumento.

Información adicional:

n debe ser una expresión numérica. Si es una cadena, no producirá ningún error, sino que la devolverá sin ser procesada.

Ejemplos:

```
PRINT 3*14*15/(-9)
-70
```

Como puede verse el resultado de la operación es: -70.

```
PRINT ABS(3*14*15/(-9))
70
```

Al aplicar la función a la misma expresión, el resultado es: 70.

```
PRINT ABS("3*14*15/(-9)")
3*14*15/(-9)
```

Al ser el argumento de la función una cadena, se devuelve ésta sin procesar tal cual la recibió.

Véase también:

SGN.

ASC

Sintaxis:

ASC(cad$)

Descripción:

Esta función devuelve el valor numérico correspondiente al código ASCII del primer carácter de la cadena del argumento (cad$).

Información adicional:

cad$ es un literal o variable de cadena. Ante la cadena vacía ("") se genera el error: «Argumento no válido».

En el código ASCII, las letras mayúsculas están comprendidas entre los valores 65 y 90; las letras minúsculas, entre 97 y 122; y los números del 0 al 9, entre 48 y 57 (en cualquier caso, ambos inclusive). La letra ñ tiene el valor 164, la Ñ el 165 y el carácter comillas dobles (") el 34.

Ejemplos:

```
10 FOR I=ASC("0") TO ASC("9")
20 PRINT I;
30 NEXT I
40 PRINT
50 PRINT ASC("0123456789");
60 PRINT ASC("1este texto se ignora")
RUN
 48  49  50  51  52  53  54  55  56  57
 48  49
Ok
```

La variable I *del bucle* FOR *recorre los códigos* ASCII *de los números (del* 0 *al* 9*) y los imprime. La ejecución de la línea* 50 *produce el número* 48*; el punto y coma del final de la sentencia* PRINT *mantiene el cursor en la misma línea. La ejecución de la línea* 60 *produce el número* 49 *posterior. Esto demuestra que la función* ASC *sólo devuelve el código* ASCII *del primer carácter de la cadena que se le pasa como argumento.*

Véase también:

CHR$ y STRING$.

ATN

Sintaxis:

ATN(x)

Descripción:

La función ATN devuelve el arco-tangente de x.

Información adicional:

El argumento x puede ser cualquier expresión numérica, pero debe estar expresada en *radianes*. Para convertir *grados a radianes* basta con multiplicar por $\dfrac{\pi}{180}$.

La función ATN efectúa las operaciones utilizando números de simple precisión, salvo que al iniciar GW-BASIC en la línea de comandos se haya empleado el parámetro /d; en cuyo caso se usarán números de doble precisión.

El resultado está en radianes, en el rango: de $-\dfrac{\pi}{2}$ a $\dfrac{\pi}{2}$.

Las funciones trigonométricas no intrínsecas a GW-BASIC pueden calcularse usando las funciones SIN, COS, TAN, ATN, SQR y LOG:

Cotangente	1/TAN(X)
Secante	1/COS(X)
Cosecante	1/SIN(X)
Seno hiperbólico	SINH= (EXP(X)-EXP(-X))/2
Coseno hiperbólico	COSH= (EXP(X)+EXP(-X))/2
Tangente hiperbólica	SINH/COSH
Cotangente hiperbólica	COSH/SINH
Secante hiperbólica	1/COSH(X)

Cosecante hiperbólica	`1/SINH(X)`
Arco-seno	`ATN(Y/SQR(1-Y*Y))`
Arco-coseno	`PI/2-ATN(Y/SQR(1-Y*Y))`
Arco-cotangente	`PI/2-ATN(Y)`
Arco-secante	`PI/2-ATN(1/(SQR(Y*Y-1))`
Arco-cosecante (arco-seno de 1/Y)	`ATN(1/(SQR(Y*Y-1))`
Arco-seno hiperbólico	`LOG(Y+SQR(Y*Y+1))`
Arco-coseno hiperbólico	`LOG(Y+SQR(Y*Y-1))`
Arco-tangente hiperbólica	`LOG((1+Y)/(1-Y))/2`
Arco-cotangente hiperbólica	`LOG((Y+1)/(Y-1))/2`
Arco-secante hiperbólica	`LOG((1+SQR(1-Y*Y))/Y)`
Arco-cosecante hiperbólica	`LOG(1/Y+SQR(1+Y*Y)/ABS(Y))`
(o bien su equivalente):	`LOG((1+SGN(Y)*SQR(1+Y*Y))/Y)`

Ejemplos:

```
10 INPUT "Radianes";X#
20 PRINT "Arco-tangente de "X#" radianes:"ATN(X#)
```

`RUN`

(El intérprete fue invocado así: C:\>GWBASIC)

```
Radianes? 30
Arco-tangente de 30 radianes: 1.537475
```

(El intérprete fue invocado así: C:\>GWBASIC /D)

```
Radianes? 30
Arco-tangente de 30 radianes: 1.537475330916649
```

El símbolo # al final de **X#** *indica que es una variable de doble precisión. El modificador* /D, *obliga a usar doble precisión.*

Véase también:

`SIN, COS` y `TAN`.

AUTO

Sintaxis:

AUTO [núm_línea][,[incremento]]
AUTO .[,[incremento]]

Descripción:

El comando AUTO genera de forma automática un número de línea cada vez que se pulsa la tecla ENTER, RETURN(←) o INTRO, comenzando a partir de la línea *núm_línea* en incrementos de *incremento*.

Información adicional:

Por defecto, AUTO comienza a numerar las líneas desde 10 en incrementos de 10 en 10.

Cuando en lugar de *núm_línea* se utiliza el punto (.), el comando AUTO sobreentiende que la numeración comienza desde la última línea introducida por el programador, inclusive. Como esa línea ya existe, *aparece un asterisco* (*) tras el número de línea; si se pulsa RETURN inmediatamente después del asterisco, se mantiene el contenido de la misma, de otro modo, ésta se sobrescribirá.

Cuando tras *núm_línea* se omite *incremento* pero se mantiene la coma (,), el comando AUTO asume que el incremento es el último utilizado.

Cuando tras *núm_línea* se omite tanto *incremento* como la coma (,), el comando AUTO asume un incremento de 10 en 10.

El comando AUTO finaliza su ejecución presionando CRTL-BREAK (si no funciona pruébese CTRL-Lock) o CRTL-C. Se regresará a la línea de comandos de GW-BASIC. *La línea en curso* (la que se está modificando en ese instante) se perderá al pulsar CRTL-C o CRTL-BREAK.

Ejemplos:

AUTO

Genera los números de línea 10, 20, 30, 40....

AUTO 15

Genera los números de línea 15, 25, 35, 45....

AUTO 1000,20

Genera los números de línea 1000, 1020, 1040, 1060....

BEEP

Sintaxis:

BEEP

Descripción:

La sentencia BEEP hace sonar el altavoz del ordenador a 800 Hz (hercios o ciclos por segundo) durante un cuarto de segundo.

Información adicional:

Aparte de con la sentencia BEEP, se puede obtener el mismo resultado imprimiendo el carácter de código ASCII 7 o pulsando CRTL-G.

Ejemplos:

```
PRINT CHR$(7)
```

Produce el sonido de 800 Hz *imprimiendo el carácter de código* ASCII 7

```
10 INPUT "¿Cuántas manzanas (3-9)";M
20 IF M=<2 OR M>9 THEN BEEP: GOTO 60
30 PRINT "Umm... Compota con ";M;" manzanas."
40 PRINT "Pueden comer ";INT(M*1.34);" personas."
50 END
60 PRINT "¡Ups! Más de 3 y menos de 10 manzanas."
70 GOTO 10

RUN
¿Cuántas manzanas (3-9)? 2
¡Ups! Más de 3 y menos de 10 manzanas.
¿Cuántas manzanas (3-9)? 10
```

```
¡Ups! Más de 3 y menos de 10 manzanas.
¿Cuántas manzanas (3-9)? 7
Umm... Compota con  7  manzanas.
Pueden comer  9  personas.
```

En el programa anterior, si el número de manzanas está fuera de rango, esto es, menor o igual que **2** ó mayor que **9**, se produce un pitido y se vuelve a pedir el número de manzanas. Cuando la variable **M** esté dentro del rango permitido, el programa emite el mensaje apropiado, indicando el número de manzanas que empleará para hacer una compota, así como el número de personas que podrán disfrutar de ella. Las líneas **30** y **40** sólo se ejecutan cuando el número de manzanas es el correcto. En la línea **40** se usa la función **INT** para el redondeo del número de personas.

BLOAD

Sintaxis:

BLOAD *nombre_archivo$* [*,desplaz*]

Descripción:

El comando BLOAD carga un archivo de imagen creado por BSAVE en algún lugar de la memoria del usuario.

Información adicional:

nombre_archivo$ es una expresión de cadena válida que contiene el dispositivo y el nombre del archivo con la imagen de memoria creada por BSAVE.

desplaz es una expresión numérica válida en el rango, de 0 a 65535. Es el desplazamiento dentro del segmento, declarado mediante la última sentencia DEF SEG, donde comenzará la carga del archivo.

Si se omite *desplaz*, se asume el desplazamiento utilizado en BSAVE, cargándose el archivo en la misma ubicación desde la que fue grabada.

BLOAD no comprueba el rango de direcciones, por lo que el archivo se puede cargar en cualquier ubicación de la memoria, sin restricciones, incluido el espacio de memoria utilizado por GW-BASIC para la pila, los programas y las variables.

Ejemplos:

```
10 DEF SEG=&HB800
20 BLOAD "IMGMEN", 0
```

La sentencia DEF SEG *en la línea* 10 *apunta al segmento correspondiente al buffer de pantalla. El* 0 *de la línea* 20 *indica un desplazamiento* 0 *dentro del segmento, lo que asegura la dirección correcta de comienzo del buffer de pantalla, en la que será cargado el archivo* IMGMEN *(previamente guardado con* BSAVE*), usando la orden* BLOAD *de la línea* 20.

Véase también:

BSAVE y DEF SEG.

BSAVE

Sintaxis:

BSAVE *nombre_archivo$, desplaz, longitud*

Descripción:

El comando BSAVE graba porciones de la memoria del usuario (byte-por-byte) en el dispositivo especificado.

Información adicional:

nombre_archivo$ es una expresión de cadena válida que contiene el nombre del archivo en el que se guarda un área de la memoria. Si el nombre tiene menos de un carácter, se emite el error «Número de archivo incorrecto», abortando la ejecución del comando.

desplaz es una expresión numérica válida en el rango, de 0 a 65535. Es el desplazamiento dentro del segmento declarado (mediante la última sentencia DEF SEG) desde donde comenzará la grabación del archivo.

longitud es una expresión numérica válida en el rango, de 0 a 65535, que especifica el número de bytes que serán copiados de la imagen en memoria.

Al grabar se emplea siempre la última dirección conocida guardada mediante la sentencia DEF SEG , por lo que conviene ejecutar ésta antes del uso del comando BSAVE.

La dirección almacenada por DEF SEG se utiliza tanto como fuente como objetivo, por lo que, una vez fijada, puede usarse por

BSAVE y BLOAD para respectivamente, por ejemplo, grabar desde y cargar en, el buffer de pantalla imágenes de gráficos.

El uso conjunto de BLOAD y BSAVE también es útil para la carga y grabación de programas en lenguaje máquina en la dirección especificada por DEF SEG. Para ello, el módulo fuente en ensamblador debe incluir un prefijo BSAVE mediante un segmento de 7 bytes y obtener un fichero de tipo imagen de la memoria para engañar al intérprete de GW-BASIC. Estos 7 bytes son:

- El *byte FDh* para que el intérprete crea que el fichero ha sido creado con la sentencia BSAVE.
- Una palabra (*2 bytes contiguos*) con el segmento por defecto de la dirección de carga.
- Una *palabra* con el desplazamiento por defecto de la dirección de carga.
- Una *palabra* con la longitud del fichero.

Ejemplos:

```
10 DEF SEG=&HB800
20 BSAVE "IMGMEN", 0, 16384
```

La sentencia DEF SEG en la línea 10 apunta al segmento correspondiente al buffer de pantalla. El 0 de la línea 20 indica un desplazamiento 0 dentro del segmento, lo que asegura, junto con la longitud 16384, la grabación de 16K del buffer de pantalla en el archivo llamado IMGMEN.

Véase también:

BLOAD y DEF SEG.

CALL

Sintaxis:

CALL *nomSubrutina* [(*arg1,arg2,...,argN*)]

Descripción:

La sentencia CALL se utiliza para llamar a un módulo en lenguaje ensamblador (o máquina).

Información adicional:

nomSubrutina es el punto de la memoria donde comienza la subrutina en ensamblador o lenguaje máquina, indicado en forma de desplazamiento dentro del segmento actual.

(*arg1,arg2,...,argN*) son variables o constantes, separadas por comas. En caso de existir, constituyen los parámetros que necesita la subrutina y se deben corresponder en número y tipo con los del módulo en ensamblador (o máquina).

CALL es compatible con más lenguajes, produce un código más legible y puede pasar a la subrutina múltiples argumentos, lo que en ocasiones, es una mejor alternativa que la función USR.

Otros detalles que caracterizan la comunicación entre el intérprete de GW-BASIC y la subrutina invocada son:

- ✓ Al encontrar la sentencia CALL, el intérprete transfiere el control de la ejecución del programa a la dirección compuesta por el último *segmento* guardado en DEF SEG y el *desplazamiento* (u *offset*) definido por *nomSubrutina*.

- ✓ El segmento del GW-BASIC, es un área de memoria máxima de 64K en el que residen el programa, los datos y la pila (aunque puede ser de menor tamaño si se ha usado la sentencia CLEAR para reducirla o bien se ha especificado el parámetro /m:n[,n] al entrar en GW-BASIC). La dirección de este segmento no siempre es la misma: se guarda en la palabra 0:510h, esto es, en los dos bytes 0:510h (inferior) y 0:511h (superior) y se puede obtener así:

```
DEF SEG=0
BSEG = PEEK(&H510) + PEEK(&H511)*256
```

Cuando el código a ejecutar está fuera de dicho segmento, se requiere una llamada lejana (FAR) en la que se guarda no sólo el desplazamiento, sino la dirección del segmento. Como la subrutina es llamada desde un segmento de 64 KBytes diferente, el retorno debe ser lejano (FAR). Así, tanto la llamada como el procedimiento principal de la subrutina en ensamblador (o máquina) son de tipo FAR, por lo que la dirección de retorno a GW-BASIC que se guarda en la pila es completa: el *segmento* de código (CS o *Code Segment*), que contiene la dirección principal y el *desplazamiento*, indicado en el puntero de instrucción (IP o *Instruction Pointer*).

✓ De cada argumento *arg1,arg2,...,argN* se guarda en la pila el desplazamiento de la variable correspondiente dentro del segmento de datos (DS o *Data Segment*) de GW-BASIC. Si la variable es una cadena de caracteres, el desplazamiento se corresponde con el *descriptor de la cadena*, compuesto por los siguientes 3 bytes que la subrutina en ensamblador (o máquina) no debe cambiar:

  o byte 1, la longitud de la cadena (0 a 255).

o byte 2, son los 8 bits más bajos de la dirección de comienzo de la cadena (dentro del espacio para cadenas).

o byte 3, son los 8 bits más altos de la dirección de comienzo de la cadena (dentro del espacio para cadenas).

✓ GW-BASIC no puede manipular aquellas cadenas cuya longitud haya sido alterada por una rutina externa.

✓ Si el argumento es un literal de cadena del programa, el descriptor de la cadena apunta a código intrínseco del mismo, con el consiguiente peligro de destruir el propio programa. Un truco para asegurar que el literal de cadena sea copiado dentro del espacio reservado para las cadenas y fuera del espacio de memoria del programa, es añadir una *cadena espacio* al literal (e.g., A$="CADLIT"+" ").

✓ La probabilidad de destrucción del contenido actual de algunos registros por la subrutina es alta. En particular, se deben preservar: el segmento de pila (SS o *Stack Segment*), el segmento de datos (DS), el segmento extra (ES o *Extra Segment*) y el puntero de pila (SP o *Stack Pointer*).

✓ En general, al retornar a GW-BASIC, no se requiere la restauración de los registros AX, BX, CX, DX, SI, DI y BP aunque la subrutina destruya el contenido de alguno o todos ellos. Sin embargo, las interrupciones deberían regresar al estado que en se encontraban (activas o inactivas) antes de entrar en la subrutina.

✓ El programa invocante debe conocer el número y longitud de los parámetros pasados a la subrutina. Cuando la subrutina toma el control, lo primero que hace es recoger los parámetros. Las referencias a los parámetros son desplazamientos positivos añadidos al BP, por lo que se actualiza el puntero base (BP o B*ase Pointer*) con la dirección contenida en el puntero de pila (SP) y se añaden desplazamientos positivos al BP —asumiendo que la subrutina haya copiado el actual puntero de pila al puntero base (i.e., con la orden MOV BP,SP)—. Si e.g., los parámetros fueran P0, P1 y P2, éstos estarían ubicados respectivamente en las direcciones BP+10, BP+8, y BP+6.

✓ Inicialmente, los registros ES, CS y DS apuntan al comienzo del segmento del GW-BASIC. Los datos residentes en dicho segmento se direccionan mediante el registro DS; y cada vez que se ejecuta una sentencia DEF SEG se modifica el registro CS.

✓ Al entrar en la subrutina todos los registros de segmentos (DS, ES y SS) apuntan a la dirección del segmento que contiene el código del intérprete de GW-BASIC. El registro de segmento CS contiene el último valor proporcionado por DEF SEG. Si DEF SEG no se ha utilizado, apuntará a la misma dirección que DS, ES y SS (el valor por defecto de DEF SEG).

✓ La instrucción RET del código en ensamblador debe tener como argumento: 2*número de parámetros. La lista de argumentos incluye el nombre de la variable que recibe el resultado.

El código puede estar almacenado en una matriz entera (2 bytes por elemento) dentro del propio segmento del GW-BASIC. Un esquema del programa podría ser:

```
10 OPTION BASE 1          'Subíndice comienza en 1
20 DEFINT A-Z             'Asegura variables enteras
30 REM
40 REM Define matriz para albergar el código
50 L=…                    'Longitud del código objeto
60 DIM CODOBJ(…)          'L/2 si L par; L/2+1 si impar
70 REM
80 REM Define el código objeto (L datos)
90 DATA &H…,&H…           'Código objeto en hexadecimal
100 REM
110 REM Guarda el código objeto en la matriz
120 D= VARPTR(CODOBJ(1))  'Offset del primer elemento
130 FOR I=1 TO L
140 READ V                'Leer valor de sentencia DATA
150 POKE D+I-1,V          'Almacenar valor en CODOBJ
160 NEXT I
170 REM
180 REM Ejecuta el código objeto
190 P1=…                  'Parámetro 1
200 P2=…                  'Parámetro 2
210 …                                    …
220 PN=…                  'Parámetro N
230 CALL D (P1,P2,…PN)    'Llamar a la subrutina
240 END                   'Fin del programa
```

Ejemplo:

```
100 DEF SEG=&H2000
110 MISUBR=&H7FA
120 CALL MISUBR(A,B$,C)
```

La sentencia DEF SEG *en la línea* 100 *establece el segmento al* 2000 *hexadecimal. El desplazamiento de la subrutina, dentro de este segmento queda determinado por la línea* 110 *(hexadecimal* 7FA*). El microprocesador (no* GW-BASIC*) compone una dirección absoluta desplazando cuatro bits a la izquierda el segmento definido por* DEF SEG *y añade el valor guardado en* MISUBR *como parte baja de la palabra, creando así una dirección de* 20 *bits (pues el bus de direcciones del* 8086/88 *es de* 20 *bits); como resultado, la llamada a* MISUBR *mediante* CALL *de la línea* 120 *ejecutará la subrutina que se encuentra dentro el segmento* 2000 *y el desplazamiento 7FA, esto es, la ubicada en la dirección hexadecimal* 2000:7FA *(cuya dirección absoluta es* 207FA*).*

Véase también:

USR y DEF SEG.

CDBL

Sintaxis:

CDBL(*x*)

Descripción:

La función CDBL convierte *x* a un número de doble precisión.

Información adicional:

x debe ser una expresión numérica.

Ejemplos:

```
10 X1=123.13: X2=123.15: X3=123.156
20 PRINT "X1="X1, "CDBL(X1)="CDBL(X1)
30 PRINT "X2="X2, "CDBL(X2)="CDBL(X2)
40 PRINT "X3="X3, "CDBL(X3)="CDBL(X3)
RUN
X1= 123.13      CDBL(X1)= 123.129997253418
X2= 123.15      CDBL(X2)= 123.1500015258789
X3= 123.156     CDBL(X3)= 123.1559982299805
```

La conversión de **X1** *y* **X3** *parece más adecuada; la función* CDBL *ha reducido en una unidad el último dígito y creado otros adicionales para que el redondeo produzca aproximadamente el mismo valor del número original. En* **X2** *la función ha decidido mantener el último dígito. Se aprecia que la imprecisión de los números convertidos en todos estos casos está principalmente en los 7 u 8 dígitos finales de cada uno de ellos.*

Véase también:

CINT y CSNG.

CHAIN

Sintaxis:

CHAIN [MERGE] *archivo$* [,[*línea*] [,[ALL] [,DELETE *rango*]]]

Descripción:

La sentencia CHAIN transfiere el control a un programa específico y le pasa variables del programa actual.

Información adicional:

MERGE solapa el programa actual en memoria con el programa invocado. Para que esta opción funcione, es necesario que el programa invocado haya sido guardado como archivo ASCII (desde GW-BASIC, úsese la opción [,a] del comando SAVE). Con esta opción, los archivos que estaban abiertos, permanecen abiertos. Las funciones definidas por el usuario deben estar ubicadas antes de la llamada CHAIN MERGE para que no queden indefinidas tras el solapamiento.

Si se omite MERGE, la sentencia CHAIN no preserva los tipos de variables u otras funciones definidas por el usuario; esto es, cualquier sentencia DEFINT, DEFSNG, DEFSTR o DEF FN que contenga variables compartidas, deberá ser redefinida en el programa invocado.

Los valores establecidos en la sentencia OPTION BASE se conservan tanto si se usa la opción MERGE como si no.

archivo$ es el nombre del programa a invocar para producir un solapamiento con el que está en ese instante en la memoria o al que transferir el control. Si no se especifica ninguna extensión en el archivo, se asume que ésta es: .BAS.

línea es un número o una expresión correspondiente al número de línea del programa invocado donde comienza su ejecución. Si se omite, el programa se ejecutará a partir de su primera línea. Este argumento no será alterado por el comando RENUM.

ALL especifica que toda variable del programa va a ser donada al programa invocado. Si se omite, el programa invocante debe tener una sentencia COMMON para establecer qué variables serán compartidas.

CHAIN ejecuta la sentencia RESTORE antes de proceder con el programa invocado. De ese modo, la sentencia READ comenzará la lectura de datos a partir de la primera sentencia DATA disponible (la lectura no continúa en el mismo punto en el que se interrumpió por la llamada al programa invocado).

DELETE se usa cuando se desean borrar líneas innecesarias que quedaron del programa invocante tras un solapamiento, las cuales se especifican en la opción *rango*.

Ejemplos:

Supongamos que el programa RELEVO.BAS es el siguiente:

```
50  PRINT "Esta línea no se imprimirá."
100 X2=2.2
110 PRINT "En el programa RELEVO"
120 PRINT "X1=";X1
130 PRINT "X2=";X2
```

Y que el programa actual en memoria (el invocante) es este:

```
10 X1=123
```

```
20 PRINT "X1=";X1
30 PRINT "Aún en el programa principal."
80 CHAIN MERGE "RELEVO", 100, ALL, DELETE 10-80
RUN
X1= 123
Aún en el programa principal.
En el programa RELEVO.
X1= 123
X2= 2.2
Ok

LIST
50  PRINT "Esta línea no se imprimirá."
100 X2=2.2
110 PRINT "En el programa RELEVO."
120 PRINT "X1=";X1
130 PRINT "X2=";X2
```

La línea 80 pasa el control al programa RELEVO.BAS, solapándolo con el programa actual en memoria y ejecutándolo a partir de la línea 100, por lo que la línea 50 será ignorada. Con la salida del programa se ve que la opción ALL ha funcionado bien, pues X1 ha conservado su valor. En el listado del programa en memoria posterior a la ejecución se ven qué líneas se han eliminado. La línea 50 aún se conserva, a pesar de estar dentro del rango de líneas que se debían borrar según parámetro DELETE, pero esa línea pertenecía al programa invocado.

Véase también:

COMMON, READ, DATA, DEFINT, DEFSNG, DEFSTR, DEF FN, MERGE, DELETE y RENUM.

CHDIR

Sintaxis:

CHDIR *ruta$*

Descripción:

El comando CHDIR cambia de un directorio de trabajo a otro.

Información adicional:

ruta$ es una expresión de cadena de hasta 63 caracteres.

Ejemplos:

CHDIR "C:\RUTA\SUBRUTA3"

El comando establece como directorio de trabajo de la unidad C: *el situado en el subdirectorio* SUBRUTA3 *del directorio* RUTA *que parte del directorio raíz de dicha unidad.*

CHDIR "A:\DATOS"

El comando establece como directorio de trabajo de la unidad A: *(seguramente una unidad de diskette), el situado en el directorio* DATOS *que parte del directorio raíz de dicha unidad.*

CHDIR "..\SUBRUTA2"

Suponiendo que el subdirectorio SUBRUTA2 *está dentro del directorio* RUTA, *sito en el subdirectorio* SUBRAIZ1 *del directorio raíz de la unidad actual (digamos,* D:*) y nos encontramos dentro del subdirectorio* SUBRUTA1, *también dentro del directorio* RUTA, *el comando establece como directorio de trabajo a* D:\SUBRAIZ1\RUTA\SUBRUTA2.

Véase también:

MKDIR, RMDIR y FILES.

CHR$

Sintaxis:

CHR$(*n*)

Descripción:

La función CHR$ convierte un código ASCII en su carácter equivalente.

Información adicional:

n es un valor de 0 a 255 (8 bits).

Los primeros 32 códigos ASCII corresponden a códigos de control. Los demás son caracteres imprimibles correspondientes a signos de puntuación, números, letras minúsculas y mayúsculas, algunos caracteres especiales para construir recuadros, y símbolos comunes para expresiones matemáticas.

Ejemplos:

```
10 FOR I=48 TO 57
20   PRINT CHR$(I);
30   IF CHR$(I)="4" THEN PRINT CHR$(13);
40 NEXT I
RUN
01234
56789
Ok
```

El programa anterior imprime todos los números del 0 al 9, cinco en cada línea. Para ello, dentro del bucle, comprueba si el número es 4, y si es así, imprime un retorno de carro para cambiar de línea.

Véase también:

ASC y STRING$.

CINT

Sintaxis:

CINT(*x*)

Descripción:

La función CINT redondea una expresión numérica con decimales a un entero.

Información adicional:

El redondeo de *x* debe estar dentro del rango, de -32768 a 32767; si no es así, se produce el error «Desborde».

Si el primer decimal después de la coma es mayor o igual que cinco, el número se redondea (en valor absoluto) al inmediato superior, y si no es así, al inmediato inferior, conservando el signo.

Ejemplos:

```
? CINT(4.45),CINT(4.5),CINT(4.6),CINT(4.95)
 4              5              5              5
Ok
? CINT(-4.45),CINT(-4.5),CINT(-4.6),CINT(-4.95)
-4             -5             -5             -5
Ok
PRINT CINT(-3.495), CINT(3.495)
-3              3
Ok
PRINT CINT(-32768.49), CINT(32767.49)
-32768          32767
Ok
```

```
PRINT CINT(32767.5)
Desborde
OK
PRINT CINT(-32768.5)
Desborde
Ok
```

Véase también:

FIX, INT, CDBL y CSNG.

CIRCLE

Sintaxis:

```
CIRCLE [STEP] (xc,yc), radio [, [color] [,
[inicio], [fin] [,aspecto] ] ]
```

Descripción:

La función CIRCLE dibuja un arco centrado en (xc, yc), desde el ángulo *inicio* hasta el ángulo *fin*, con una distancia desde el centro de *radio* unidades, del color indicado en el parámetro del mismo nombre y una proporción entre la abscisa y la ordenada de cada punto definida por el valor de *aspecto*.

Información adicional:

STEP especifica que las coordenadas son relativas a la posición actual del cursor.

xc e *yc* son expresiones numéricas que definen respectivamente las coordenadas x e y del centro del arco.

radio es el radio máximo del arco a dibujar. En caso de ser una elipse, se corresponde con el radio mayor de la misma.

color es el color empleado para dibujar. Su valor depende del modo de pantalla actual. Las sentencias COLOR y SCREEN dicen más al respecto. El valor por defecto es blanco sobre negro.

Los parámetros *inicio* y *fin* son ángulos en radianes entre -2π y 2π, que indican el punto de comienzo y término, respectivamente del trazado del arco. Si alguno de ellos es negativo, una línea conecta el extremo del arco correspondiente con el punto central, y los ángulos se tratan como si fueran positivos.

La forma del arco queda determinada por el parámetro *aspecto*, el cual describe la relación entre el radio de abscisas (x) y el radio de ordenadas (y), i.e., (x:y). El aspecto por defecto depende del modo de pantalla, pero visualmente produce un círculo en un monitor tradicional 4:3. Si el aspecto es menor que 1 (x menor que y), el radio viene dado por píxeles del eje *x*; si es mayor que 1 (x mayor que y), por píxeles del eje y.

Ejemplos:

```
10 SCREEN 8
20 CLS
30 REM Dibuja platos horizontales
40 FOR R=50 TO 0 STEP-10
50 CIRCLE (120,100),R,5,,,5/18
60 CIRCLE (520,100),R,6,,,5/18
70 NEXT R
80 'Dibujar conos y disco vertical
90 FOR I=-20 TO 20 STEP 20
100 FOR J=-10 TO 10
110 CIRCLE (320,100),30+I,14,5.2,4.2
120 CIRCLE STEP (I*10,J*8),ABS(8*J),15,0,3.14
130 NEXT J,I
190 '4 esferas de distintos tamaños y colores
200 X=220:Y=70 :R=40:C=3:GOSUB 250
210 X=220:Y=125:R=25:C=2:GOSUB 250
220 X=420:Y=125:R=35:C=1:GOSUB 250
230 X=420:Y=70 :R=28:C=4:GOSUB 250
240 END
```

```
250 REM Dibuja esferas
260 CIRCLE (X,Y),R,C,,,.1
270 CIRCLE (X,Y),R,C,,,.3
280 CIRCLE (X,Y),R,C,,,.5
290 CIRCLE (X,Y),R/2,C,,,1.1
300 CIRCLE (X,Y),R/2,C,,,3.3
310 CIRCLE (X,Y),3*R/4,C,,,-3.3
320 RETURN
```

*El programa anterior genera el dibujo artístico de la siguiente
figura:*

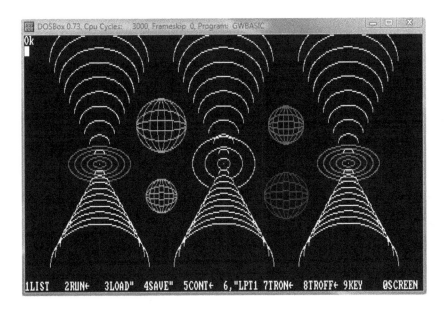

Véase también:

COLOR, DRAW, LINE, SCREEN, VIEW y WINDOW.

CLEAR

Sintaxis:

CLEAR[,[límite_memoria][,pila]]

Descripción:

El comando CLEAR asigna a todas las variables numéricas y a las matrices el valor cero, a todas las variables de cadena el valor nulo, y cierra todos los ficheros abiertos, liberando también los búferes de archivos y borrando las variables comunes.

Información adicional:

límite_memoria es una ubicación de memoria que, si se especifica, limita el número de bytes disponibles para GW-BASIC, protegiendo las direcciones de memoria superiores a la indicada.

pila establece, si se especifica, el tamaño (en bytes) de la pila para los programas. El valor por defecto es el último tamaño de pila previamente fijado. Nada más entrar en el intérprete de GW-BASIC el tamaño de pila se establece en el más pequeño entre 512 bytes, o un octavo de la memoria disponible.

Si no hay espacio de memoria suficiente para el tamaño de pila deseado y el límite de memoria impuesto se indicará el error «No hay más memoria».

El comando CLEAR, limpia las variables de usuario COMMON, establece PEN a OFF, STRIG a OFF, anula la captura de errores ON ERROR, libera búferes, limpia el espacio para la pila y para las cadenas, y elimina cualquier sonido, restableciendo la música en primer plano, si la hubiere.

Ejemplos:

```
CLEAR ,6144,2000
CLEAR ,6144,1000
CLEAR 32768
```

En el primer caso no hay memoria suficiente para una pila de
2000 *bytes con los parámetros elegidos, lo que genera un error*
«No hay más memoria». (Sin embargo, sí es posible reservar
espacio para una de **1000** *bytes, como se ve en la segunda orden,*
sin variar el primer parámetro).

La segunda orden protege la zona de memoria superior a **6144**,
establece las variables numéricas a cero, las cadenas a nulo y
localiza **1000** *bytes de memoria para la pila.*

La tercera orden, además de efectuar todas las inicializalizaciones
correspondientes, mantiene el tamaño de la pila y protege las
direcciones de memoria superiores a **32768**.

Véase también:

```
ERASE y COMMON.
```

CLOSE

Sintaxis:

```
CLOSE [[#]númFich[,[#]númFich]...]
```

Descripción:

La sentencia CLOSE cierra uno u más archivos de disco o dispositivos abiertos, finalizando las operaciones de entrada/salida en los mismos.

Información adicional:

númFich es el número asociado al fichero o dispositivo abierto. La sentencia CLOSE rompe esta asociación. Tras lo cual, el fichero o dispositivo podrá reabrirse con el mismo número o uno diferente. Si se omite este parámetro, se cerrarán todos los archivos y dispositivos abiertos.

Ante un archivo o dispositivo abierto para una salida secuencial, la ejecución de CLOSE volcará los datos de búfer en dicho archivo o dispositivo, antes del cierre definitivo.

Las sentencias END, NEW, RESET, SYSTEM, RUN y LOAD (sin la opción r) siempre cierran todos los dispositivos o ficheros de forma automática. La sentencia STOP no lo hace.

Ejemplos:

```
10 NARCH$="PRBCLOSE.TXT"
20 OPEN NARCH$ FOR OUTPUT AS #1
30 PRINT #1,"Esto es el archivo."
40 CLOSE #1
50 OPEN NARCH$ FOR INPUT AS #2
```

```
60 INPUT #2, A$
70 PRINT "Leo del archivo: ";A$
80 CLOSE
RUN
Leo del archivo: Esto es el archivo.
Ok
```

*La línea **40** asegura que los datos sean escritos en el archivo*
*PRBCLOSE.TXT. La línea **50** abre el archivo con otro*
*identificador, la línea **70** lee la cadena que se escribió*
*anteriormente en el archivo y la línea **80** cierra todos los*
archivos abiertos.

Véase también:

OPEN, INPUT, END, NEW, RESET, SYSTEM, RUN y LOAD.

CLS

Sintaxis:

CLS [n]

Descripción:

La sentencia CLS limpia la pantalla, dejando el cursor en la esquina superior izquierda de la pantalla y estableciendo como último punto referenciado el situado en el centro de la pantalla.

Información adicional:

n toma uno de los siguientes valores:

- 0 Limpia la pantalla quitando todo el texto y los gráficos.
- 1 Limpia sólo la ventana de gráficos o la pantalla completa si no se ha establecido una ventana para gráficos.
- 2 Limpia sólo la ventana de texto.

Si la ventana de gráficos está activa, la ejecución de CLS sin argumentos limpia sólo dicha ventana; si está inactiva, borra la ventana de texto o toda la pantalla, siempre con el último color de fondo seleccionado (véase la sentencia COLOR).

Si se ha utilizado la sentencia VIEW, CLS sólo limpia la vista activa.

La pantalla también puede borrarse presionando CRL-Inicio (o CTRL-HOME), o cambiando el modo de pantalla con las sentencias SCREEN o WIDTH.

Ejemplos:

CLS

La sentencia anterior borra la pantalla activa.

Véase también:

SCREEN, WIDTH, COLOR y VIEW.

COLOR

Sintaxis:

Modo de pantalla `0` *(sólo texto):*
`COLOR [primerPlano][,[fondo][,borde]]`

Modo de pantalla `1`:
`COLOR [fondo][,[paleta]]`

Modos de pantalla `4, 12, 13`:
`COLOR [primerPlano]`

Modos de pantalla `7-10`:
`COLOR [primerPlano][,[fondo]]`

Descripción:

La sentencia `COLOR` selecciona los colores de impresión, estableciendo (siempre que sea posible), `primerPlano` como color del primer plano; `fondo`, como color del fondo; y `borde`, como color del borde.

Información adicional:

`primerPlano` es una expresión entera en el rango, de `0` a `31`. Existen `16` colores básicos, que pueden seleccionarse mediante los números, de `0` a `15`. Una versión parpadeante de estos colores está disponible usando los números, de `16` a `31`, de tal forma, que basta añadir `16` al color básico para obtener ese mismo color parpadeante. Téngase en cuenta que estos colores de primer plano sólo pueden seleccionarse en el modo texto (`SCREEN 0`).

fondo es una expresión entera que indica el color de fondo en la pantalla. No se permiten colores parpadeantes. Si el modo activo de la pantalla es 1, el valor está en el rango, de 0 a 15 (4 bits).

borde es una expresión entera en el rango, de 0 a 15. Es el color del borde de la ventana. Los colores parpadeantes no se permiten.

paleta es una expresión numérica par o impar que especifica el juego de atributos de color que será utilizado. Sólo se aplica para el modo de pantalla 1. Si es par, se elegirá respectivamente para los atributos de color 1, 2 y 3, el *verde*, el *rojo* y el *marrón*; si es impar, se elegirá respectivamente como atributos de color 1, 2 y 3, el *cian (azul-verdoso)*, el *magenta* y el *blanco intenso*.

Si se omiten los argumentos de COLOR, se usa por defecto un color de fondo negro, y el de primer plano dependerá del modo de pantalla.

Estando activo el modo SCREEN 0 puede seleccionarse un color de borde. En el modo SCREEN 1 no es posible seleccionar un color para el primer plano, pero puede elegirse entre una de las cuatro paletas disponibles mediante la sentencia PALETTE. Por tanto, el modo activo determina el funcionamiento de COLOR:

El modo SCREEN 0 modifica los colores del texto de primer plano y de fondo, y también del borde de la ventana. En este modo pueden usarse todo el rango de colores de *primerPlano*.

✓ El modo SCREEN 1 sólo admite como sintaxis la segunda expresión de más arriba, i.e., aquella que incluye como argumento *paleta*.

✓ En el modo SCREEN 2 no tiene ningún efecto. Al utilizar la sentencia COLOR con este modo aparece el mensaje: «Argumento no válido».

✓ En los modos, de SCREEN 7 a SCREEN 10, no puede especificarse el color del borde. Los valores válidos para el color de fondo vienen determinados por el modo de pantalla (consulte la sentencia SCREEN para obtener más detalles).

Si se elige el mismo color para el primer plano y para el fondo, el resultado es una escritura invisible.

Ejemplos:

```
10 SCREEN 0:WIDTH 40 'Modo texto de 40 columnas
20 FOR I=0 TO 15
30 FOR J=0 TO 30
40 COLOR J,I
50 PRINT J;
60 NEXT J
65 PRINT
70 PRINT "Pulse una tecla para continuar...";
80 A$=INKEY$: IF A$="" THEN 80
90 PRINT
100 NEXT I
110 SCREEN 0:WIDTH 80 'Modo texto de 80 columnas
```

El programa anterior dibuja los números del 0 al 30 en todos los colores disponibles, con cada uno de los fondos posibles, en un modo de texto con 40 columnas.

Supongamos que ejecutamos la orden:

SCREEN 1

Cada una de las siguientes sentencias hace lo que pronostica el comentario correspondiente:

```
COLOR 5    'Pone el fondo en magenta
COLOR 1,0  'fondo=1 (azul),
            paleta par (primer plano marrón)
COLOR 2,1  'fondo=2 (verde),
            paleta impar (primer plano blanco)
```

Véase también:

SCREEN, PALETTE, PRESET, PSET, CIRCLE, DRAW y LINE.

COM(n)

Sintaxis:

COM(*n*) ON
COM(*n*) OFF
COM(*n*) STOP
ON COM(*n*) GOSUB *númLínea*

Descripción:

La sentencia COM activa o desactiva la captura de actividad en el dispositivo de comunicaciones asociado a *n*.

Información adicional:

n es el número del adaptador de comunicaciones (puerto COM serie 1 ó 2).

COM(*n*) ON activa la captura de eventos de comunicación en el puerto *n*.

ON COM(*n*) GOSUB *númLínea* dirige la ejecución del programa a la línea número *númLínea*, cada vez que se reciba un carácter por el puerto *n* (siempre y cuando la captura de interrupciones sobre dicho puerto permanezca activa).

COM(*n*) OFF desactiva la captura de eventos de comunicación en el puerto *n*.

COM(*n*) STOP suspende la captura de eventos de comunicación en el puerto *n*. Los eventos serán procesados al reanudar la captura de eventos mediante COM(*n*) ON.

Ejemplos:

```
10 COM(1) ON 'Activa captura de interrupciones en
puerto 1
20 ON COM(1) GOSUB 100
30 A$=INKEY$:IF A$="" THEN 30 'Esperar hasta
pulsar una tecla
40 COM(1) OFF 'Desactiva captura de
interrupciones en puerto 1
50 END
100 PRINT "Algo se ha escrito en el terminal
conectado a COM1."
110 RETURN
```

*En el programa anterior, la línea **10** activa la captura de interrupciones en el puerto **COM1**. La línea **30** espera un tiempo infinito a la pulsación de una tecla; si durante ese tiempo, se recibe un carácter por el puerto **COM1**, el código de la línea **20** dirige el flujo de ejecución del programa a la pequeña subrutina de la línea **100**. Una vez que se ha pulsado una tecla, la ejecución continúa en la línea **40**, desactivando la captura de interrupciones. El programa finaliza con la sentencia **END** de la línea **50**.*

Véase también:

```
OPEN "COMn".
```

COMMON

Sintaxis:

COMMON *variables*

Descripción:

La sentencia COMMON se utiliza cuando se fusiona el programa actual en memoria con otro externo, al que se le da el control, pero desean compartirse algunas variables con él.

Información adicional:

variables son los nombres de las variables compartidas que se pasan al programa invocado. Deben ir separados por comas.

COMMON se usa conjuntamente con la sentencia CHAIN (que es la que invoca al programa para ofrecerle el control de la ejecución), para compartir algunas de las variables del programa en memoria. Si se pretenden compartir todas las variables, es preferible usar la opción ALL de CHAIN.

Para indicar una matriz (*arreglo* o *array*) de variables, basta con añadir dos paréntesis (uno izquierdo y otro derecho) tras el nombre de la matriz, como en el ejemplo.

Ejemplos:

```
10 A=1:B=2:MICAD$="Común"
20 MATRIZ(0)=3:MATRIZ(1)=4
30 COMMON A,B,MATRIZ(),MICAD$
40 CHAIN "D:DEST"
RUN
En el programa invocado
```

```
A= 1 , B= 2
MATRIZ( 0 )= 3 , MATRIZ( 1 )= 4 , MICAD="Común"
Ok
```

En la línea 10 se indica al programa invocado las variables que van a ser compartidas con él, a saber: dos variables numéricas A y B, un arreglo de 2 números de nombre MATRIZ, y la cadena MICAD$. La línea 40 es la que invoca al programa DEST.BAS (ubicado en el directorio activo de la unidad D), cuyo listado es el siguiente:

```
10 PRINT "En el programa invocado"
20 PRINT "A=";A;", B=";B
30 FOR I=0 TO 1
40 PRINT "MATRIZ(";I;")=";MATRIZ(I);", ";
50 NEXT
60 PRINT "MICAD=";CHR$(34);MICAD$;CHR$(34)
70 END
```

Véase también:

CHAIN.

CONT

Sintaxis:

CONT

Descripción:

El comando `CONT`, permite continuar la ejecución de un programa que ha sido detenido previamente mediante la pulsación de la combinación de teclas `CRTL-BREAK` (o su equivalente, `CTRL-C`), o usando las sentencias `STOP` o `END`.

Información adicional:

La ejecución continúa desde el último punto en el que fue interrumpido el programa. Si por ejemplo, se pulsó `CRTL-C` mientras la sentencia `INPUT` estaba pidiendo datos al usuario, al reanudar la ejecución, se volverán a pedir esos datos (imprimiendo de nuevo la cadena de petición de datos de la sentencia `INPUT`).

El uso conjunto de `CONT` y `STOP` puede ser útil para la depuración de programas. Es posible incluso cambiar el contenido de una variable mientras dura esa interrupción desde el modo interactivo de `GW-BASIC` y ver qué pasa después en el programa tras la modificación de ese valor. Pero si en ese lapso de tiempo se altera alguna línea del programa, la orden `CONT` producirá el error: «`No se puede continuar`».

Ejemplos:

```
10 INPUT "Número entre 1 y 3";N
20 IF N<1 OR N>3 THEN GOTO 10
30 PRINT "Antes de STOP, el valor de N es:";N
```

```
35 STOP
40 IF N>=1 AND N=<3 THEN PRINT N;" es un bonito
número." ELSE 60
50 END
60 PRINT "ERROR, "N" no está entre 1 y 3."
70 PRINT "No sea malo y siga las reglas..."
80 GOTO 10
```

RUN
Número entre 1 y 3? *(Pulso CRTL-C para interrumpir)*
Interrumpido en 10
Ok
CONT
Número entre 1 y 3? 2
Antes del STOP, el valor de N es: 2
Interrumpido en 35
Ok
N=9 *(Modifico N para simular un error)*
Ok
CONT
ERROR, 9 no está entre 1 y 3.
No sea malo y siga las reglas...
Número entre 1 y 3? 3
Antes de STOP, el valor de N es: 3
Interrumpido en 35
Ok
CONT
 3 es un bonito número.
Ok

Tras el listado del programa se muestra una ejecución del mismo, simulando un error. El programa es interrumpido en la línea **10** *manualmente pulsando* CRTL-C *mientras se pide el número* N. *Como puede apreciarse, al continuar la ejecución del mismo con el comando* CONT, *se vuelve a pedir el valor de* N *(introducimos 2 con el teclado).* STOP *detiene el programa en la línea* **35** *(es la línea que deberá borrarse tras las pruebas). Se modifica el valor de* N *a* **9**, *y se continúa la ejecución del programa mediante el comando* CONT. *El programa se dirige a la subrutina de error preparada para fallos extremos (que es la que se pretendía probar). A posteriori, la ejecución del programa continúa de forma normal, sin modificar datos desde el prompt de* GW-BASIC.

Véase también:

STOP y END.

COS

Sintaxis:

COS(*x*)

Descripción:

La función COS devuelve el valor de la función trigonométrica coseno de *x*.

Información adicional:

El argumento *x* puede ser cualquier expresión numérica, pero debe estar expresada en *radianes*. Para convertir *grados a radianes* basta con multiplicar por $\dfrac{\pi}{180}$.

La función COS efectúa las operaciones utilizando números de simple precisión, salvo que al iniciar GW-BASIC en la línea de comandos se haya empleado el parámetro /d; en cuyo caso se usarán números de doble precisión.

El resultado está en el rango, de -1 a 1, ambos inclusive.

Ejemplos:

```
10 PI9DEC#=312689#/99532# 'PI precisión 9-10 dec.
20 INPUT "Grados"; X#
30 XRAD#=X#*(PI9DEC#/180#)'Pasa grados a radianes
40 PRINT "Coseno de ";X#;" grados: ";COS(XRAD#)
RUN
```
(El intérprete fue invocado así: C:\>GWBASIC)
```
Grados? 30
Coseno de 30 grados es: .8660254
```

(El intérprete fue invocado así: `C:\>GWBASIC /D`*)*

```
Grados? 30
Coseno de 30 grados es: .86602540378201
```

Nótese que el valor de π utilizado proporciona 11 decimales precisos en la respuesta ($\cos 30 = \dfrac{\sqrt{3}}{2} = 0{,}866025403784438$ *). El símbolo # al final de los nombres de algunas variables indica doble precisión. Al ejecutar* **GW-BASIC** *con el modificador* /d*, la función se calcula usando números de doble precisión, en vez de números de simple precisión.*

Véase también:

`SIN, COS` y `TAN`.

CSNG

Sintaxis:

CSNG(*x*)

Descripción:

La función CSNG convierte *x* en un número de simple precisión.

Información adicional:

El argumento *x* puede ser cualquier expresión numérica.

Ejemplos:

```
10 PI#=3.141592653589793#
20 PI6DEC#=355#/113#
30 PRINT "PI (Aprox. 15 dec.):";PI#
40 PRINT "En simple precisión:";CSNG(PI#)
50 PRINT "El doble del no. PI:";2*PI#
60 PRINT "En simple precisión:";CSNG(2*PI#)
70 PRINT:PRINT "355/133 (PI 6 dec.):";PI6DEC#
80 PRINT "En simple precisión:";CSNG(PI6DEC#)
90 PRINT "El doble del no. PI:";2*PI6DEC#
100 PRINT "En simple precisión:";CSNG(2*PI6DEC#)
110 END
```

(El intérprete fue invocado así: C:\>GWBASIC /D)
```
RUN
PI (Aprox. 15 dec.): 3.141592653589793
En simple precisión: 3.141593
El doble del no. PI: 6.283185307179586
En simple precisión: 6.283186
```

```
355/133 (PI 6 dec.): 3.141592920353982
En simple precisión: 3.141593
El doble del no. PI: 6.283185840707965
En simple precisión: 6.283186
Ok
```

El programa anterior prueba la validez de la aproximación de π mediante la fracción considerada. En simple precisión, el cálculo de π con una aproximación de 15 decimales es idéntico al efectuado con una aproximación de 6 decimales, como era de esperar. No se precisa ejecutar GW-BASIC con el modificador /d.

Véase también:

CDBL y CINT.

CSRLIN

Sintaxis:

```
y=CSRLIN
```

Descripción:

La variable CSRLIN contiene la coordenada vertical del cursor en la página activa, i.e., la fila en la que se encuentra actualmente el cursor.

Información adicional:

y es la variable numérica que recibe el valor devuelto por CSRLIN, el cual está en el rango, de 1 a 25.

La función POS permite obtener la coordenada horizontal del cursor en la página activa, la cual se puede determinar mediante la sentencia SCREEN.

Ejemplos:

```
10 Y=CSRLIN
20 LOCATE Y,1
30 IF Y=24 THEN Y=22
40 PRINT "El programa COMIENZA ahora"
50 PRINT "* * * *   *   * * * *"
60 YFINAL=CSRLIN
70 PRINT "PULSE UNA TECLA...";
80 A$=INKEY$:IF A$="" THEN 80
90 LOCATE Y,13: PRINT "FINALIZA"
100 LOCATE YFINAL,1
110 PRINT "FINAL DEL PROGRAMA"
```

```
RUN
El programa COMIENZA ahora
* * * *  *  * * * *
PULSE UNA TECLA...
```

Tras pulsar una tecla, las dos líneas anteriores cambian a:

```
El programa FINALIZA ahora
* * * *  *  * * * *
FINAL DEL PROGRAMA
```

La línea 10 del programa anterior guarda la coordenada actual de la fila, que usará para imprimir el primer mensaje, el cual se trastocará en la líneas 90. La línea 20 asegura la posición de la cadena origen; la línea 30 resuelve un problema de «scroll» que surge cuando inicialmente el cursor está en la línea 24 de la pantalla, lo que provocaría un funcionamiento no deseado en el programa. En la línea 60 se guarda la fila en la que se imprime el mensaje «PULSE UNA TECLA...», el cual es transformado en otro de finalización en las líneas 100 y 110.

Véase también:

POS y SCREEN.

CVD, CVI, CVS

Sintaxis:

```
CVD(cadena_8_byte$)
CVI(cadena_2_byte$)
CVS(cadena_4_byte$)
```

Descripción:

La función CVD convierte una cadena de 8 bytes, procedente de una ejecución previa de la función MKD$, a un número de doble precisión.

La función CVI convierte una cadena de 2 bytes, procedente de una ejecución previa de la función MKI$, a un número entero.

La función CVS convierte una cadena de 4 bytes, procedente de una ejecución previa de la función MKS$, a un número de simple precisión.

Información adicional:

Los parámetros de las funciones CVI, CVS y CVD suelen ser variables de cadena en las que, mediante la sentencia FIELD, se almacenan los valores de un fichero de acceso aleatorio en el que previamente fue guardada la salida proporcionada por MKI$, MKS$ y MKD$ (sus funciones respectivamente complementarias).

Ejemplos:

```
10 N#=1.37912897245#
20 PRINT "Número: ";N#: PRINT
30 IN$=MKI$(N#) 'Cadena del entero
40 INL=LEN(IN$) 'Longitud del entero
```

```
50 SN$=MKS$(N#) 'Cadena del single
60 SNL=LEN(SN$) 'Longitud del single
70 DN$=MKD$(N#) 'Cadena del double
80 DNL=LEN(DN$) 'Longitud del double
90 PRINT "Del byte 0 al byte:"
100 PRINT INL-1;" para CVI: ";
110 FOR I=1 TO INL
120 PRINT ASC(MID$(IN$,I,1));
130 NEXT
140 PRINT
150 PRINT SNL-1;" para CVS: ";
160 FOR I=1 TO SNL
170 PRINT ASC(MID$(SN$,I,1));
180 NEXT
190 PRINT
200 PRINT DNL-1;" para CVD: ";
210 FOR I=1 TO DNL
220 PRINT ASC(MID$(DN$,I,1));
230 NEXT
240 PRINT:PRINT:PRINT "Salidas:"
250 PRINT " CVI=";CVI(IN$)
260 PRINT " CVS=";CVS(SN$)
270 PRINT " CVD=";CVD(DN$)
RUN
Número:  1.37912897245

Del byte 0 al byte:
 1  para CVI:  1 0
 3  para CVS:  76 135 48 129
 7  para CVD:  88 197 209 84 76 135 48 129
```

```
Salidas:
 CVI= 1
 CVS= 1.379129
 CVD= 1.37912897245
Ok
```

El programa anterior convierte el número de doble precisión N#
de la línea 10 *en una cadena de 2 bytes (línea* 30*), una cadena de*
4 bytes (línea 50*) y una cadena de 8 bytes (línea* 70*), que serán*
respectivamente reconvertidos a un entero (línea 250*), un número*
de simple precisión (línea 260*) y un número de doble precisión*
(línea 270*). Las líneas* 90 *a* 230 *(ambas inclusive) muestran cómo*
se representa cada tipo de número en forma de cadena.

Véase también:

MKI$, MKS$, MKD$, FIELD y VAL.

DATA

Sintaxis:

DATA *constantes*

Descripción:

La sentencia DATA almacena constantes numéricas o de cadena que pueden ser utilizadas por los programas mediante la sentencia READ.

Información adicional:

constantes es una lista de constantes separadas por comas: pueden ser números en cualquier formato (entero, punto fijo o punto flotante) o constantes de cadena, en cualquier orden. En el último caso, sólo es necesario que vayan encerradas entre comillas dobles si la cadena contiene espacios o comas que puedan confundir un dato con el siguiente.

Puede haber varias líneas de sentencias DATA en cualquier punto del programa. Se irán procesando en orden, de forma que tiene mayor preferencia aquella cuyo número de línea sea menor.

Puede obligarse a comenzar la lectura de la lista de constantes a partir del dato que se desee; la sentencia RESTORE permite decidir la línea de sentencia DATA por la que comenzar, así como qué dato de dicha línea será el primero en ser procesado.

Cada variable de la sentencia READ debe corresponderse en tipo con cada dato de la sentencia DATA.

En cuanto a los errores que pueden producirse:

✓ Intentar guardar una cadena en una variable numérica genera el error: «Error de sintaxis en <número de Línea>».

✓ Si el valor del dato es tan grande que excede el rango del mayor número que puede almacenarse en una variable numérica, GW-BASIC asignará el mayor valor posible a la variable y emitirá el mensaje «Desborde».

✓ Si la sentencia READ intenta leer más datos de los disponibles, se emite el mensaje: «No hay más datos en <númLín>», donde <númLín> es el número de línea.

Ejemplos:

```
10 DATA 1,UNO,2,DOS,3,TRES,5,CINCO,7,SIETE
20 PRINT "Los 5 primeros números primos son:"
30 FOR I=0 TO 4
40 READ P(I),P$(I)
50 PRINT P(I);"(";P$(I);")";
60 NEXT I
70 END
RUN
Los 5 primeros números primos son:
 1 (UNO) 2 (DOS) 3 (TRES) 5 (CINCO) 7 (SIETE)
Ok
```

En el programa anterior, la sentencia READ de la línea 40 lee los datos de la sentencia DATA de la línea 10, los cuáles son números y cadenas intercalados. En la línea 50 se imprimen esos datos.

Véase también:

READ y RESTORE.

DATE$

Sintaxis:

Como sentencia:

`DATE$=` *cadFormatoFecha$*

Como variable:

fecha$`=DATE$`

Descripción:

DATE$ establece (si es sentencia) u obtiene (si es variable) la fecha actual del sistema.

Información adicional:

cadFormatoFecha$ es una cadena literal o variable y puede tener uno de los siguientes formatos:

`mm-dd-aa`, `mm-dd-aaaa`, `mm/dd/aa` o `mm/dd/aaaa`.

donde:

`dd` es el día (rango, de `01` a `31`).
`mm` es el mes (rango, de `01` a `12`).
`aaaa` es el año (rango, de `1980` a `2099`).

fecha$ es una variable de cadena en la que se almacena la fecha del sistema en `10` caracteres, con el formato `mm-dd-aaaa`.

El cambio de fecha permanece hasta que vuelva a ser cambiada.

En cuanto a los errores que pueden producirse:

✓ Si `cadFormatoFecha$` no tiene un formato válido, se genera el error: «`Argumento no válido`».

✓ Si alguno de los valores está fuera de rango se genera el error: «Argumento no válido».

Ejemplos:

```
10 FECHAHOY$=DATE$
20 GOSUB 100
30 DATE$="1-13-2016"
40 GOSUB 100
50 DATE$=FECHAHOY$
60 GOSUB 100
70 END
100 REM Imprime fecha actual
110 PRINT "Fecha actual: ";DATE$
120 RETURN

RUN
Fecha actual: 11-06-2016
Fecha actual: 01-13-2016
Fecha actual: 11-06-2016
Ok
```

En el programa anterior, la subrutina de la línea 100 se encarga de imprimir la fecha actual. En la línea 10 obtiene la fecha del sistema, que será restablecida en la línea 50. El formato de la línea 30 no encaja con el habitual en español (dd-mm-aaaa), pues no hay más que 12 meses en un año, pero sí lo hace con la versión inglesa (mm-dd-aaaa); esta línea verifica que en el formato que utiliza DATE$, el mes debe ir en primera posición.

Véase también:

TIME$.

DEF FN

Sintaxis:

DEF FN*nombre*[(*argumentos*)] = *expr*

Descripción:

La sentencia DEF FN permite definir y dar nombre a una función escrita por el usuario.

Información adicional:

nombre es un nombre de variable válido, evitando los caracteres no permitidos (como el punto, punto y coma, comillas, etc.). El nombre de la función es FN*nombre*, a saber, *nombre* precedido de los caracteres FN.

argumentos son los argumentos que necesita la función para operar; esto es, una lista de nombres de variables separadas por comas, que serán sustituidas por los valores pasados a la función, a la hora de invocarla.

expr es una única sentencia, que define las transformaciones a efectuar en los datos pasados a la función como argumentos.

Puede utilizarse el nombre de una variable existente en la lista de argumentos a la hora de definir la función, pero entonces el valor que tenía previamente esa variable se perderá en la definición, pues será sustituido por el argumento utilizado al invocar a la función. El valor de cualquier otra variable podrá ser aprovechado en las operaciones que implementan la función.

Es válido usar el mismo nombre de función dentro de un mismo programa con varias implementaciones; a la hora de ser invocada se aplicará siempre la última definición encontrada.

No se admiten funciones recursivas.

No admite una definición de función directamente desde el *prompt* de GW-BASIC; si se intenta, se produce el error: «Instrucción directa incorrecta».

Las funciones definidas por el usuario pueden ser numéricas o de cadena. Pero si el valor resultante de *expr* no es del mismo tipo que el de la función, producirá el error «Tipos no coinciden en <número de línea>».

Si la función no ha sido previamente definida antes de invocarla, se genera el error: «Función de usuario no definida en <número de línea>».

Ejemplos:

```
10 Z= 2
20 DEF FNY(X)=X^2-Z
30 PRINT "Primera llamada de FNY(5)=";FNY(5)
40 Z= 3
50 DEF FNY(X)=X*Z+Z-1
60 PRINT "Segunda llamada de FNY(5)=";FNY(5)

RUN
Primera llamada de FNY(5)= 23
Segunda llamada de FNY(5)= 17
Ok
```

DEFINT/SNG/DBL/STR

Sintaxis:

```
DEFINT letras [,letras]…
DEFSNG letras [,letras]…
DEFDBL letras [,letras]…
DEFSTR letras [,letras]…
```

Descripción:

La sentencia DEFINT permite declarar variables numéricas de tipo *entero*.

La sentencia DEFSNG permite declarar variables numéricas de tipo *simple precisión*.

La sentencia DEFDBL permite declarar variables numéricas de tipo *doble precisión*.

La sentencia DEFSTR permite declarar variables de tipo *cadena*.

Información adicional:

letras son letras separadas por comas, o un rango de letras del alfabeto —el elemento inicial y final de un intervalo de letras no adyacentes, separadas por un guión (-))—.

A pesar de que cualquiera de estas sentencias definen un tipo específico de variable, los modificadores **%** (entero), **!** (simple precisión), **#** (doble precisión) y **$** (cadena) cambian el tipo inicial de la variable según el sufijo impuesto.

El tipo por defecto de una variable no definida previamente es: *numérica de simple precisión*.

Ejemplos:

```
10 DEFINT I-K, N,M
20 M=0
30 FOR I=1 TO 6
40 FOR J=1 TO 5
50 FOR K=1 TO 4
60 M=M+1
70 NEXT K,J,I
80 N$="120#"
90 N=321.123#
100 M#=M+3.321#
110 PRINT N$,N,M#,M
```

```
RUN
120#            321             123.321         120
Ok
```

*En la línea **110** del programa anterior se puede ver el efecto de los modificadores de tipo. Las variables **N$**, **N**, **M** y **M#** se tratan de forma diferente, según el sufijo impuesto.*

DEF SEG

Sintaxis:

DEF SEG [=*dirección*]

Descripción:

La sentencia DEF SEG permite cambiar la dirección del segmento de memoria actual.

Información adicional:

dirección es una expresión numérica de 0 a 65535, si no es así, se genera el error «Desborde en <*número de línea*>». Si se omite la dirección, se asignará por defecto como segmento de datos la dirección actual en DS (*Data Segment* o *Segmento de Datos*).

Si se especifica una dirección, ésta se limita a 16 bits. Dicha dirección es guardada para que las funciones BLOAD, BSAVE, CALL, PEEK, POKE, o USR puedan utilizarla. Para formar la dirección del segmento de código para posteriores sentencias CALL, el microprocesador (no GW-BASIC) compondrá una dirección absoluta *desplazando cuatro bits a la izquierda* la localización del segmento en DEF SEG, a la que añadirá la ubicación elegida por el programador interna al segmento como parte baja de la palabra, para crear así una dirección de 20 bits (ya que el bus de direcciones del 8086/88 es de 20 bits).

El espacio entre DEF y SEG es importante; su omisión confunde al intérprete que consideraría la expresión un nombre de variable.

Ejemplos:

```
10 DEF SEG=0
20 ESTADO%=PEEK(&H417) 'Estado del teclado
30 PRINT "Estado del teclado=";ESTADO%
40 PRINT "Caps Lock: ";
50 IF (ESTADO% AND &H40) THEN PRINT "ON " ELSE
PRINT "OFF"
60 PRINT "Num Lock: ";
70 IF (ESTADO% AND &H20) THEN PRINT "ON " ELSE
PRINT "OFF"
80 PRINT "Scroll Lock: ";
90 IF (ESTADO% AND &H10) THEN PRINT "ON " ELSE
PRINT "OFF"
```

```
RUN
Estado del teclado=32
Caps Lock: OFF
Num Lock: ON
Scroll Lock: OFF
```

En la línea 20 del programa anterior se obtiene el estado del teclado, el cual se ubica en la dirección hexadecimal &H417. Como se aprecia tanto en la línea 70 como en la ejecución del programa, el teclado numérico está activado cuando el bit 5 está a 1 —el hexadecimal &H20 es (en binario): 0010 0000; y en decimal: $2^5=32$—. Las líneas 50 y 90 observan la activación en el teclado de Caps Lock y Scroll Lock, respectivamente.

Véase también:

```
BLOAD, BSAVE, CALL, PEEK, POKE y USR.
```

DEF USR

Sintaxis:

DEF USR[n]=*entero*

Descripción:

La sentencia DEF USR permite especificar la dirección de comienzo de una subrutina en lenguaje ensamblador, para que sea invocada por la función USR.

Información adicional:

n es un dígito en el rango, de 0 a 9, asociado a la dirección de la subrutina en ensamblador; si se omite, se asume DEF USR0.

entero es el desplazamiento, que se añade al valor del segmento actual para obtener la dirección de comienzo de la subrutina USR. Si se necesitan más subrutinas de las 10 que limita n, se puede redefinir la dirección de comienzo de la subrutina USR[n] las veces que sea necesario mediante DEF USR[n].

Al invocar una subrutina en ensamblador, GW-BASIC detiene el programa en memoria temporalmente transfiriendo el control a la subrutina en ensamblador. Una vez finalizada su ejecución, el intérprete devuelve el control al programa invocante reanudando la ejecución en el punto de interrupción.

La sentencia DEF USR proporciona compatibilidad entre las distintas versiones de GW-BASIC.

La sentencia CALL es más versátil, pero menos compatible que USR.

Ejemplos:

```
1000 DEF SEG=0
1010 DEF USR0=&H5DC0
1020 Y=USR0(X^2+2*X+1.23)
```

La línea 1020 del código anterior invoca a la subrutina en ensamblador USR0, cuya dirección absoluta (póngase la dirección real de la subrutina) quedó determinada en las líneas 1000 y 1010. El argumento que se pasa a la subrutina es la expresión entre paréntesis: X^2+2*X+1.23.

Véase también:

```
USR, DEF SEG y CALL.
```

DELETE

Sintaxis:

```
DELETE [líneaInicial][-líneaFinal]
DELETE líneaInicial-
```

Descripción:

El comando `DELETE` borra una línea o un rango de líneas (desde `líneaInicial` hasta `líneaFinal`, ambas inclusive) del programa en memoria.

Información adicional:

`líneaInicial` es la primera línea destinada a borrarse.

`líneaFinal` es la última línea destinada a borrarse.

Puede utilizarse un punto (`.`) para referenciar a la línea activa.

Un intento de borrar números de línea inexistentes, genera el error «`Argumento no válido`».

La pulsación de un número de línea existente, e inmediatamente después, `ENTER`, `RETURN` (↵) o `INTRO`, tiene como efecto el borrado de esa línea.

Ejemplos:

```
DELETE .
```

Borra la línea activa (última línea editada).

```
DELETE 35-48
```

Borra el rango de líneas, de la número 35 a la 48 (ambas inclusive).

`DELETE 1000-`

Borra de la línea número 1000 en adelante.

`DELETE -100`

Borra todas las líneas cuyo número es menor o igual que 100.

`1145` *<y pulsar ENTER>*

Borra la línea 1145.

DIM

Sintaxis:

DIM *vble(subíndices)*[,*vble(subíndices)*]...

Descripción:

La sentencia DIM permite especificar los valores máximos de los índices de las variables y reserva espacio para acomodar estas en la memoria. Se utiliza para reservar espacio para matrices (*arreglos* o *arrays*) de una o varias dimensiones.

Información adicional:

vble es un nombre de variable válido.

subíndices es uno o más enteros separados por comas. Cada número indica la dimensión máxima que tendrá la matriz multidimensional en el nivel correspondiente. Si se omite, se considera como subíndice máximo 10. Un subíndice fuera del rango esperado producirá el error: «Índice fuera de rango en <*número de línea*>».

El número mínimo para un subíndice es 0 ó 1, dependiendo de la sentencia OPTION BASE.

El número máximo de dimensiones para una matriz es 255.

DIM inicia a cero todos los elementos de los arreglos.

En GW-BASIC no se puede redimensionar un arreglo, pero sí puede redefinirse, basta ejecutar previamente la sentencia ERASE o el comando CLEAR.

Ejemplo:

```
10 DIM M(1,3)
20 FOR I=0 TO 1
30 FOR J=0 TO 3
40 M(I,J)=I+(I+J)/9
50 PRINT USING "M(#_,#) = ##";I;J;I*10+J;
60 PRINT USING " / 9 = #.######";M(I,J)
70 NEXT J,I
RUN
M(0,0) =  0 / 9 = 0.000000
M(0,1) =  1 / 9 = 0.111111
M(0,2) =  2 / 9 = 0.222222
M(0,3) =  3 / 9 = 0.333333
M(1,0) = 10 / 9 = 1.111111
M(1,1) = 11 / 9 = 1.222222
M(1,2) = 12 / 9 = 1.333333
M(1,3) = 13 / 9 = 1.444444
Ok
```

La línea 10 reserva espacio para una matriz de 2x4 números de simple precisión —ocho elementos de 4 bytes cada uno (un total de 32 bytes)—. Las líneas 20 y 30 recorren todos los índices para (en la línea 40) almacenar en cada elemento un valor mágico (la parte entera es el primer índice y la parte decimal es la suma de ambos índices). Las líneas 50 y 60 muestran el resultado.

Véase también:

OPTION BASE, ERASE y CLEAR.

DRAW

Sintaxis:

DRAW *cadenaGML$*

Descripción:

La sentencia DRAW se utiliza para dibujar una figura.

Información adicional:

cadenaGML$ es una cadena de texto que contiene comandos en un lenguaje de definición de objetos llamado GML (*Graphics Macro Language*). Cada comando GML está compuesto por un único carácter seguido de una cadena, y opcionalmente, de uno o más argumentos. En un programa con sentencias DRAW, la posición de inicio del dibujo para el primer comando de trazado es, por defecto, el centro de la pantalla —(160,100), en resolución media; y (320,100) en alta resolución—; las restantes órdenes de trazado comenzarán allí donde haya quedado el puntero de dibujo en el último trazo, ya sea por el uso de DRAW o por el de alguna otra sentencia de gráficos (como por ejemplo, LINE o PSET).

A continuación se muestran los comandos disponibles en el lenguaje GML:

En todos los comandos, n es una constante o una variable numérica. Los comandos van separados con un punto y coma, pero cuando n es un número, el punto y coma es opcional. Si en vez de un número, N es el nombre de una variable, el formato cambia: "=N;" (el punto y coma es necesario); e.g. «mover arriba 3 unidades» sería U3, o bien U=N; (donde N=3).

U*n*   movimiento relativo, *n* unidades hacia **arriba** (U***p***).

D*n*   movimiento relativo, *n* unidades hacia **abajo** (**D**own).

L*n*   movimiento relativo, *n* unidades hacia la **izquierda** (**L**eft).

R*n*   movimiento relativo, *n* unidades hacia la **derecha** (**R**ight).

E*n*   movimiento relativo, *n* unidades **arriba**, a la **derecha**.

F*n*   movimiento relativo, *n* unidades **abajo**, a la **derecha**.

G*n*   movimiento relativo, *n* unidades **abajo**, a la **izquierda**.

H*n*   movimiento relativo, *n* unidades **arriba**, a la **izquierda**.

M*x,y*   mover de forma absoluta o relativa.

> *Los movimientos relativos se indican con un signo + o - en los argumentos x e y.* Si el movimiento es *relativo*, el punto de inicio del trazado es el habitual, i.e., donde quedó el puntero en la última instrucción de trazado. Si es *absoluto*, se trazará una línea desde la coordenada de dibujo actual hasta la especificada por *x* e *y*.

Los siguientes **comandos prefijo** pueden preceder a los anteriores, modificando su comportamiento:

B mover, pero no pintar.

N mover y retornar a la posición original al finalizar el comando.

Los siguientes comandos están enfocados al *cambio de dirección* del trazado, el *color* del pincel y fondo del dibujo, *escalado*, *giro* y el uso de un dibujo almacenado en forma de *comandos GML en una cadena.*

A*n*   *Establece un ángulo de rotación* del dibujo.
    El rango de *n* está entre 0 y 3, donde 0, 1 y 3 representan respectivamente 0°, 180° y 270°. En una pantalla con relación de aspecto 4:3, para mantener el tamaño de la figura, se produce un escalado automático (es necesario en el giro a 90° ó 270°, pero no en 180°).

TA*n*   *Rota* un ángulo *n*.

El rango de *n* está entre -360 y 360, ambos inclusive. Si *n* es positivo, el giro se efectúa en el sentido contrario a las agujas del reloj; si es negativo, en el sentido de las agujas del reloj.

C*n*   *Establece el color n*.

Los colores válidos quedan determinados por las sentencias COLOR, PALETTE y SCREEN.

S*n*   *Establece un factor de escala*.

n está en el rango, de 0 a 255. Su valor por defecto es 4. Para obtener el factor de escala, se divide n por 4. Ese factor se multiplica por el valor del argumento n en los comandos U, D, L, R, E, F, G, H o M (movimiento relativo).

X*c$***;**   *Permite ejecutar* la subcadena *c$* de *comandos GML*.

Este comando es útil cuando dentro de una cadena de la sentencia DRAW deseamos ejecutar los comandos GML almacenados en otra cadena. Se requiere un punto y coma tras el nombre de la subcadena, salvo que se especifique la misma mediante la función VARPTR$ (véase el ejemplo).

P*r***,***b*   *Rellena una figura* con el color *r*, hasta encontrar sus bordes (de color b).

r es el color de relleno de la figura.

b es el color del borde de la figura.

Ambos valores deben ser especificados. No admite colores intermitentes. Se necesita posicionar el pincel dentro de la figura a rellenar (úsense los comandos B y M).

Ejemplos:

```
10 CLS:SCREEN 8:PSET (110,100)
20 CASA$="C7 E50;F50;L100;D50;R100;U50;"
30 DRAW "X"+ VARPTR$(CASA$)
40 DRAW "BM-20,+4;P8,7;BM+0,-8 P9,7;BM+20,+4"
50 FOR ESCALA=1 TO 5
60 DRAW "S=ESCALA;XCASA$;"+"BM-20,+4;P1,7;BM+0,-8
P4,7;BM+20,+4"
70 NEXT
```

*En la línea **10** del programa anterior se establece el modo de
pantalla y el punto de comienzo del trazado (dibuja el primer
punto). En la línea **20** se crea una cadena de comandos **GML** que
dibuja el contorno de una sencilla casa en color **7** (blanco). La
línea **30** dibuja una casita con el tamaño por defecto. La línea **40**
pinta la pared de la casa de color **8** (gris) y el tejado de color **9**
(azul claro). La línea **50** establece el número de veces que se
repetirá el dibujo y su tamaño. La línea **60** pinta una casa con una
escala determinada por el valor de la variable **ESCALA** del bucle;
pinta la pared de cada casa de color **1** (azul) y el tejado de color **4**
(rojo). Es muy importante que el color del borde del comando **P**
coincida con el color de contorno de la casa (si no, el relleno
rebasaría los límites de la figura, llenando la pantalla).*

*El resultado de la ejecución del programa se puede ver en la
siguiente figura (para volver al modo texto tras ejecutar el
programa se puede pulsar la tecla **F10** que por defecto está
programada convenientemente para estos casos):*

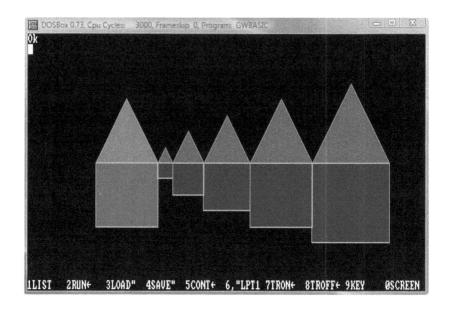

Véase también:

LINE, PSET, COLOR, PALETTE, SCREEN y VARPTR$.

EDIT

Sintaxis:

```
EDIT número de línea
EDIT .
```

Descripción:

El comando `EDIT` permite mostrar una línea determinada del programa para editarla.

Información adicional:

número de línea es una línea existente del programa. Un punto (`.`) hace referencia a la línea actual, la cual se corresponde con la última editada.

Si el número de línea no existe, se emite el error «`No. de línea no definido`».

Al pulsar `ENTER, RETURN` (←┘) o `INTRO`, estando situado en la línea editada, ésta quedará modificada.

Todas teclas y combinaciones de teclas del editor son válidas. Las más útiles son:

- Las flechas de dirección mueven el cursor sin modificar los caracteres.
- La pulsación simultánea de `Crtl+<flecha derecha>` posiciona el cursor al principio de la siguiente palabra;
- `Crtl+<flecha izquierda>` posiciona el cursor al principio de la palabra anterior;
- `Supr` elimina el carácter existente bajo el cursor;

- BACKSPACE o CRTL-H elimina el carácter previo al cursor;
- CRTL-R, Insert o INS activa el modo de inserción, en el que se van desplazando hacia la derecha los caracteres posteriores al cursor a medida que se escribe;
- Alt+<letra>, escribe una palabra del lenguaje BASIC; por ejemplo, la palabra PRINT, está asociada a Alt-P, etc.

Ejemplos:

EDIT .
Muestra la línea actual para editarla.

EDIT 500
Muestra la línea 500 para editarla.

END

Sintaxis:

END

Descripción:

La sentencia END finaliza el programa en ejecución, cierra todos los ficheros y vuelve a la línea de comandos de GW-BASIC.

Información adicional:

La sentencia END puede estar ubicada en cualquier sitio del programa, donde se requiera su finalización.

No genera ningún tipo de mensaje. Simplemente cierra todos los ficheros abiertos y devuelve el control a la línea de comandos de GW-BASIC.

Un programa escrito en BASIC no requiere necesariamente tener una sentencia END. La ejecución del mismo termina cuando no existen más líneas de código que interpretar.

Puede existir más de una sentencia a END en el programa, pero sólo se ejecutará una de ellas.

La sentencia END también es útil para separar el programa principal de las subrutinas.

Ejemplos:

```
10 PRINT "Digite un número (0 para finalizar)"
20 INPUT "Número (0-1000)";N
30 IF N=0 THEN END
40 IF N<0 OR N>1000 THEN GOSUB 100:GOTO 20
```

```
50 PRINT "Ha elegido el número ";N
60 END
100 REM Rutina Error
110 PRINT "El número debe estar entre 0 y 1000"
120 RETURN

RUN
Digite un número (0 para finalizar)
Número (0-1000)? -2
El número debe estar entre 0 y 1000
Número (0-1000)? 1002
El número debe estar entre 0 y 1000
Número (0-1000)? 235
Ha elegido el número  235
Ok

RUN
Digite un número (0 para finalizar)
Número (0-1000)? 0
Ok
```

La línea sentencia **END** *de la línea* **30** *finaliza el programa cuando
se pulsa* **0**. *La de la línea* **60**, *finaliza el programa cuando el
número no es* **0**, *pero está dentro del rango permitido (además
evita la ejecución de las líneas de la subrutina de error tras haber
elegido un número correcto).*

ENVIRON

Sintaxis:

ENVIRON *cadena$*

Descripción:

La sentencia ENVIRON permite al usuario modificar o agregar una cadena de ambiente en la tabla de cadenas de entorno del sistema operativo DOS.

Información adicional:

cadena$ es una expresión de cadena válida con el nombre y valor de la variable de ambiente de DOS (como PATH o PROMPT), con el siguiente formato:

vbleAmbiente=cadAmbiente

donde *vbleAmbiente* es el nombre de la variable de ambiente de DOS (sensible a las mayúsculas) y *cadAmbiente* es una cadena de texto con el valor de dicha variable (siguiendo las reglas de formato que ésta requiera).

Si *vbleAmbiente* ya existe, su valor será sustituido por el elegido por el usuario; si no, se creará una nueva variable de ambiente que se añadirá como última variable de entorno de DOS.

Si *cadAmbiente* es nula o un único punto y coma, la variable de ambiente cuyo nombre precede al símbolo igual (*vbleAmbiente*) será eliminada de la tabla de variables de entorno de DOS.

Las modificaciones efectuadas por ENVIRON permanecerán para todos los procesos hijos de GW-BASIC que se ejecuten (véase la sentencia SHELL). Una vez que se salga de GW-BASIC (con el comando SYSTEM) las variables de entorno de DOS serán restauradas a sus valores originales.

El entorno de variables de DOS se puede mostrar desde el *prompt* de MS-DOS mediante el comando SET.

Ejemplos:

```
PRINT ENVIRON$("PATH")
Z:\;D:\DOS
```

```
ENVIRON "PATH=B:\;"+ENVIRON$("PATH")
```

```
PRINT ENVIRON$("PATH")
B:\;Z:\;D:\DOS
```

Véase también:

ENVIRON$ y SHELL.

ENVIRON$

Sintaxis:

ENVIRON$(*idParam*)
ENVIRON$(*numParam*)

Descripción:

La función ENVIRON$ permite al usuario recuperar una cadena de ambiente específica de la tabla de cadenas de entorno del sistema operativo DOS.

Información adicional:

idparam es una expresión de cadena válida que identifica el parámetro buscado; i.e., es el nombre de la cadena de ambiente (sensible a las mayúsculas) de la que se quiere obtener su valor. La cadena devuelta por ENVIRON$ en este caso contiene sólo el valor de la variable de entorno, esto es, se omite el nombre del parámetro y el símbolo igual (=).

numparam es el número que identifica la posición del parámetro dentro de la tabla de cadenas de entorno de DOS. La cadena devuelta por ENVIRON$ en este caso contiene tanto el nombre del parámetro de entorno como su valor, separados por el símbolo igual (=). El rango: de 1 a 255. Si el valor está fuera de los valores permitidos, se devuelve el error «Argumento no válido».

ENVIRON$ hace distinción entre mayúsculas y minúsculas (no es lo mismo "Path" que "PATH"). Al crear una variable de entorno con el comando SET del sistema operativo DOS, su nombre se convierte en mayúsculas; pero si esa creación se efectúa mediante la sentencia ENVIRON, no se efectúa transformación alguna.

Cuando se utiliza la primera sintaxis, ENVIRON$ busca el nombre *exacto* contenido en *idparam* en la tabla de cadenas de entorno de DOS; con la segunda sintaxis, simplemente comprueba si en la posición *numparam* existe un parámetro. En ambos casos, una búsqueda fallida de vuelve una cadena nula (longitud cero), lo cual se puede usar para averiguar cuántos elementos hay en la tabla de cadenas de entorno de DOS.

Ejemplos:

```
PRINT ENVIRON$(1)
COMSPEC=Z:\COMMAND.COM
Ok
PRINT ENVIRON$("COMSPEC")
Z:\COMMAND.COM
Ok
```

Véase también:

ENVIRON y SHELL.

EOF

Sintaxis:

EOF(*numArchivo*)

Descripción:

La función **EOF** verifica si se ha llegado al final de un archivo (secuencial o de comunicaciones).

Información adicional:

La función **EOF** devuelve verdadero (un valor distinto de cero, en concreto, -1) si se ha alcanzado el final del archivo; devuelve falso (cero) si se ha encontrado la marca de fin de fichero **EOF** (*End Of File*).

numArchivo es el número asociado a un archivo abierto.

Si **EOF** devuelve verdadero en un archivo de comunicaciones, quiere decir que el buffer está vacío. Esto permite utilizar **EOF** junto con la sentencia **GET** y algún algoritmo de búsqueda binaria para obtener el tamaño de un archivo.

Ejemplos:

```
10 OPEN "DIEZ.TXT" FOR OUTPUT AS #1
20 FOR I%=1 TO 10
30 WRITE #1, I%
40 NEXT I%
50 CLOSE #1 'Asegura escritura del archivo
60 OPEN "DIEZ.TXT" FOR INPUT AS #1
70 WHILE (NOT EOF(1))
80 LINE INPUT #1, N$
```

```
90 PRINT N$;" ";
100 WEND
110 CLOSE

RUN
1 2 3 4 5 6 7 8 9 10
Ok
```

El programa anterior escribe los primeros diez números enteros en un archivo y posteriormente los lee del archivo y los imprime en la pantalla. La sentencia CLOSE de la línea 50 asegura que los 10 números se hayan escrito en el archivo DIEZ.TXT. La línea 70 asegura que sólo se entre en el bucle para leer datos del archivo mientras haya algún elemento disponible.

Véase también:

OPEN, CLOSE, WRITE, INPUT y GET.

ERASE

Sintaxis:

ERASE *nombreMatriz* [,*nombreMatriz*]...

Descripción:

La sentencia ERASE elimina matrices (*arreglos* o *arrays*) de un programa.

Información adicional:

nombreMatriz es el nombre de una matriz (también llamada *arreglo* o más comúnmente *array*).

Una matriz no puede ser redimensionada, pero sí puede redefinirse en un mismo programa después de ser eliminada. La sentencia ERASE se encarga de destruirla, liberando el espacio de memoria que ocupaba previamente para que pueda ser utilizado para otros propósitos. Posteriormente, una sentencia DIM podrá determinar las nuevas dimensiones del arreglo, reservando la cantidad necesaria de memoria para el mismo en una ubicación que probablemente sea distinta a la del array original e iniciando a cero sus elementos. Cuando se define implícitamente una matriz (sin el uso de DIM) esta consta de 10 elementos (si la sentencia OPTION BASE es 1) u 11 elementos (cuando OPTION BASE es 0).

El error «Definición duplicada en <*número de línea*>» se produce al intentar de redimensionar una matriz que no ha sido previamente eliminada.

El error «Argumento no válido en <*número de línea*>» se produce tras un intento de eliminar una matriz no definida previamente (ni siquiera de forma implícita).

Ejemplos:

```
10 DIM A(6)
20 PRINT " A(0)...A(6):";
30 FOR I=0 TO 6: A(I)=I: PRINT A(I);: NEXT
40 ERASE A
50 PRINT:PRINT " A(0)...A(9):";
60 FOR I=0 TO 9: A(I)=9-I: PRINT A(I);:NEXT
70 ERASE A
80 OPTION BASE 1
90 DIM A(2,3)
100 PRINT:PRINT "Matriz (2x3):";
110 FOR I=1 TO 2: FOR J=1 TO 3
120 A(I,J)=10*I+J
130 PRINT A(I,J);
140 NEXT J,I
```

```
RUN
 A(0)...A(6): 0  1  2  3  4  5  6
 A(0)...A(9): 9  8  7  6  5  4  3  2  1  0
Matriz (2x3): 11  12  13  21  22  23
Ok
```

En el ejemplo anterior, OPTION BASE es 1 a partir de la línea 80 (por defecto, los índices comienzan en 0). Esto permite ahorrar un poquito de memoria (la matriz de 2x3 usa los elementos de índice mayor que 0). Las sentencias ERASE permiten el uso del mismo identificador (A) para definir distintos tamaños y tipos de matrices.

Véase también:

CLEAR y DIM.

ERDEV($)

Sintaxis:

ERDEV
ERDEV$

Descripción:

La variable ERDEV devuelve el valor actual del error de un dispositivo y la variable ERDEV$ devuelve el nombre del dispositivo que ha provocado el error.

Información adicional:

Al generarse la interrupción 24H ante un error crítico de DOS, se guarda automáticamente en los 8 bits menos significativos de ERDEV el código del error, y en los 8 bits más significativos, la información referente a los atributos del dispositivo.

ERDEV$ guarda los 8 bytes del nombre del dispositivo si el error se produjo en un dispositivo de caracteres, y sólo los 2 bytes que identifican el nombre del dispositivo de bloque (A:, B:, etc.) si el error se produjo en un dispositivo que no era de caracteres.

Ejemplos:

```
10 ON ERROR GOTO 1000
15 CHDIR "a:\"
30 END
1000 PRINT "Error localizado en:"
1010 PRINT "Dispositivo"; ERDEV$
1020 PRINT "Tipo de error"; ERDEV
1030 RESUME NEXT
```

```
RUN
Dispositivo A:
Tipo de error 2
```

El programa anterior ha sido probado en MS-DOS *real —en un emulador* DOSBox *bajo Windows Vista no funciona (como era de esperar)—. La línea* 15 *produce un error por no existir ningún diskette en la disquetera. Cuando se detecta el error, la línea* 10 *transfiere el control a subrutina de la línea* 1000. *La línea* 1010 *muestra el nombre del dispositivo que produjo el error y la* 1020, *el código correspondiente a ese error, a saber,* 2*). La línea* 1030 *dirige el control a la línea siguiente a la que provocó el error.*

Véase también:

ERR, ERL, RESUME y ON ERROR GOTO.

ERL y ERR

Sintaxis:

ERL
ERR

Descripción:

Las variables ERR y ERL devuelven respectivamente, el código y el número de línea asociado al error más recientemente acontecido.

Información adicional:

La variable ERL contiene el número de línea en el que se produjo el error, o si eso no fue posible, el número de línea más próximo al lugar donde se produjo error. Si el error fue provocado por una sentencia en modo directo, ERL contendrá el valor 65535.

La variable ERR contiene el código de error de la última ocurrencia de un error, a saber:

Cód.	Mensaje real (*en español*)
1	Next sin For
2	Error de sintaxis
3	Return sin Gosub
4	No hay más datos
5	Llamada a función no válida
6	Desborde
7	No hay más memoria
8	No. de línea no definido
9	Indice fuera de rango
10	Definición duplicada

11	División entre cero
12	Instrucción directa incorrecta
13	Tipos no coinciden
14	No hay espacio para cadenas
15	Cadena muy larga
16	Fórmula de cadenas muy compleja
17	No se puede continuar
18	Función de usuario no definida
19	Falta Resume
20	Resume sin error
21	Error no imprimible
22	Falta operando
23	Desborde en buffer de líneas
24	Limite de tiempo en dispositivo
25	Falla en dispositivo
26	For sin Next
27	No hay más papel
28	Error no imprimible
29	While sin Wend
30	Wend sin While
31-49	Error no imprimible
50	Campo excedido
51	Error interno
52	Número de archivo incorrecto
53	Archivo no encontrado
54	Modo de archivo incorrecto
55	El archivo ya está abierto
56	Error no imprimible
57	Error de E/S en dispositivo
58	El archivo ya existe
59-60	Error no imprimible

61	Disco lleno
62	Lectura excede fin de archivo
63	Número de registro incorrecto
64	Nombre de archivo incorrecto
65	Error no imprimible
66	Instrucción directa en archivo
67	Demasiados archivos
68	Dispositivo no disponible
69	Desborde buffer de comunicaciones
70	Permiso negado
71	Disco no está listo
72	Error en disco
73	Característica muy avanzada
74	Cambio de nombre en discos diferentes
75	Error de acceso a trayecto/archivo
76	Trayecto no encontrado
77	Abrazo mortal

Cód.	Mensaje real (*en inglés*)
1	NEXT without FOR
2	Syntax error
3	RETURN without GOSUB
4	Out of DATA
5	Illegal function call
6	Overflow
7	Out of memory
8	Undefined line number
9	Subscript out of range
10	Duplicate definition
11	Division by zero
12	Illegal direct

```
13      Type mismatch
14      Out of string space
15      String too long
16      String formula too complex
17      Can't continue
18      Undefined user function
19      No RESUME
20      RESUME without error
21      Unprintable error
22      Missing operand
23      Line buffer overflow
24      Device Timeout
25      Device Fault
26      FOR without NEXT
27      Out of Paper
28      Unprintable error
29      WHILE without WEND
30      WEND without WHILE
31-49 Unprintable error
50      FIELD overflow
51      Internal error
52      Bad file number
53      File not found
54      Bad file mode
55      File already open
56      Unprintable error
57      Device I/O Error
58      File already exist
59-60 Unprintable error
61      Disk full
62      Input past end
```

63	Bad record number
64	Bad file name
65	Unprintable error
66	Direct statement in file
67	Too many files
68	Device Unavailable
69	Communication buffer overflow
70	Disk write protected
71	Disk not Ready
72	Disk media error
73	Advanced Feature
74	Rename across disks
75	Path/File Access Error
76	Path not found
77	Deadlock

Ejemplos:

```
10 ON ERROR GOTO 1000
30 PRINT 5/0
40 END
1000 IF ERR=11 THEN PRINT "División por cero en
línea"; ERL
1010 RESUME NEXT

RUN
División por cero en línea 30
Ok
```

Véase también:

ERROR, ERDEV, ERDEV$, RESUME y ON ERROR GOTO.

ERROR

Sintaxis:

ERROR *expresión entera*

Descripción:

La sentencia ERROR simula la ocurrencia de un error en un programa en GW-BASIC o permite al usuario definir un nuevo código de error.

Información adicional:

expresión entera es un valor entero entre 1 y 255, ambos inclusive. Si el valor es uno de los ya existentes en GW-BASIC (listados anteriormente en la explicación del funcionamiento de las variables ERL y ERR), la sentencia ERROR simula la existencia del error correspondiente al código elegido. Si el código no tiene un error asociado (para GW-BASIC, están predefinidos del 1 al 77), el usuario debe tratarlo en una subrutina de errores (cuya ubicación debe indicarse en la sentencia ON ERROR GOTO) e imprimir el mensaje adecuado. Si el error no es capturado, se imprimirá el mensaje de error correspondiente y la ejecución del programa finalizará. Los códigos de error que tienen asociado el mensaje «Error no imprimible» pueden ser cambiados sin problemas.

Ejemplos:

ERROR 113   *(Tecleado en modo interactivo por el usuario)*
Error no imprimible   *(Respuesta de GW-BASIC)*
Ok

10 ON ERROR GOTO 1000

```
20 INPUT "¿Número (3-8)";N
30 IF N<3 OR N>8 THEN ERROR 113
40 PRINT "Ha elegido la opción ";N
50 END
1000 REM Rutina de tratamiento de errores
1010 IF ERR=113 THEN PRINT "El número debe estar
entre 3 y 8"
1020 RESUME 20

RUN
¿Número (3-8)? 1
El número debe estar entre 3 y 8
¿Número (3-8)? 4
Ha elegido la opción  4
```

Véase también:

ERR, ERL, ERDEV, ERDEV$, RESUME y ON ERROR GOTO.

EXP

Sintaxis:

EXP(*x*)

Descripción:

La función EXP devuelve el valor del número *e* (base de los logaritmos naturales) elevado a la potencia *x*.

Información adicional:

x debe ser menor que 88.02969. Si es mayor o igual que dicho número se genera el error «Desborde»; pero se devuelve el valor estipulado para representar el valor infinito de la máquina con el signo apropiado.

EXP se calcula en simple precisión, salvo que se haga uso del modificador /D al entrar en GW-BASIC, en cuyo caso el cálculo se efectuará en doble precisión.

Para calcular la potencia de un número se pueden combinar las funciones EXP y LOG:

X elevado a la potencia *Y* es: EXP(*Y**LOG(*X*)).

Ejemplos:

(El intérprete fue invocado así: C:\>GWBASIC /D)

```
X#=EXP(88.02969)
Desborde
Ok
PRINT X#
 1.701411733192644D+38
```

```
Ok
10 X#=EXP(1)
20 PRINT "EXP(1)=";EXP(1)
30 PRINT "EXP(1)=";X#
40 X#=EXP(77)
50 PRINT "EXP(77)=";EXP(77)
60 PRINT "EXP(77)=";X#
RUN
EXP(1)= 2.718282
EXP(1)= 2.718281745910645
EXP(77)= 2.758511E+33
EXP(77)= 2.758510764604898D+33
Ok
```

(El intérprete fue invocado así: C:\>GWBASIC*)*

```
X=EXP(77):X#=EXP(77)
Ok
PRINT X: PRINT X#
 2.758511E+33
 2.758510764604898D+33
Ok
```

Como curiosidad, tanto si se entra en GW-BASIC *utilizando el modificador* /D *(para obtener un cálculo en doble precisión) como si no los valores calculados son idénticos. Prima el sufijo* #*.*

Véase también:

LOG y SQR.

EXTERR

Sintaxis:

EXTERR(*n*)

Descripción:

La función EXTERR devuelve información adicional para un error.

Información adicional:

EXTERR devuelve información «**ext**endida» sobre un **err**or, proporcionada por las versiones del sistema operativo DOS 3.0 ó superior. Con versiones inferiores, esta función siempre devuelve cero.

n es un valor entre 0 y 3, de forma que:

- Si es 0, se retorna un *código* de error extendido.
- Si es 1, se retorna el *tipo* de error extendido.
- Si es 2, se retorna una *sugerencia de acción* para resolver el error extendido.
- Si es 3, se retorna la *localización* del error.

Los valores devueltos son generados por DOS, por lo que la descripción dichos valores deberá consultarse en un manual de referencia para programadores de MS-DOS.

El código de error extendido, en realidad es capturado y guardado por GW-BASIC cada vez que se ejecuta una función de DOS; son estos valores guardados los que se devuelven al llamar a la función EXTERR.

FIELD

Sintaxis:

FIELD [#]*n*, *Long* AS *vbleCad$* [,*Long* AS *vbleCad$*]...

Descripción:

La sentencia FIELD asigna espacio para variables en un búfer de archivo de acceso aleatorio.

Información adicional:

n es el número bajo el cual se referencia al archivo abierto.

Long es la longitud del campo, esto es, el número de caracteres que serán almacenados en la variable de cadena asociada.

vbleCad$ es la variable que identifica el campo y contiene sus datos. Cada variable tiene una longitud asociada que se define en el parámetro *ancho* que se encuentra inmediatamente delante de la palabra AS correspondiente.

FIELD solamente reserva espacio para albergar un registro con los campos que se hayan definido en la sentencia. No coloca ningún dato en el búfer; y debe ser ejecutada antes de una sentencia GET o PUT.

El número total de bytes en la sentencia FIELD no debe sobrepasar la longitud máxima de un registro, la cual se especifica a la hora de abrir el archivo. Por defecto, esta longitud es de 128 caracteres. Se generará el error «campo excedido» al transgredir esta regla.

Puede haber más de una sentencia FIELD sobre un mismo archivo.

La utilización de un mismo nombre de variable en la sentencia FIELD y en las sentencias INPUT o LET puede conducir a errores derivados de la corrupción del puntero de la variable, que acabaría señalando al espacio para cadenas en vez de apuntar al lugar propio dentro del búfer del archivo de acceso aleatorio.

Al cerrar un archivo de acceso aleatorio mediante una instrucción CLOSE o RESET, todas las variables (*vbleCad$*) de cada uno de los campos conservan el último valor que obtuvieron a través de la sentencia GET.

Ejemplos:

```
10 MENSAJE$="AENTIVUNLUEMISACSMRVEOAARSRCIOEH
ISFSVOIEU. LD"
20 OPEN "SECRETO.TXT" FOR OUTPUT AS #1
30 PRINT #1, MENSAJE$
40 CLOSE #1
50 OPEN "SECRETO.TXT" FOR RANDOM AS #1 LEN=5
60 FIELD #1, 1 AS C$, 4 AS BASURA$
70 GOSUB 140 'Coger primera pasada del mensaje
80 FIELD #1, 3 AS BASURA$, 2 AS C$
90 GOSUB 140 'Coger segunda pasada del mensaje
100 FIELD #1, 1 AS BASURA$, 2 AS C$, 2 AS BASURA$
110 GOSUB 140 'Coger tercera pasada del mensaje
120 CLOSE #1
130 END
140 REM Imprime parte útil del mensaje
150 FOR I=1 TO 9: GET #1,I: PRINT C$;:NEXT
160 RETURN
```

RUN
AVECESESUTILUSARVARIOSFIELDENUNMISMOARCHIVO.
Ok

*El programa graba el mensaje codificado de la línea **10**, en el archivo **SECRETO**. **TXT** y posteriormente lo decodifica haciendo varias pasadas sobre la información con diferentes opciones de **FIELD**. Parte de la información es desechable: la almacenada de forma temporal en cada variable **BASURA$**. En la línea **100** se usa un mismo identificador de variable para las distintas partes desechables (**BASURA$**); esto no genera problemas, pues es información que se va a despreciar. En la línea **150** podría obligarse a leer los registros en un orden determinado (por supuesto, el mensaje codificado de la línea **10** debería adaptarse a este nuevo desorden dividiéndolo en bloques de **5** caracteres que ordenaríamos a nuestro antojo de forma que el orden de lectura de los registros empleado en la línea **150** generara el secreto buscado). El resultado de la ejecución del programa produce el mensaje decodificado, el cual (añadiendo algún espacio para mejorar la lectura), es: «A VECES ES UTIL USAR VARIOS FIELD EN UN MISMO ARCHIVO.».*

Véase también:

GET, PUT, LSET, RSET, OPEN, CLOSE y RESET.

FILES

Sintaxis:

FILES [*ruta_archivo$*]

Descripción:

El comando FILES muestra un listado de los archivos contenidos en el directorio activo del disco o del directorio especificado en el argumento, así como el espacio disponible en el dispositivo de almacenamiento en bytes.

Información adicional:

ruta_archivo$ es una cadena válida con la ruta donde buscar los archivos:

✓ Puede omitirse, en cuyo caso, se muestran todos los archivos del *directorio activo* (aquél al que se cambió en último lugar).

✓ Admite **caracteres comodines**: un *signo de interrogación* (**?**) puede sustituir un carácter cualquiera; un *asterisco* (*****) denota un número indeterminado de caracteres en la posición en la que se encuentra.

✓ Si la ruta no es absoluta (desde el directorio raíz del disco) se toma como referencia el directorio en uso.

✓ Los directorios se denotan mediante la palabra «**<DIR>**» pospuesta al nombre del directorio. Siempre aparecen al menos dos subdirectorios: el actual (**.**) y aquél del que procede (**..**):

```
.     <DIR>      ..     <DIR>
```

Ejemplos:

Para listar todos los archivos del directorio actual:

```
FILES
```

Para listar todos los archivos de extensión .BAS *del directorio activo:*

```
FILES "*.BAS"
```

Para listar todos los archivos de extensión .BAS *del subdirectorio* BASIC *del directorio en uso:*

```
FILES "BASIC\*.BAS"
```

Para listar todos los archivos del directorio raíz de la unidad A: *que comiencen por* C, *su segundo carácter sea cualquiera, el tercer carácter sea* M, *y que tenga cualquier extensión:*

```
FILES "A:\C?M*.*"
```

Véase también:

```
KILL, CHDIR, MKDIR y RMDIR.
```

FIX

Sintaxis:

FIX(*x*)

Descripción:

La función FIX trunca un número con decimales a un entero.

Información adicional:

FIX sólo trunca *x* sin efectuar redondeo alguno. Simplemente ofrece como resultado el número sin la parte decimal.

A decir verdad, FIX(*x*) equivale a la aplicación de la función INT sobre el número *x* en positivo (añadiéndole el signo), esto es, SGN(*x*)*INT(ABS(x)), ya que INT redondea los números negativos y trunca los positivos.

Ejemplos:

```
PRINT FIX(-34.98), FIX(34.50)
-34            34
Ok
PRINT FIX(-44.11), FIX(77.99)
-44            77
Ok
```

Véase también:

INT y CINT.

FOR...NEXT

Sintaxis:

```
FOR variable=x TO y [STEP z]
.
.
.
NEXT [variable][,variable...]
```

Descripción:

La sentencias FOR...NEXT construyen un bucle que ejecuta una secuencia de instrucciones, un número determinado de veces.

Información adicional:

variable es el nombre de la variable que se usa como contador.

x es una expresión numérica (entera o no) que determina la cuenta inicial para el contador.

y es una expresión numérica (entera o no) que determina la cuenta final para el contador.

z es una expresión numérica (entera o no) que especifica el incremento del contador en cada vuelta del bucle. Puede ser positiva o negativa, determinando así el sentido del incremento.

Todas las sentencias o instrucciones que existan entre la palabra FOR y su NEXT correspondiente constituyen un bucle FOR...NEXT; y serán repetidas mientras el valor del contador no *sobrepase* a *y* tras ser incrementado/decrementado en la cantidad *z*.

Si STEP no aparece el incremento por defecto del contador es 1. Si el valor de *z* es negativo, el valor final del contador (*y*) debe ser menor que el inicial (*x*) o ni si quiera se entrará en el bucle.

Pueden anidarse varios bucles FOR...NEXT, pero *no pueden entrelazarse*, esto es, cada uno de esos bucles FOR...NEXT debe estar totalmente contenido en otro, o bien contener completamente a otro. Por ello, el orden de las variables contador tras la palabra NEXT es importante: primero se cierran los bucles internos, y luego los externos. Si se hace esto incorrectamente, se producirá el error: «Next sin For en *<no. de línea>*», y la ejecución actual del programa finalizará.

Ejemplos:

```
10 A=ASC("A")
20 FOR C=A TO ASC("B")
30 IF C>A THEN PRINT
40 FOR J=.75 TO .25 STEP -.25
50 PRINT USING "&.##";CHR$(C),J
60 NEXT J,C

RUN
A.75
A.50
A.25

B.75
B.50
B.25
Ok
```

Véase también:

WHILE...WEND, STOP y END.

FRE

Sintaxis:

FRE(*x$*)

FRE(*x*)

Descripción:

La función FRE devuelve el número de bytes de memoria libre o disponible.

Información adicional:

x y *x$* son argumentos ficticios (en QBASIC, FRE(-1) indica el espacio libre para matrices, FRE(-2) indica el espacio disponible en la pila y FRE("")el espacio libre para cadenas).

Antes de ofrecer como resultado la cantidad de memoria disponible, GW-BASIC ejecuta el «*recolector de basura*» para reorganizar el espacio disponible y disminuir la fragmentación. En caso de no utilizar FRE, el recolector de basura sólo se ejecutará cuando el espacio disponible esté a punto de llenarse. La ejecución de la función FRE("") provoca la activación del recolector de basura, lo cual es aconsejable de cuando en cuando, debido a que desfragmentar el espacio disponible lleva un tiempo considerable (entre un minuto y minuto y medio) si la memoria está muy llena o incluso prácticamente saturada.

No se permite interrumpir la ejecución del recolector de basura con CRTL-break, CRTL-C o una combinación de teclas equivalente.

Ejemplos:

```
10 M$="Espacio libre para cadenas "
```

```
20 PRINT M$;"antes   :";FRE("")
30 DIM A$(1000)
40 PRINT M$;"después:";FRE("")
RUN
Espacio libre para cadenas antes   : 60188
Espacio libre para cadenas después: 57176
Ok
```

Resultado obtenido en una ejecución del programa con el intérprete GW-BASIC v3.22 *dentro de una ventana del emulador* DOSBox v0.74 *bajo Windows Vista.*

GET (Archivos E/S)

Sintaxis:

```
GET [#]n [,registro]
```

Descripción:

La sentencia GET permite leer un registro de un archivo de disco de acceso aleatorio colocándolo en un búfer de acceso aleatorio o en una variable.

Información adicional:

n es el número asociado a un archivo abierto.

registro es el número del registro (de 1 a 16,777,215). Si se omite, se lee el siguiente registro del archivo y se guarda dentro del búfer. Si el archivo es binario, indica la posición del byte donde comenzar la lectura.

La información guardada por GET en el búfer de acceso aleatorio puede ser utilizado por otras sentencias, como LINE INPUT# e INPUT#.

GET puede usarse para archivos de comunicaciones. En ese caso, *registro* es el número de bytes que deben ser leídos del búfer de comunicaciones. Dicho número no puede exceder la longitud de búfer fijada mediante la sentencia OPEN "COMn".

Ejemplos:

```
10 CAD$="1111222233334444555566667777788889999"
20 OPEN "PRGET.TXT" FOR OUTPUT AS #1
30 PRINT #1, CAD$
40 CLOSE #1
```

```
50 OPEN "PRGET.TXT" FOR RANDOM AS #1 LEN=4
60 FIELD #1, 4 AS NUMBER$
70 FOR I=1 TO 9 STEP 2
80 GET #1,I
90 PRINT NUMBER$
100 NEXT
110 CLOSE #1

RUN
1111
3333
5555
7777
9999
Ok
```

El programa anterior crea un archivo de texto con la información de la cadena de línea 10, para posteriormente, abrir el archivo como si estuviera formado por registros de 4 caracteres e imprime los registros impares.

Véase también:

PUT, LSET, RSET y FIELD.

GET (Gráficos)

Sintaxis:

`GET (x1,y1)-(x2,y2),nombre_matriz`

Descripción:

La sentencia GET captura una imagen de gráficos de la pantalla.

Información adicional:

La sentencia GET se utiliza conjuntamente con la sentencia PUT para que la animación de imágenes sea lo más rápida posible (en un modo gráfico). Nada impide obtener la imagen en un modo gráfico y representarla en otro siempre y cuando el tamaño de la matriz sea el adecuado. En general, GET y PUT son compatibles en los modos de pantalla que tienen la misma resolución horizontal y bits por píxel.

(x1,y1) y *(x2,y2)* son, respectivamente, las coordenadas de la esquina superior izquierda y de la esquina inferior derecha de la imagen capturada.

nombre_matriz es una matriz lo suficientemente grande como para albergar la imagen entera. No se admite que sea una cadena. Cualquier otro tipo es compatible.

El formato utilizado para almacenar la cadena en la matriz es:

- `2 bytes` para la dimensión x en bits.
- `2 bytes` para la dimensión y en bits.
- Los datos intrínsecos del gráfico (la matriz).

Los datos de cada fila de píxeles son justificados por la izquierda en un límite de byte (si se almacena un valor menor que un múltiplo de ocho bits, el resto es completado con ceros).

El tamaño requerido en bytes viene dado por la fórmula:

$$4+\text{INT}((x*bitsPorPixel+7)/8)*y$$

donde *bitsPorPixel* depende del modo de pantalla (véase SCREEN), siendo *x* es el número de píxeles en la dirección del eje X e *y* el número de píxeles en la dirección del eje Y.

El número de bytes según el tipo de elemento empleado en la matriz es:

- ✓ **2** para un entero
- ✓ **4** para números de simple precisión
- ✓ **8** para números de doble precisión.

Como ejemplo, el número de bytes requeridos para una imagen de 7 por 13 (que use dos bits por píxel) es de 30 bytes, esto es, el resultado de: `4+INT((7*2+7)/8)*13`. Una matriz de enteros con al menos 15 elementos es suficiente para albergar la imagen.

Ejemplos:

```
10 CLS:SCREEN 2
20 X=100:Y=60 :R=40:C=1:GOSUB 130 'Pinta esfera
30 DIM A(4+INT((2*R+7)/8)*2*R)
40 GET(X-R,Y-R)-(X+2*R,Y+R),A
50 FOR J=1 TO 3300:NEXT 'Retardo
60 PUT(X-R,Y-R),A,XOR 'Borra esfera
70 FOR I=1 TO 10
80 PUT(X-R+R*I,Y+5*I*(-1)^I),A,PSET 'Pinta esfera
90 FOR J=1 TO 3300:NEXT 'Retardo
100 PUT(X-R+R*I,Y+5*I*(-1)^I),A,XOR 'Borra esfera
```

```
110 NEXT
120 SCREEN 0:WIDTH 80:END 'Modo texto 80 columnas
130 REM Dibuja esfera
140 CIRCLE (X,Y),R,C,,,.1
150 CIRCLE (X,Y),R,C,,,.3
160 CIRCLE (X,Y),R,C,,,.5
170 CIRCLE (X,Y),R/2,C,,,3.3
180 CIRCLE (X,Y),3*R/4,C,,,-3.3
190 RETURN
```

El programa anterior pinta una esfera animada en la pantalla. La línea 20 llama a la rutina de dibujado de la esfera patrón. La línea 30 reserva espacio suficiente para almacenar la imagen. La línea 40 captura la imagen y la línea 60 borra la primera esfera. Dentro del bucle se dibuja y borra la esfera patrón capturada anteriormente en distintas posiciones, de abajo arriba y de izquierda a derecha. Las líneas 50 y 90 son retardos para enlentecer el dibujado. La línea 120 restablece el modo texto de 80 columnas y finaliza el programa.

Véase también:

PUT(gráficos) y SCREEN.

GOSUB...RETURN

Sintaxis:

GOSUB *línea1*
.
.
.
RETURN [*línea2*]

Descripción:

La sentencia GOSUB bifurca a una subrutina y regresa de la misma.

Información adicional:

línea1 es el número de línea de comienzo de la subrutina.

línea2 es opcional. Si existe, es el número de línea donde comienza la ejecución tras finalizar la subrutina; si no, el programa continuará en la línea siguiente a la que hizo la llamada.

La sentencia GOSUB, dirige el flujo de ejecución del programa a la subrutina ubicada en la línea *línea1*. Cualquier sentencia RETURN determina el fin de la subrutina. Puede haber más de una de ellas. Pero si alguna se intenta ejecutar sin una sentencia GOSUB previa, se producirá el error «Return sin Gosub».

El número de llamadas está limitada por la memoria del sistema. Cada llamada consume memoria debido a que se debe guardar la dirección de retorno de la subrutina.

Es importante separar el código de la subrutina del resto del programa. Las sentencias END y GOTO pueden servir para ello. Es buena práctica poner las subrutinas al final del programa; ayuda a su legibilidad, aunque pueden estar ubicadas en cualquier punto del programa.

Ejemplos:

```
10 PRINT "Programa principal."
20 GOSUB 1000
30 PRINT "En programa principal tras primera
subrutina."
40 I=I+1
50 IF I=1 THEN GOTO 80
60 PRINT "Segunda subrutina."
70 RETURN 100
80 PRINT "En programa principal."
90 GOSUB 40
100 PRINT "En programa principal tras segunda
subrutina."
110 PRINT "FIN del programa."
120 END
1000 PRINT "Primera subrutina."
1010 I=0
1020 RETURN
```

En el programa hay dos subrutinas, la primera de ellas es más legible y se encuentra al final del programa principal. Su función es inicializar la variable I. La segunda subrutina está mezclada con el programa principal (lo que oscurece su visibilidad) y utiliza la variable I para determinar si ejecutar el programa principal o la segunda subrutina. Para seguir el trazado del programa véase el flujo de ejecución (el interior de los corchetes contiene los números de línea que va recorriendo):

[10][20][1000][1010][1020]

```
[30][40][50][80][90][40]
[50][60][70][100]
[110][120]
```

La salida del programa al ser ejecutado es:

```
RUN
Programa principal.
Primera subrutina.
En programa principal tras primera subrutina.
En programa principal.
Segunda subrutina.
En programa principal tras segunda subrutina.
FIN del programa.
Ok
```

Véase también:

ON...GOSUB y RETURN.

GOTO

Sintaxis:

GOTO *número_de_línea*

Descripción:

La sentencia GOTO bifurca de forma incondicional al número de línea especificado en el argumento.

Información adicional:

número_de_línea es una línea existente en el programa a la que se dará el control del flujo del mismo. Si la instrucción o sentencia que allí se encuentre es ejecutable, se ejecutará; en caso contrario se procederá con la línea siguiente (de número mayor), buscando más instrucciones que ejecutar, hasta que se agoten las líneas o se encuentre una orden de finalización del programa.

Ejemplos:

```
10 PRINT "FACTORIAL vs. doble FACTORIAL"
20 FOR I=1 TO 7
30 F=1:F2=1
40 REM CALCULA FACTORIAL:
50 REM n!=n(n-1)(n-2)...3.2.1
60 J=I
70 IF J>1 THEN F=F*J:J=J-1:GOTO 70
100 REM CALCULA doble FACTORIAL:
110 REM n!!=n(n-2)(n-4)...5.3.1 (si n impar)
120 REM n!!=n(n-2)(n-4)...6.4.2 (si n par)
130 REM n!!=1 (si n es -1 ó 0)
140 J=I
```

```
150 IF J>1 THEN F2=F2*J:J=J-2:GOTO 150
200 REM IMPRIME RESULTADOS
210 PRINT I"! =";F, I"!! =";F2
220 NEXT I
RUN
FACTORIAL vs. doble FACTORIAL
 1 ! = 1         1 !! = 1
 2 ! = 2         2 !! = 2
 3 ! = 6         3 !! = 3
 4 ! = 24        4 !! = 8
 5 ! = 120       5 !! = 15
 6 ! = 720       6 !! = 48
 7 ! = 5040      7 !! = 105
Ok
```

Las líneas 70 y 150 son unos de los pocos casos en los que el uso de GOTO clarifica (más que ensombrece) la comprensión del programa. Los bucles proporcionados por las sentencias FOR y WHILE pueden suplir prácticamente siempre el uso de GOTO, aunque no siempre es lo que desea el programador de GW-BASIC. Si bien los programas con sentencias GOTO pueden ser ilegibles a los pocos días, con los comentarios adecuados esto no sucede. Y no son pocas las ocasiones en las que un GOTO es la solución más rápida y eficiente.

Véase también:

ON...GOTO, RETURN, TRON y TROFF.

HEX$

Sintaxis:

HEX$(*x*)

Descripción:

La función HEX$ devuelve una cadena que representa el valor hexadecimal de *x*.

Información adicional:

x es un valor numérico que será redondeado a un entero antes de ser evaluado.

Si x es negativo, el formato utilizado para representar el número es el complemento a 2 binario (lo que netamente consiste en cambiar en la representación binaria positiva del número los ceros por unos y sumar 1).

El rango permitido para *x* es, de -32,768 a +65,535, lo que proporciona una expresión hexadecimal de cadena en el rango, de 0 a FFFF.

Ejemplos:

```
10 PRINT "DECIMAL vs. HEXADECIMAL
20 FOR I=-2 TO 2: PRINT I,HEX$(I):NEXT I
30 FOR I=23 TO 30 STEP 3: PRINT I,HEX$(I):NEXT I
RUN
DECIMAL vs. HEXADECIMAL
-2              FFFE
-1              FFFF
 0              0
```

```
1          1
2          2
23         17
26         1A
29         1D
Ok
```

Para convertir un número decimal a binario, basta con dividirlo sucesivamente por 2 e ir recolectando los restos obtenidos; el último cociente seguido de los restos (recolectados en orden inverso), constituye la representación binaria del número, por ejemplo:

(23/2=11 (resto 1); 11/2=5 (resto 1);

5/2=2 (resto 1); 2/2=1 (resto 0);

resulta en el binario: 0000 0000 0001 0111, *Cada 4 bits se puede formar un decimal entre* 0 *y* 15 *que se corresponde con un hexadecimal de* 0 *a* F *(*0017 *en este caso).*

Véase también:

OCT$.

IF

Sintaxis:

```
IF expr[,] THEN sentenc(s)[,][ELSE sentenc(s)]
IF expr[,] GOTO línea[[,]ELSE sentenc(s)]
```

Descripción:

La sentencia IF permite tomar una decisión condicional de la que se derivan otras acciones a efectuar en el programa.

Información adicional:

expr es una expresión numérica que se evalúa lógicamente, de forma que *si es cero*, se considera falsa y *si es distinta de cero*, se interpreta como verdadera. La coma tras la expresión es opcional.

línea es un número de línea válido del programa.

sentenc(s) es una o varias sentencias separadas por el carácter dos puntos (:) (*La coma tras las sentencias es innecesaria* y provoca un error de sintaxis cuando existe más de una sentencia separada por dos puntos antes de la palabra ELSE).

Cuando el intérprete encuentra una sentencia IF determina el valor de *expr* e interpreta si es verdadera; si es así, procede con la ejecución de las sentencias ubicadas tras la palabra THEN o bifurca la ejecución del programa al número de línea indicado tras la palabra GOTO (según la nomenclatura utilizada); si es falsa, ejecuta las sentencias situadas tras la palabra ELSE.

Debido a que las palabras clave IF...THEN...ELSE forman una única sentencia, deben estar en la misma línea lógica, esto es, no pueden distribuirse en líneas diferentes para mejorar la legibilidad.

Además, la comparación números en punto flotante puede no ser exacta debido a su representación interna; conviene restringir el margen de error (e.g.: la expresión ABS(N-2.0)<1.0E-5 será verdadera cuando N sea 2.0 asumiendo un error relativo menor que 1.0E-5).

Ejemplos:

```
10 C=2 'Contador de pasadas
20 N=2.000001:PRINT N;'(N=2)
30 IF ABS(N-2!)<.00001 THEN PRINT " es 2" ELSE
PRINT " no es 2"
40 C=C-1
50 IF C=1 THEN N=2.000011:PRINT N; '(N<>2)
60 IF C GOTO 30 ELSE END
RUN
 2.000001  es 2
 2.000011  no es 2
Ok
```

La línea 30 determina si N es 2 con un error de 1.0E-5; la línea 50 cambia el valor de N cuando C es 1 y la línea 60 dirige el flujo de ejecución del programa a la línea 30 hasta que C es 0, instante en el que finaliza el programa.

INKEY$

Sintaxis:

```
INKEY$
```

Descripción:

La variable `INKEY$` lee un carácter desde el teclado.

Información adicional:

`INKEY$` devuelve una cadena nula (de longitud cero) si no hay ningún carácter pendiente en el búfer del teclado. Si hay uno o más caracteres pendientes en dicho búfer, sólo devuelve el primero de ellos.

Para las teclas estándar, `INKEY$` genera una cadena de `1 byte` con el código del carácter leído.

Para las teclas extendidas, `INKEY$` genera una cadena de `2 bytes`: el carácter nulo (ASCII `0`) y el código de la tecla pulsada.

Al pulsar una tecla, no se muestra ningún carácter en la pantalla. El programa recibirá todos los caracteres excepto: `CRTL-BREAK`, `CRTL-NUM LOCK`, `CRTL-ALT-DEL`, `CRTL-PRTSCR` y `PRTSCR`.

Ejemplos:

```
10 PRINT "Pulse una tecla, (ESC para salir)...";
20 A$=INKEY$:IF A$="" THEN 20
30 IF A$=CHR$(27) THEN END 'Tecla ESC pulsada
35 A=ASC(A$)
40 IF A>=48 AND A<=57 THEN PRINT "Número.":GOTO
10
```

```
50 IF A=165 OR A>=65 AND A<=90 THEN PRINT
"Mayúscula.":GOTO 10
60 IF A=164 OR A>=97 AND A<=122 THEN PRINT
"Minúscula.":GOTO 10
80 PRINT "Ni número, ni letra del alfabeto."
90 GOTO 10
```

El programa anterior espera la pulsación de una tecla y decide si se trata de un número, una letra del alfabeto (ya sea mayúscula o minúscula) u otra diferente. Nótese que no se controla si la tecla es extendida o no; tampoco se controla si es una vocal con tilde; sin embargo sí se tienen en cuenta las letras del alfabeto Ñ y ñ (de códigos ASCII 165 y 164, respectivamente). El programa finaliza con la pulsación de la tecla ESC.

INP

Sintaxis:

INP(*n*)

Descripción:

La función INP devuelve el byte leído desde el puerto (hardware) n de entrada/salida de la máquina.

Información adicional:

n es un puerto válido de la máquina, en el rango, de 0 a 65535.

La función INP permite la comunicación con un periférico a través de un programa en GW-BASIC.

INP complementa a la sentencia OUT y equivale a la función IN del ensamblador.

Ejemplos:

```
10 X%=INP(&H3FC)
```

La línea anterior lee el registro de control del módem del puerto de comunicaciones COM1 de la máquina, el cual tiene de dirección base 0x3F8 (en hexadecimal). El registro se encuentra a un desplazamiento de 4 unidades de la dirección base, esto es:

$$0x3F8 + 0x4 = 0x3FC$$

y es almacenado en la variable entera X%.

Véase también:

OUT.

INPUT

Sintaxis:

```
INPUT[;][MensajeCadena$;] Lista de variables
INPUT[;][MensajeCadena$,] Lista de variables
```

Descripción:

La sentencia INPUT prepara el programa para la recepción de datos desde el teclado durante la ejecución del programa.

Información adicional:

MensajeCadena$ es una cadena de texto literal (optativa) con el mensaje que se mostrará al usuario en el proceso de petición de datos. Un punto y coma (;) tras el mensaje añade un signo de interrogación al texto del mensaje; una coma (,) tras el mensaje evita la adición de dicha interrogación. Un punto y coma previo a la cadena del mensaje evita que el cursor se mueva a la línea siguiente después de la pulsación de ENTER, RETURN (↵) o INTRO por parte del usuario al introducir los datos.

Lista de variables es una lista de variables donde se van a almacenar los datos introducidos por el usuario con el teclado. Los datos introducidos por el usuario deben corresponderse en tipo y orden de petición con la lista de variables. Si no hay coincidencia se genera el mensaje «¡Vuelva a empezar!», o «?Redo from start» (según la versión de GW-BASIC), mostrando de nuevo el mensaje MensajeCadena$ y esperando la introducción correcta de los datos por parte del usuario. A las variables no se les asigna ningún valor hasta que la respuesta sea la adecuada.

Si en *lista de variables* hay más de una variable, el usuario debe separar el contenido de cada variable con una coma. No es necesario que las cadenas vayan delimitadas entre comillas dobles. No utilizar los delimitadores de los extremos de la cadena permite usar las dobles comillas *dentro* de la cadena (véanse los ejemplos).

Se puede detener la introducción de datos mientras se esté produciendo la petición de los mismos pulsando CRTL-C. Esto parará la ejecución del programa con el mensaje «Interrumpido en <número de línea>»; posteriormente, el usuario podrá proseguir con la ejecución del mismo mediante el comando CONT. El programa volverá a pedir *todos* los datos de la sentencia INPUT interrumpida.

Si en la introducción de datos se pulsa únicamente RETURN (↵), ENTER, o INTRO, los datos de la sentencia INPUT correspondiente tendrán por defecto los valores de cadena vacía o cero, según sean las variables de cadena o numéricas, respectivamente. Téngase en cuenta que si en este caso *lista de variables* contiene varias variables, debe existir una coma que las separe a la hora de introducir los datos (e.g: si son dos variables y el usuario introduce una coma (,) como respuesta, ambas variables tendrán los valores por defecto).

Ejemplos:

```
10 INPUT ;"Número entre 1 y 3 (y ENTER)... ",N
20 IF N<1 OR N>3 THEN PRINT:GOTO 10
30 NL$(0)="CERO":NL$(1)="UNO"
40 NL$(2)="DOS":NL$(3)="TRES"
50 PRINT " (" NL$(N) ")"
60 PRINT NL$(N);" menos UNO es ";NL$(N-1)
70 INPUT "¿Cadena";A$
```

```
80 PRINT "Ha escrito: " A$

RUN
Número entre 1 y 3 (y ENTER)... 7
Número entre 1 y 3 (y ENTER)... 3 (TRES)
TRES menos UNO es DOS
¿Cadena? Mi "CADENA 1" y mi "CADENA 2"
Ha escrito: Mi "CADENA 1" y mi "CADENA 2"
Ok

RUN
Número entre 1 y 3 (y ENTER)... 1 (UNO)
UNO menos UNO es CERO
¿Cadena? Soy una cadena
Ha escrito: Soy una cadena
Ok
```

*La línea **10** tiene un punto y coma delante del mensaje para el usuario y una coma tras el mismo; esto hace que no se imprima el signo de interrogación y mantiene el cursor en la misma línea de petición de datos. Ello permite al programa poner entre paréntesis el número introducido por el usuario en letra (como se ve en la ejecución del mismo). La sentencia **PRINT** de la línea **20** es necesaria para pasar a la línea siguiente y que el mensaje para el usuario no aparezca adosado a la derecha de la última entrada. La sentencia **INPUT** de la línea **70** tiene un punto y coma tras el mensaje de petición de datos, por lo que se añade un signo de interrogación al final del mismo.*

Véase también:

INPUT#, INPUT$, LINE INPUT y LINE INPUT#.

INPUT#

Sintaxis:

INPUT# *númArchivo, listaVariables*

Descripción:

La sentencia INPUT# permite leer elementos de datos de un archivo secuencial y asignarlos a variables del programa. También admite archivos de acceso aleatorio.

Información adicional:

númArchivo es el número asociado al archivo cuando fue abierto para entrada.

listaVariables es una lista de nombres de variables a las que serán asignados los elementos de datos.

Cada elemento de datos debe coincidir en tipo y lugar con el de su variable asignada:

Una *variable numérica* se considera delimitada por algún espacio, coma, salto de línea —LF (**L**ine **F**eed) o código ASCII 10 (decimal)— o vuelta de carro —CR (**C**arriage **R**eturn) o código ASCII 13 (decimal)—. GW-BASIC intentará convertir lo que encuentre en un número; si detecta una letra, el número será 0.

En una *variable de cadena* los espacios iniciales y fines de línea son ignorados. Si el primer carácter de la cadena es una comilla doble, se considerará que la cadena finaliza en el punto donde se localice la siguiente comilla doble; si el primer carácter es cualquier otro, el fin de la cadena lo decide uno de los caracteres: coma, salto de línea o vuelta de carro; o si no los hubiere, tras 255 caracteres leídos.

Como es lógico, el intento de leer un elemento de datos cuando ya no existen datos en el archivo provoca el error «Lectura excede fin de archivo».

Ejemplos:

```
10 NARCH$="PRBINPUT.TXT"
20 OPEN NARCH$ FOR OUTPUT AS #1
30 PRINT #1,"   Cadena,UNO 4.5e23"
40 CLOSE #1
50 OPEN NARCH$ FOR INPUT AS #2
60 INPUT #2, A$,NLETRA,NNRO
70 PRINT "La cadena del archivo es: ";A$
80 PRINT "Número en letra leído como:" NLETRA
90 PRINT "Número real leído como:" NNRO
100 CLOSE
RUN
La cadena del archivo es: Cadena
Número en letra leído como: 0
Número real leído como: 4.5E+23
Ok
```

Las nomenclaturas INPUT#2, INPUT# 2 e INPUT #2 son equivalentes. La forma elegida en la línea 60 es el formato que se usa en QBASIC.

Véase también:

INPUT, INPUT$, LINE INPUT y LINE INPUT#.

INPUT$

Sintaxis:

INPUT$(n[,[#]númArchivo])

Descripción:

La función INPUT$ devuelve una cadena de caracteres leídos desde el teclado o desde el archivo especificado.

Información adicional:

n es el número de caracteres (bytes) que serán leídos.

númArchivo es el número asociado al archivo cuando fue abierto para entrada; si se omite, la lectura se realiza desde el teclado. No aparecerá impreso ningún carácter por la pantalla; CRTL-BREAK o CRTL-C puede detener la ejecución del programa.

La función INPUT$ es más comúnmente utilizada en archivos de comunicaciones, ya que admite todos los caracteres de control (excepto CRTL-BREAK) y allí todos los caracteres ASCII son importantes y algunos tienen un significado específico. En contraste, LINE INPUT finaliza al encontrar un retorno de carro e INPUT se detiene ante la entrada de una coma o un retorno de carro —ENTER, RETURN (←) o INTRO— .

Ejemplos:

```
10 NARCH$="PRINPUTS.TXT"
20 OPEN NARCH$ FOR OUTPUT AS #1
30 PRINT #1,"REGISTRO01REGISTRO02REGISTRO03"
40 CLOSE #1
50 OPEN NARCH$ FOR INPUT AS #2
```

```
60 PRINT "1, 2 ó 3 para mostrar el registro";
70 PRINT " (0 TODOS) ";
80 A$=INPUT$(1):PRINT A$
90 FOR I=49 TO 51
100 B$= INPUT$(10,#2)
110 IF A$=CHR$(I) OR A$="0" THEN PRINT B$
120 NEXT I
130 CLOSE
140 PRINT "FIN del programa"
RUN
1, 2 ó 3 para mostrar el registro (0 TODOS) 2
REGISTRO02
FIN del programa
Ok

RUN
1, 2 ó 3 para mostrar el registro (0 TODOS) 0
REGISTRO01
REGISTRO02
REGISTRO03
FIN del programa
Ok
```

*El programa anterior pide en la línea **80** un único carácter que decide los registros que imprimirá la línea **110**. La línea **100** siempre lee un registro de **10** caracteres del fichero.*

Véase también:

INPUT, INPUT#, LINE INPUT y LINE INPUT#.

INSTR

Sintaxis:

INSTR([n,] cadena$, patrón$)

Descripción:

La función INSTR devuelve la posición donde se encuentra la primera ocurrencia de la subcadena *patrón$* dentro de la cadena *cadena$*, iniciando una búsqueda (sensible a las mayúsculas) a partir del carácter situado en la posición *n* de *cadena$*.

Información adicional:

n es opcional, y es el lugar de comienzo de la búsqueda dentro de *cadena$*. *Si es mayor que la longitud de la cadena, la función devuelve cero.* El valor por defecto es 1; su rango debe estar entre 1 y 255. Un valor fuera de este rango provoca el error: «Argumento no válido en <número de línea>».

cadena$ es la cadena origen (una variable de cadena o cadena literal) en la que efectúa la búsqueda. *Si es nula, la función devuelve cero.*

patrón$* es la subcadena (una variable de cadena o cadena literal) a buscar. *Si es nula, la función devuelve n. Si patrón$ no se encuentra dentro de cadena$ devuelve 0.

Resumiendo:

INSTR devuelve 0 cuando *n>LEN(cadena$), cadena$ es nula o patrón$ no forma parte de la cadena cadena$.*

INSTR devuelve n cuando *patrón$ es nula (cadena vacía).*

Ejemplos:

```
10 SUBCAD$="uno"
20 A$="ABCunoDEFGunoHIJK"
30 MAYUNO=INSTR(A$,"UNO")
40 PRINT "Ocurrencias de UNO:" MAYUNO
50 UNO=INSTR(A$,"uno")
60 PRINT "Primera ocurrencia de uno en ";UNO
70 UNO=INSTR(UNO+LEN(SUBCAD$),A$,SUBCAD$)
80 PRINT "Segunda ocurrencia de uno en ";UNO
RUN
Ocurrencias de UNO: 0
Primera ocurrencia de uno en  4
Segunda ocurrencia de uno en  11
Ok
```

En el programa anterior, la líneas **30** y **40** muestran que la búsqueda es sensible a las mayúsculas. En la línea **50** se usa como subcadena el literal de cadena **"uno"** y se omite el primer argumento; en la línea **70**, se muestra cómo se pueden hallar todas las ocurrencias de la subcadena **SUBCAD$** en la cadena **A$** —lo propio es comprobar el valor que devuelve la función **INSTR** (si devuelve **0** no hay más ocurrencias)—.

Véase también:

LEFT$, RIGHT$, LEN, MID$.

INT

Sintaxis:

INT(*x*)

Descripción:

La función INT redondea una expresión numérica a un entero.

Información adicional:

x es cualquier expresión que produzca un valor numérico.

INT devuelve (cuando *x* es negativo) el mayor entero que sea menor o igual que *x*.

INT equivale a FIX cuando actúa sobre un número positivo, pero no sobre un número negativo (INT trunca los números positivos y redondea los números negativos).

Ejemplos:

```
PRINT INT(-99.1);" ";INT(-99.5);" ";INT(-99.9)
-100 -100 -100
Ok

PRINT INT(99.1);" ";INT(99.5);" ";INT(99.9)
-99 -99 -99
Ok
```

Véase también:

FIX y CINT.

IOCTL e IOCTL$

Sintaxis:

```
IOCTL [#]númArch, cadControl$
IOCTL$([#]númArch)
```

Descripción:

La sentencia IOCTL envía una cadena de control a un controlador de dispositivo.

La función IOCTL$ devuelve información sobre el estado actual de un controlador de dispositivo en forma de cadena.

Información adicional:

númArch es el número de dispositivo abierto (*devuelto por OPEN*).

cadControl$ es la cadena de control que se envía al dispositivo. La cadena puede tener hasta 255 caracteres de longitud (no más) y está formada por uno o más comandos separados (cada uno de ellos) por un punto y coma.

Un comando consta normalmente de 2 ó 3 caracteres seguidos de un argumento alfanumérico opcional.

Las cadenas de control y la información devuelta por IOCTL$ dependen del controlador del dispositivo, el cual tendrá su propia documentación que deberá consultarse para obtener información sobre qué cadenas de control podrán utilizarse y de qué manera, así como la forma de interpretar la información devuelta por IOCTL$.

IOCTL$ devuelve una cadena; normalmente se usa para saber si los comandos enviados al controlador de dispositivo con IOCTL han tenido éxito o no.

KEY

Sintaxis:

```
KEY númTecla,exprCadena$
KEY n,CHR$(código hex)+CHR$(código scan)
KEY ON
KEY OFF
KEY LIST
```

Descripción:

La sentencia KEY asigna una cadena de no más de 15 caracteres a las teclas de función permitiendo cambiar también los valores por defecto establecidos por GW-BASIC para las mismas. También puede listar los valores actuales de las teclas.

Información adicional:

númTecla es el número de la tecla de función a ser redefinida. El rango: de 1 a 20. Un valor fuera del rango de 1 a 10 ó de 15 a 20 provoca el error «Argumento no válido»; pero mantiene la anterior definición de tecla.

exprCadena$ es la cadena de texto que se va a asociar a la tecla de función. Sólo se utilizarán los 15 primeros caracteres de la cadena (si fuere más larga). Las constantes deben encerrarse entre comillas dobles. Un valor de cadena nula (longitud cero) provoca la anulación de la tecla de función.

código scan es el código de escaneo de la tecla que se pretende atrapar:

Hex	0	1	2	3	4	5
0		Esc	1 !	2 @	3 #	4 $
1	Q	W	E	R	T	Y
2	D	F	G	H	J	K
3	B	N	M	, <	. >	/ ?
4	F6	F7	F8	F9	F10	Bloq Num
5	2 ↓	3 Av Pág	0 Ins	. Supr		

Hex	6	7	8	9
0	5 %	6 ^	7 &	8 *
1	U	I	O	P
2	L	; :	' "	` ~
3	RSHIFT	* PRTSCR	ALT	SPC
4	Scroll Lock	7 Inicio	8 ↑	9 Re Pág

Hex	A	B	C	D	E	F
0	9 (	0)	- _	= +	Bs	Tab
1	[{	] }	Enter	Crtl	A	S
2	LSHIFT	\ |	Z	X	C	V
3	Bloq Mayús	F1	F2	F3	F4	F5
4	-	4 ←	5	6 →	+	1 Fin

Por ejemplo, el código scan de la tecla **C** es el hexadecimal **&H2E**.

código hex es el código en hexadecimal asignado a la tecla, según su tipo:

✓ **EXTENDIDA**. Código hexadecimal: **&H80**
✓ **CAPS LOCK**. Código hexadecimal: **&H40**
✓ **NUM LOCK**. Código hexadecimal: **&H20**
✓ **ALT**. Código hexadecimal: **&H08**
✓ **CRTL**. Código hexadecimal: **&H04**
✓ **SHIFT izquierda (LSHIFT)**. Código hexadecimal: **&H02**
✓ **SHIFT derecha (RSHIFT)**. Código hexadecimal: **&H01**

Los códigos hexadecimales pueden adicionarse; e.g., **&H03** denota la pulsación de la tecla **SHIFT** izquierda y la tecla **SHIFT** derecha simultáneamente.

KEY OFF borra de la parte inferior de la pantalla las definiciones de las teclas de función.

KEY ON muestra en la parte inferior de la pantalla (línea 25) los primeros seis caracteres asociados a cada una de las diez primeras teclas de función. Con un modo de pantalla de 40 columnas (lo que se consigue con la sentencia WIDTH 40), se muestran cinco de las diez definiciones de teclas; en el modo de pantalla de 80 columnas (WIDTH 80), se muestran las diez definiciones de teclas.

KEY LIST Lista la definición actual de las teclas de función, esto es, la cadena de 15 caracteres asociada.

Los valores por defecto de las 10 primeras teclas de función son:

F1 **LIST**	F2 **RUN**←	F3 **LOAD"**
F4 **SAVE"**	F5 **CONT**←	F6 **,"LPT1:"**←
F7 **TRON**←	F8 **TROFF**←	
F9 **KEY**	F10 **SCREEN 0,0,0**←	

donde el carácter ← es el carácter ASCII 13 (Retorno de carro), lo que indica la pulsación automática de ENTER, RETURN (←) o INTRO al usar la tecla de función.

Ejemplos:

KEY 3, "" *Elimina el contenido de la tecla de función F3.*
KEY 9, "RENUM"+CHR$(13) *Reprograma la tecla de función F9 con* **RENUM**←

El siguiente ejemplo programa las teclas de función con sus valores por defecto, los lista y los muestra en la línea 25 de la pantalla:

```
10 C$=CHR$(44) 'Coma
20 LL$=CHR$(34) 'Comillas dobles
30 DATA LIST,RUN,LOAD",SAVE",CONT
```

```
40 DATA "LPT1:",TRON,TROFF,KEY,"SCREEN 0,0,0"
50 FOR I=1 TO 10: READ DK$(I)
60 IF I=6 THEN DK$(I)=C$+LL$+DK$(I)+LL$
70 IF I=1 OR I=3 OR I=4 OR I=9 GOTO 90
80 KEY I,DK$(I)+CHR$(13):GOTO 100
90 KEY I,DK$(I)
100 NEXT I
110 KEY LIST:KEY ON

RUN
F1 LIST
F2 RUN←
F3 LOAD"
F4 SAVE"
F5 CONT←
F6 ,"LPT1:" ←
F7 TRON←
F8 TROFF←
F9 KEY
F10 SCREEN 0,0,0←
Ok
```

Véase también:

```
KEY(n) y ON KEY(n).
```

KEY(n)

Sintaxis:

```
KEY(n) ON
KEY(n) OFF
KEY(n) STOP
```

Descripción:

La sentencia KEY(n) inicia y finaliza la captura de pulsación de una tecla en un programa de GW-BASIC.

Información adicional:

n es un número de 1 a 20 que determina qué pulsación de tecla debe ser capturada. El rango de claves para las teclas es el siguiente:

✓ Claves **1** a **10**, para las *teclas de función* (de F1 a F10)
✓ Clave **11**, para *cursor arriba* (↑).
✓ Clave **12**, para *cursor izquierda* (←).
✓ Clave **13**, para *cursor derecha* (→).
✓ Clave **14**, para *cursor abajo* (↓).
✓ Claves **15** a **20**, para las *teclas definidas por el formato*:
   KEY n, CHR$(*código hex*) + CHR$(*código scan*)

KEY(n) ON inicia la captura de la pulsación de las teclas de función o las teclas de control de movimiento del cursor (←↑↓→). El parámetro n identifica la tecla o combinación de teclas que desean chequearse mediante su clave asociada. Debe existir una sentencia ON KEY(n) GOSUB <número de línea>, para que al detectar la pulsación de la(s) tecla(s), GW-BASIC bifurque el programa hacia la subrutina que se encuentra en la línea especificada tras la palabra GOSUB sita en dicha sentencia.

KEY(*n*) OFF detiene la exploración del teclado en busca de la pulsación específica de alguna tecla. No se guarda pulsación de tecla alguna.

KEY(*n*) STOP detiene la exploración del teclado en busca de la pulsación específica de alguna tecla. Si se produce la pulsación de una tecla, retiene su valor para ser atendida inmediatamente al activar (mediante KEY(*n*) ON) la captura de pulsación de teclas.

Ejemplos:

```
10 CRTL=&H4
20 REM Determinar estado Bloq Mayús y Bloq Núm
30 REM y corregir CRTL
40 DEF SEG=0
50 ESTADO%=PEEK(&H417) 'Estado del teclado
60 REM Si Caps Lock está activa, sumar &H40
70 IF (ESTADO% AND &H40) THEN CRTL=CRTL+&H40
80 REM Si Num Lock está activa, sumar &H20
90 IF (ESTADO% AND &H20) THEN CRTL=CRTL+&H20
100 PRINT "¡¡IMPORTANTE!!"
110 PRINT "NO CAMBIE el estado";
120 PRINT " de Bloq Mayús y Bloq Núm ";
130 PRINT "durante la ejecución del programa."
140 GOSUB 290 'Esperar pulsación de tecla
150 REM Definir Ctrl+P como KEY 18.
160 KEY 18, CHR$(CRTL) + CHR$(&H19)
170 ON KEY(18) GOSUB 260
180 KEY(18) ON
190 C=0
```

```
200 IF INKEY$ = CHR$(27) THEN PRINT "FIN.":END
210 REM Esc para salir
220 C=C+1
230 PRINT "Presione Esc para parar, Ctrl+P";
240 PRINT " para hacer una pausa. (";C;")"
250 GOTO 200
260 REM SUBRUTINA DE TRATAMIENTO TECLA CRTL-P
270 C=0:PRINT:PRINT "Se pulsó CRTL-P.";
280 PRINT " El contador se ha puesto a 0."
290 REM SUBRUTINA PULSAR TECLA
300 PRINT "Pulse una tecla para continuar..."
310 A$=INKEY$:IF A$="" THEN 310
320 PRINT
330 RETURN
```

*El programa anterior incrementa un contador hasta que se pulsa
la combinación de teclas CRTL-P —de código hex=&H04 y
código scan=&H19 (Véase KEY)—, instante en el que pone el
contador a cero y tras pulsar una tecla, prosigue la cuenta.*

*En las líneas 10 a 90 se adapta el valor de la tecla CRTL para
detectar su pulsación sea cual sea el estado actual de las teclas de
bloqueo de mayúsculas y de bloqueo del teclado numérico. Sin
embargo, Num Lock o Caps Lock no deben cambiar su estado
durante la ejecución del programa o la detección de la pulsación
de CRTL fallará y la subrutina de tratamiento de la tecla CRTL-P
no se ejecutará. El RETURN de la línea 330 es común a las
subrutinas que comienzan en la líneas 260 y 290.*

Véase también:

KEY y ON KEY(n).

KILL

Sintaxis:

KILL *ruta_archivo$*

Descripción:

El comando KILL permite borrar uno o más archivos de un disco.

Información adicional:

ruta_archivo$ es una cadena válida con la ruta donde se encuentran los archivos. Si se omite, se genera el error «Falta operando».

✓ Admite caracteres comodines: un signo de interrogación (?) puede sustituir un carácter cualquiera; un asterisco (*) denota un número indeterminado de caracteres en la posición en la que se encuentra.

✓ Si la ruta no es absoluta (desde el directorio raíz del disco) se toma como referencia el directorio en uso.

✓ Si no se indica la unidad de disco, se supone la unidad de disco activa.

Debe especificarse un nombre válido de archivo (incluyendo su extensión). Si no se encuentra una coincidencia con un archivo existente se producirá el error «Archivo no encontrado»; si el archivo está en uso, se genera el error «El archivo ya está abierto».

Ejemplos:

KILL "*.TXT"

Borra todos los archivos de extensión `.TXT` *ubicados en el directorio actual.*

`KILL "\MIO\BORRAR.TXT"`

Elimina el archivo `BORRAR.TXT` *ubicado en el subdirectorio* `MIO\` *del directorio raíz de la unidad activa.*

`KILL "A:\MIO\BORRAR.TXT"`

Elimina el archivo `BORRAR.TXT` *ubicado en el subdirectorio* `MIO\` *del directorio raíz de la unidad de disquete* `A:`.

`KILL "..\PANA.DAT"`

Elimina el archivo `PANA.DAT` *ubicado en el subdirectorio padre del directorio actual en la unidad activa.*

Véase también:

`FILES, CHDIR, MKDIR` y `RMDIR`.

LEFT$

Sintaxis:

LEFT$(C$,n)

Descripción:

La función LEFT$ devuelve los *n* caracteres de más a la izquierda de la cadena *C$*.

Información adicional:

C$ es una expresión de cadena válida de la que se va a obtener la subcadena. La cadena original no se modifica.

n es un entero en el rango, de 0 a 255, que indica el número de caracteres a ser copiados de la cadena de origen. Si *n* es mayor que la longitud de la cadena (LEN(C$)), se devuelve la cadena entera (*C$*); si *n* es cero, se devuelve la cadena nula.

Ejemplos:

```
10 C$="REALIDAD"
20 A$=LEFT$(C$,4)
30 PRINT "Perogrullada: La ";C$;" es ";A$;"."
RUN
Perogrullada: La REALIDAD es REAL.
Ok
```

El programa anterior imprime una frase de Perogrullo formada por tres literales de cadena, la cadena original C$ y sus cuatro primeros caracteres. La línea 20 no ha modificado la cadena original (el mensaje corrobora que permanece intacta).

Véase también:

MID$ y RIGHT$.

LEN

Sintaxis:

LEN(*C$*)

Descripción:

La función LEN devuelve el número de caracteres de la cadena *C$*.

Información adicional:

C$ es una expresión de cadena válida de la que se va a obtener el número de elementos. La cadena original no se modifica.

La función LEN cuenta *todos* los caracteres que forman parte de la cadena (incluidos los caracteres no imprimibles y los espacios en blanco).

Ejemplos:

```
10 C$="UNA CADENA"+CHR$(13)
20 C$=C$+"CON 35 ELEMENTOS VISIBLES"
30 LC=LEN(C$)
40 PRINT C$
50 PRINT "(La cadena tiene ";LC;" caracteres)"
RUN
UNA CADENA
CON 35 ELEMENTOS VISIBLES
(La cadena tiene  36  caracteres)
Ok
```

El programa anterior imprime una cadena de 36 caracteres, a saber: 29 letras, 2 números, 4 espacios en blanco y 1 retorno de carro (el correspondiente al código ASCII 13). Como puede verse, la cadena original permanece intacta. La presencia del retorno de carro se hace patente en la visualización de la cadena C$*, al dividir la frase en dos líneas.*

Véase también:

LEFT$, MID$ y RIGHT$.

LET

Sintaxis:

[LET] *variable=expresión*

Descripción:

La sentencia LET permite asignar el valor de una expresión a una variable.

Información adicional:

variable es el nombre de la variable que recoge el valor de la expresión. *Precede al signo igual.*

expresión es una expresión válida que genera un resultado y *debe posicionarse tras el signo igual.*

Ambos, *variable* y *expresión*, deben corresponderse en tipo. Si no es así, se emitirá el error: «Tipos no coinciden».

La palabra LET es opcional y raramente se utiliza, pues está para proporcionar compatibilidad con otras versiones de BASIC que sí lo requieren (no usarlo ahorra algo de memoria).

Ejemplos:

```
10 LET UN=1
20 LET DOS=2
30 LET DOCE=UN*10+DOS
40 LET DOCENA$="docena"
50 PRINT "Una ";DOCENA$;
60 PRINT " se compone de ";DOCE;" entes."
```

El programa anterior es equivalente al siguiente:

```
100 UN=1
110 DOS=2
120 DOCE=UN*10+DOS
130 DOCENA$="docena"
140 PRINT "Una ";DOCENA$;
150 PRINT " se compone de ";DOCE;" entes."
```

Ambos programas producen la misma salida al ser ejecutados:

```
RUN
Una docena se compone de  12  entes.
Ok
```

LINE

Sintaxis:

LINE [[STEP](*x1,y1*)]-
[STEP](*x2,y2*)[,[*atributos*][,**B**[**F**]][,*estilo*]]

Descripción:

La sentencia LINE permite dibujar líneas y rectángulos en la pantalla.

Información adicional:

El modo de resolución lo determina la sentencia SCREEN.

(*x1,y1*) y (*x2,y2*) son las coordenadas en pantalla del inicio y el final de una línea, respectivamente. La primera es opcional y en caso de no existir, se consideran las coordenadas del último punto dibujado.

STEP es opcional, y considera las coordenadas que le siguen como relativas, indicando el desplazamiento tanto en la dirección *x* como en la dirección *y*, con respecto a las coordenadas del último punto dibujado en el primer plano.

atributos son los atributos de los píxeles a dibujar; determina su color e intensidad (véanse las sentencias COLOR y PALETTE). Es opcional, y si no se especifica, deben mantenerse las dos comas sitas previas a **B** o **BF**.

B (**B**ox - *caja*) y **BF** (**F**illed **B**ox - *caja rellena*) consideran las coordenadas (*x1,y1*) e (*x2,y2*) como las esquinas opuestas de un cuadrado que se dibuja en la pantalla. **BF** además rellena el cuadrado con el color indicado en *atributos*.

estilo es un valor de 16 bits que determina si se trazan o no los píxeles, de manera que un 1 efectúa el trazado y un 0 no hace nada (conserva sin cambios el dibujo del fondo, por lo que en ocasiones puede ser necesario hacer un tazado continuo en segundo plano para forzar el fondo deseado). Se utiliza para el trazado de líneas punteadas. No es compatible con recuadros rellenos.

Ejemplos:

```
10 SCREEN 1 'Resolución 320x200
20 LINE (0,0)-(200,100),3,,&HFF00
30 LINE -STEP(100,-20),2,B
```

El programa anterior dibuja una línea blanca discontinua desde la coordenada absoluta (0,0) a la (200,100); luego, un cuadrado en color magenta cuya esquina superior derecha responde a las coordenadas relativas (100,-20); esto es, 20 puntos más hacia arriba y 100 más hacia la derecha del último dibujado —a saber, el punto (200,100)—.

Véase también:

COLOR, DRAW, CIRCLE, SCREEN, VIEW y WINDOW.

LINE INPUT

Sintaxis:

`LINE INPUT [;][MensajeCadena$;] vbleDeCadena$`

Descripción:

La sentencia `LINE INPUT` permite capturar una línea de texto entera desde el teclado (de no más de 255 caracteres) ignorando los delimitadores.

Información adicional:

MensajeCadena$ es un literal de cadena que contiene el mensaje que es mostrado al usuario (también llamado *prompt* del usuario) antes de la petición de datos. No se añade el carácter interrogación (**?**) tras el mensaje.

vbleDeCadena$ es una variable de cadena en la que se almacena el texto introducido por el usuario. Los espacios en blanco finales son ignorados. Se admiten todos los caracteres (incluidos los caracteres especiales tales como la coma, que se utiliza como separador en la sentencia `INPUT`) hasta recibir un retorno de carro (o `CRTL-M`). La secuencia de caracteres LF (*Line-Feed*) - CR (*Carriage Return*) es admitida (sólo en ese orden) como parte de la cadena, sin interrumpir la introducción de datos. Nótese que normalmente un editor de texto de Windows introduce la secuencia contraria —`CR` - `LF` (`&H0D` - `&H0A`)—, cuando se pulsa `ENTER`, `INTRO` o `RETURN` (←).

Es posible la interrupción de la entrada de datos mediante la pulsación de `CRTL-C` o `CRTL-BREAK`. El flujo del programa se detendrá, se imprimirá un mensaje «`Interrumpido en <número`

de línea>» y un Ok, y se ofrecerá el *prompt* de GWBASIC (un guión bajo intermitente); el programa podrá ser reanudado mediante el comando CONT. En cuyo instante, se volverá a imprimir el mensaje de petición de datos para el usuario y se esperará la introducción de una cadena válida desde el teclado.

Ejemplos:

```
10 LINE INPUT "Introduzca su nombre: ";NOMBRE$
20 PRINT NOMBRE$;", tiene Ud. un bonito nombre."
RUN
Introduzca su nombre:
Interrumpido en 10
Ok

CONT
Introduzca su nombre: David
David, tiene Ud. un bonito nombre.
Ok
```

Véase también:

INPUT, INPUT#, INPUT$ y LINE INPUT#.

LINE INPUT#

Sintaxis:

```
LINE INPUT# númeroDeArchivo, vbleDeCadena$
```

Descripción:

La sentencia `LINE INPUT#` permite leer una línea de texto entera (de no más de 255 caracteres) ignorando delimitadores, desde un archivo secuencial, y almacenarla en una variable de cadena.

Información adicional:

`númeroDeArchivo` es el número asociado al archivo abierto.

vbleDeCadena$ es el nombre de la variable de cadena en la que se almacena el texto leído del fichero.

La sentencia `LINE INPUT#` lee todos los caracteres (incluidos los especiales tales como la coma, que se suele usar como separador de campos en un registro de datos) hasta recibir un retorno de carro. Como `LINE INPUT`, la secuencia `LF-CR` es admitida (sólo en ese orden) como parte de la cadena, sin interrumpir la recepción de datos.

`LINE INPUT#` permite la lectura de un registro de datos entero, cuando éste ha sido almacenado en formato `ASCII` en un archivo, mediante un editor de texto u otro programa.

Ejemplos:

```
10 OPEN "O",1,"ALMACEN.TXT"
20 PRINT #1,"SILLA,400,24.95"
30 PRINT #1,"MESA,100,49.95"
40 CLOSE #1
```

```
50 OPEN "I",1,"ALMACEN.TXT"
60 PRINT "Artículo, Nro, precio"
70 PRINT "--------------------"
80 LINE INPUT#1,A$: PRINT A$
90 IF EOF(1) THEN 110
100 GOTO 80
110 CLOSE

RUN
Artículo, Nro, precio
--------------------
SILLA,400,24.95
MESA,100,49.95
Ok
```

El programa anterior crea un archivo de nombre ALMACEN.TXT
*con dos cadenas (líneas 10 a 40), para inmediatamente después
abrirlo de nuevo (línea 50) leer su contenido (primera sentencia
de la línea 80), mostrarlo en pantalla (decoración en líneas 10 y
70; datos del archivo en segunda sentencia de la línea 80) y
cerrarlo (línea 110) cuando se acaban los datos (línea 90). En
este ejemplo, los datos internos que componen cada línea del
archivo no se interpretan, sólo se recogen en forma de cadenas.*

Véase también:

INPUT, INPUT#, INPUT$ y LINE INPUT.

LIST

Sintaxis:

LIST [*línInicial*][-*línFinal*][,*nombFich*]
LIST [*línInicial*-][,*nombFich*]

Descripción:

El comando LIST permite listar (parte o todo) el programa actual en memoria, en la pantalla, en un archivo, o en la impresora.

Información adicional:

línInicial es el número de línea de comienzo del listado. Es opcional; si falta, se asume que es la primera línea del programa.

línFinal es el número de línea en el que finaliza el listado. Es opcional; si falta, se asume que es la última línea del programa.

El rango (tanto de *línInicial* como de *línFinal*) es de 0 a 65529.

nombFich es el nombre del archivo al que se dirige el listado. Si se omite, el listado se vuelca en la pantalla.

El guión (-) se utiliza para especificar un rango de líneas. En caso de ubicarse tras el número de línea inicial, el listado se efectúa *desde* ese número de línea. Si precede al número de línea final, se listarán todas las líneas *hasta* ese número de línea final —ya sea desde la línea indicada en *línInicial* (si existe) o desde el principio del programa (si no se indica una línea inicial)—.

El punto (.) se utiliza cuando se desea listar la línea activa.

El listado se puede interrumpir pulsando CRTL-BREAK o CRTL-C.

Ejemplos:

LIST .	*Lista la línea activa del programa.*
LIST -50	*Lista desde el principio hasta la línea 50.*
LIST 100-200	*Lista desde la línea 100 hasta la línea 200.*
LIST 50-	*Lista desde la línea 50 hasta la línea final.*
LIST 10-90,"P"	*Vuelca las líneas 10 a 90 al archivo P.BAS.*

Véase también:

LLIST y SAVE.

LLIST

Sintaxis:

```
LLIST [línInicial][-línFinal]
LLIST [-línFinal]
```

Descripción:

El comando LLIST permite listar parte o todo el programa actual en memoria, en la impresora.

Información adicional:

línInicial es el número de línea de comienzo del listado. Es opcional; si falta, se asume que es la primera línea del programa.

línFinal es el número de línea en el que finaliza el listado. Es opcional; si falta, se asume que es la última línea del programa.

El rango (tanto de *línInicial* como de *línFinal*) es de 0 a 65529.

El guión (-) se utiliza para especificar un rango de líneas. En caso de ubicarse tras el número de línea inicial, el listado se efectúa *desde* ese número de línea. Si precede al número de línea final, se listarán todas las líneas *hasta* ese número de línea final —ya sea desde la línea indicada en *línInicial* (si existe) o desde el principio del programa (si no se indica una línea inicial)—.

El punto (.) se utiliza cuando se desea listar la línea activa.

Tras la ejecución de LLIST el intérprete siempre vuelve al prompt de órdenes de GW-BASIC, ignorando cualquier orden posterior existente.

Ejemplos:

```
LLIST .
```
Vuelca en la impresora la línea activa del programa en memoria.

```
LLIST -500
```
Vuelca en la impresora desde primera línea del programa en memoria hasta la línea **500.**

```
LLIST 1000-2000
```
Vuelca en la impresora desde la línea **1000** *hasta la línea* **2000** *del programa en memoria.*

```
LLIST 250-
```
Vuelca en la impresora desde la línea **250** *hasta la línea final del programa en memoria.*

```
10 PRINT "Antes de LLIST"
20 LLIST
30 PRINT "Después de LLIST"
RUN
Antes de LLIST
Ok
```
El programa anterior muestra que todas las órdenes posteriores al comando **LLIST** *son ignoradas.*

Véase también:

```
LIST.
```

LOAD

Sintaxis:

LOAD *nombFich$*[,r]

Descripción:

El comando LOAD permite cargar un archivo del disco a la memoria.

Información adicional:

nombFich$ es una cadena válida con la ruta hacia el archivo existente en el disco. Si se omite la extensión, ésta se considera .BAS.

El comando LOAD cierra todos los archivos abiertos, borra todas las variables y elimina el programa que está actualmente en memoria, cargando allí (no necesariamente en la misma posición) el fichero del parámetro.

La opción **r** de LOAD deja los archivos abiertos; seguidamente, da el control al programa invocado en su argumento, ejecutándolo. Ello permite encadenar varias rutinas (retazos de código del mismo programa con cierta independencia) que se encuentran en distintos ficheros, compartiendo la información que ha sido guardada en archivos de datos en el disco.

Ejemplos:

Supongamos que el programa LDINICIO.BAS es:

```
10 PRINT "PROGRAMA PRINCIPAL"
20 OPEN "O",1,"LDDATOS.TXT"
30 PRINT #1,"11,3"
```

```
40 CLOSE
50 LOAD"LDSUMA",R
```

El programa LDSUMA.BAS *es:*

```
10 PRINT "SUBRUTINA SUMA"
20 OPEN "I",1,"LDDATOS.TXT"
30 INPUT #1,A,B
40 CLOSE
50 PRINT A"+"B"=";A+B
60 LOAD"LDFIN",R
```

Y el programa LDFIN.BAS *es:*

```
10 PRINT "FIN DEL PROGRAMA"
20 NEW 'Borra el programa final de la memoria
```

La carga del programa principal y el resultado de su ejecución es:

```
LOAD"LDINICIO"
RUN
PROGRAMA PRINCIPAL
SUBRUTINA SUMA
 11 + 3 = 14
FIN DEL PROGRAMA
Ok
```

La ejecución del programa LDINICIO.BAS *guarda en el archivo* LDDATOS.TXT *los datos que* LDSUMA.BAS *lee para efectuar y mostrar en pantalla el resultado de la suma y* LDFIN.BAS *finaliza el programa.*

Véase también:

SAVE.

LOC

Sintaxis:

LOC(*númArch*)

Descripción:

La función LOC devuelve la *posición actual* dentro de un archivo.

Información adicional:

númArch es el número asociado al archivo o dispositivo abierto.

Cuando se están recibiendo o transmitiendo datos a través de un puerto de comunicaciones, LOC devuelve el número de caracteres que están a la espera de ser leídos dentro del buffer de entrada. Por defecto, el tamaño del buffer de entrada es de 255 caracteres, aunque puede cambiarse al entrar en GW-BASIC con la opción /c:*n* (que permite ampliar el tamaño del búfer de recepción a *n* bytes). El valor máximo que devuelve LOC es 255, por lo que si el búfer es mayor, se hace innecesario calcular el tamaño de la cadena leída, al menos hasta que LOC devuelva un valor menor que 255.

Con **archivos binarios**, LOC *devuelve* la posición del último byte leído o escrito.

Con **archivos de acceso aleatorio**, LOC *devuelve* el número del último registro leído o escrito con las sentencias GET o PUT.

Con **archivos secuenciales**, LOC *devuelve* el número de bloques de 128 bytes *leídos del* o *escritos en* el archivo una vez abierto, esto es, la posición actual del último byte leído o escrito en el archivo, dividido por 128.

Si el archivo ha sido abierto, pero no se ha efectuado **ninguna operación de lectura o escritura** sobre el mismo, LOC *devuelve* 0.

Ejemplos:

```
10 A$="1234567890123456789"
20 OPEN "LOCTEST.TXT" FOR OUTPUT AS #1
30 PRINT #1, A$:CLOSE
40 OPEN "LOCTEST.TXT" FOR RANDOM AS #1 LEN=1
50 FIELD 1, 1 AS N$
60 GET #1,15
70 PRINT "Registro "LOC(1)" = "N$
80 IF LOC(1)<18 THEN GET #1:GOTO 70 ELSE CLOSE
RUN
Registro  15  = 5
Registro  16  = 6
Registro  17  = 7
Registro  18  = 8
Ok
```

El programa anterior imprime los registros del **15** *al* **18** *—que, si nada falla, existen, pues son los caracteres* **15** *al* **18** *de la cadena* **A$** *que previamente se ha escrito en el archivo* **LOCTEST.TXT** *del cual se leen los registros—.*

Véase también:

EOF.

LOCATE

Sintaxis:

```
LOCATE [fil][,[col][,[cursor][,[ini][,fin]]]]
```

Descripción:

La sentencia LOCATE permite *mover el cursor a una posición específica* de la pantalla activa. Los parámetros adicionales controlan la visibilidad del cursor y su tamaño.

Información adicional:

fil es el número de la fila a la que mover el cursor; el rango: de 1 a 25.

col es el número de la columna a la que mover el cursor; el rango: de 1 a 40 ó de 1 a 80, dependiendo de la resolución del ancho de la pantalla.

cursor es un valor booleano (verdadero o falso), que indica si el cursor es o no visible; los valores aceptados son: 0 para *invisible* y 1 para *visible*.

Una **línea de exploración** es la distancia horizontal o vertical entre dos puntos direccionables adyacentes de la pantalla. Se puede *cambiar el tamaño del cursor* modificando sus líneas de exploración mediante los parámetros *ini* y *fin*:

✓ *ini* es la primera línea de exploración del cursor; el rango: de 0 a 31.

✓ *fin* es la última la línea de exploración del cursor; el rango: de 0 a 31. Si se omite y existe el parámetro *ini*, toma su mismo valor.

Para omitir un parámetro de LOCATE, es necesario mantener la coma (,) de aquél que se esté ignorando, salvo que se encuentre al final de la sentencia. Un valor erróneo en cualquier parámetro produce normalmente el error: «Argumento no válido».

Ejemplos:

LOCATE ,,1,0
No mueve el cursor, solo lo hace visible; pero aparece en la parte superior del carácter (línea de exploración del cursor 0).

LOCATE ,,,7
La posición del cursor y su visibilidad no se alteran. El cursor aparece en la parte inferior del carácter (línea de exploración del cursor 7).

LOCATE 10,20,1,0,7
Mueve el cursor a la línea 10, columna 20, haciéndolo visible. El cursor cubre el carácter por completo.

Véase también:

CSRLIN y POS.

LOCK

Sintaxis:

LOCK [#]*n* [,[*númReg*] [TO *númReg*]]

Descripción:

La sentencia LOCK *restringe el acceso* a parte o la totalidad de un archivo que ha sido abierto, para impedir su alteración por otro proceso de red.

Información adicional:

n es el número asociado en el programa al archivo abierto.

[*númReg*] es un número de registro del archivo. El número máximo de registros admitidos es de 1 a $2^{32} - 1$. El tamaño máximo de un registro es de 32767 bytes.

[*númReg*] [TO *númReg*] es la manera de expresar en la sentencia LOCK el rango de registros a considerar. El *númReg* antes de TO designa el registro inicial (si se omite, se considera 1) y el pospuesto a TO, el final (en caso de faltar, se considera sólo el registro inicial; y si tampoco lo hubiere, el archivo completo); y ambos definen el conjunto de registros a ser bloqueados.

Para archivos secuenciales, LOCK bloquea el archivo completo, independientemente de los parámetros utilizados (éstos sólo son aplicables a archivos de acceso aleatorio).

LOCK se utiliza en entornos multi-dispositivo, que generalmente se dan en entornos de red, en los que varios procesos quieren acceder al mismo recurso.

El rango de registros bloqueado, debería ser desbloqueado antes de cerrar el archivo para garantizar futuros accesos al fichero. De eso se encarga la sentencia compañera inseparable de LOCK, a saber, UNLOCK.

Ejemplos:

```
LOCK #1,TO 10     'Bloquea registros 1 a 10
LOCK #1,11 TO 20 'Bloquea registros 11 a 20
LOCK #2           'Bloquea archivo 2 por completo
LOCK #3,100       'Bloquea sólo el registro 100
```

Véase también:

UNLOCK.

LOF

Sintaxis:

LOF(*númArch*)

Descripción:

La función LOF devuelve el *número de bytes de que consta un archivo*.

Información adicional:

númArch es el número asociado al archivo o dispositivo abierto.

Con archivos de comunicaciones, LOF devuelve el espacio libre en el búfer de entrada.

Ejemplos:

```
10 INPUT "Escriba la ruta al archivo: ",RUTA$
20 OPEN RUTA$ FOR INPUT ACCESS READ AS #1
30 PRINT "La longitud del archivo (en bytes)";
40 PRINT " es: "; LOF(1)
50 CLOSE

RUN
Escriba la ruta al archivo: LOF.BAS
La longitud del archivo (en bytes) es:   175
Ok
```

El ejemplo anterior pide la ruta al archivo (completa o parcial). En este caso, el archivo considerado es el propio programa, que se encuentra en el directorio actual. Como puede verse en su ejecución, consta de un total de 175 bytes.

LOG

Sintaxis:

LOG(*x*)

Descripción:

La función LOG devuelve el *logaritmo natural* de *x*.

Información adicional:

x es cualquier expresión numérica positiva; en caso de ser un valor negativo, se produce el error «Argumento no válido».

La función LOG devuelve el número que elevado a *e* (base de los logaritmos naturales, de valor aproximado 2.718282) produce como resultado *x*. Su función pareja es EXP.

LOG se calcula en simple precisión, salvo que al entrar en el intérprete de GW-BASIC se utilice el modificador /D, en cuyo caso el cálculo se efectuará en doble precisión.

Se puede *elevar X a la potencia Y* combinando las funciones EXP y LOG de la siguiente manera: *EXP(Y*LOG(X))*.

Ejemplos:

(El intérprete fue invocado así: C:\>GWBASIC /D)
```
X#=EXP(1)
PRINT X#
 2.718281745910645
PRINT LOG(X#)
 .99999996963214
```

(El intérprete fue invocado así: `C:\>GWBASIC`*)*
```
X#=EXP(1)
PRINT X#
 2.718281745910645
PRINT LOG(X#)
 .9999999
```

Como puede verse, en el primer ejemplo, la precisión utilizada es mayor, pues se entró en **GW-BASIC** *con el modificador* **/D** *que proporciona un cálculo en doble precisión.*

Véase también:

EXP y SQR.

LPOS

Sintaxis:

LPOS(*x*)

Descripción:

La función LPOS devuelve la *posición del cabezal de impresión* de la impresora en línea, dentro del buffer de impresión.

Información adicional:

x es un argumento ficticio en GW-BASIC, aunque en QBASIC selecciona uno de los puertos de impresora: 0=LPT1, 1=LPT1, 2=LPT2, 3=LPT3.

La posición física de la cabeza de impresión puede no coincidir con el valor devuelto por LPOS. Además, si la impresora tiene menos de 132 caracteres por línea de capacidad, pueden producirse saltos de línea internos que no son informados al buffer de impresora del computador; por lo que realmente, LPOS sólo estaría contando el número de caracteres enviados a la impresora desde que se envió el último retorno de carro.

Ejemplo:

```
100 FOR I=1 TO 9
110 LPRINT "*";
120 IF LPOS(X)>3 THEN LPRINT CHR$(13);
130 NEXT I
```

El programa anterior envía nueve asteriscos a la impresora activa, separando tres de ellos en cada línea.

LPRINT y LPRINT USING

Sintaxis:

```
LPRINT [ListExpresiones][;]
LPRINT USING exprCadena$;ListExpresiones[;]
```

Descripción:

Las sentencias LPRINT y LPRINT USING permiten enviar datos a la impresora en línea.

Información adicional:

ListExpresiones es una lista de una o más expresiones numéricas o de cadena separadas mediante un carácter punto y coma (;).

exprCadena$ es un literal o una variable de cadena formada por caracteres que conformados debidamente mediante unas reglas, determinan el formato de los números o cadenas a imprimir.

Las sentencias LPRINT y LPRINT USING dirigen el flujo de datos hacia la impresora en línea y asumen que ésta tiene 80 caracteres de ancho (véase la sentencia WIDTH para cambiar esto); y tienen como homólogas a las sentencias PRINT y PRINT USING con las que comparten los detalles del formato de sus argumentos.

Véase también:

PRINT, PRINT USING, PRINT# y PRINT# USING.

LSET

Sintaxis:

```
LSET vbleCadena$=exprCadena$
```

Descripción:

La sentencia LSET mueve datos de la memoria a un búfer de archivo aleatorio, justificado a la izquierda, preparándolo para la sentencia PUT.

Información adicional:

vbleCadena$ es el nombre de una variable de cadena.

exprCadena$* es el literal o variable de cadena que será copiada en el búfer. Si requiere menos bytes que *vbleCadena$, entonces se justifica a la izquierda, rellenando con espacios las posiciones faltantes; si requiere más bytes, se trunca la cadena por la derecha, hasta la longitud requerida.

Las funciones MKI$, MKS$ y MKD$, pueden usarse para convertir valores numéricos a cadena y luego justificarlos a la izquierda, proporcionando un campo de longitud determinada que podrá ofrecerse como salida a un fichero, a una impresora e incluso a la pantalla.

Ejemplos:

```
10 CAD$="1234567"
20 PRINT "0123456789*0123456789*0123456789*"
30 A$="COMEME":B$="BBME":C$="CORTAMExxxxx"
40 LSET CAD$=A$: PRINT CAD$;"*";
50 LSET CAD$=B$: PRINT CAD$;"*";
```

```
60 LSET CAD$=C$: PRINT CAD$;"*";
70 PRINT:END
```

```
RUN
1234567*1234567*1234567*
COMEME *BBME    *CORTAME*
```

Véase también:

RSET, PUT, MKI$, MKS$ y MKD$.

MERGE

Sintaxis:

MERGE *nombFich$*

Descripción:

El comando MERGE combina las líneas de un archivo de programa guardado en formato ASCII con el programa actual en memoria.

Información adicional:

nombFiche$ es una ruta válida al archivo ASCII que se encuentra en el disco. Si no se especifica la extensión, GW-BASIC asume que esta es .BAS. Cuando la ruta no se encuentra, se produce el típico error: «Archivo no encontrado».

Si el programa del disco no ha sido guardado en ASCII (con la opción A del comando SAVE) no se puede mezclar con el programa en memoria, generando el mensaje de error: «Modo de archivo incorrecto».

Si todo va bien, tras la ejecución del comando MERGE, se vuelve a la línea de comandos de GW-BASIC y el programa actual en memoria se mezcla con el del disco, de manera que si las líneas de ambos programas tienen la misma numeración, las del archivo en el disco reemplazan a las del programa en memoria.

Ejemplos:

MERGE "SUBRUT1.BAS"

Véase también:

CHAIN.

MID$ (función)

Sintaxis:

MID$(C$,n[,m])

Descripción:

La *función* MID$ devuelve una cadena formada por *m* caracteres de la cadena C$ cogidos a partir del carácter n-ésimo (comenzando la cuenta desde la izquierda).

Información adicional:

n es un entero en el rango, de 1 a 255. Si *n* es mayor que la longitud de la cadena C$, la función devuelve la cadena nula.

m es un entero en el rango, de 0 a 255. Es opcional, y si se omite o si existen en C$ menos de *m* caracteres a partir del n-ésimo carácter, se devuelven todos los caracteres de más a la derecha de C$, comenzando por el n-ésimo carácter. Si *m* es 0, la función devuelve la cadena nula.

Si *n* o *m* están fuera de rango, se produce el error: «Argumento no válido».

Ejemplos:

```
10 A$="CEROUNODOSTRESCUATROCINCO"
20 DIM IN(7)
30 IN(0)=1:IN(1)=5:IN(2)=8:IN(3)=11
40 IN(4)=15:IN(5)=21:IN(6)=26
50 FOR I=0 TO 5
60 PRINT I;" en letra es ";
70 PRINT MID$(A$,IN(I),IN(I+1)-IN(I))
```

```
80 NEXT I
RUN
 0   en letra es CERO
 1   en letra es UNO
 2   en letra es DOS
 3   en letra es TRES
 4   en letra es CUATRO
 5   en letra es CINCO
Ok
```

La líneas 30 y 40 tienen los índices de comienzo de los números en letra y el de finalización del último de ellos. En la línea 70 se obtienen las cadenas pertinentes de A\$, con la función MID\$. La longitud de cada cadena (necesaria en el tercer argumento) se saca restando los índices correspondientes.

Véase también:

MID\$ (sentencia), LEFT\$ y RIGHT\$.

MID$ (sentencia)

Sintaxis:

MID$(exprCad1$,n[,m])=exprCad2$

Descripción:

La *sentencia* MID$ reemplaza una porción de una cadena por otra cadena.

Información adicional:

exprCad1$* es la variable de cadena cuyo contenido será modificado al ser sustituido parcial o totalmente por una porción de cadena de *exprCad2$.

exprCad2$* es una cadena o literal de cadena que se utilizará para sustituir parcial o totalmente la cadena *expCad1$.

n es un entero en el rango, de 1 a 255. Indica la posición en la cadena *exprCad1$* donde comenzará la sustitución por la subcadena *exprCad2$*. Si *n* es mayor que la longitud de la cadena *exprCad1$*, se genera el mensaje: «Argumento no válido».

m es un entero en el rango, de 0 a 255. Se refiere al número de caracteres de la cadena *exprCad2$* que se usarán en el reemplazo. Es opcional, y si se omite o se indica una longitud mayor que la de la cadena *exprCad2$* ésta se intenta usar por completo.

Si la subcadena de *exprCad2$* es de mayor longitud que la cadena *exprCad1$*, el resultado nunca sobrepasará la longitud de esta última; es decir, se truncan los caracteres de más a la derecha de *exprCad2$* sobrantes.

Si *n* o *m* están fuera de rango, se produce el error: «Argumento no válido».

Ejemplos:

```
10 A$="123456"
20 MID$(A$,4,50)="54321"
30 PRINT A$
40 MID$(A$,2,3)="ABCDE"
50 PRINT A$
RUN
123543
1ABC43
Ok
```

En la ejecución del programa anterior, la primera línea muestra que los caracteres a partir del cuarto elemento de A$, son sustituidos sólo por parte de la cadena "54321", y no por toda ella (el tercer parámetro de la sentencia MID$ es mayor que la longitud de A$, lo que se traduce en el uso de la cadena completa). En la segunda línea se sustituyen tres elementos de la cadena A$ que se acaba de modificar ubicados a partir del segundo carácter de la misma por los tres primeros caracteres de "ABCDE".

Véase también:

MID$ (función), LEFT$ y RIGHT$.

MKDIR

Sintaxis:

MKDIR *rutaFich$*

Descripción:

El comando MKDIR crea un subdirectorio.

Información adicional:

rutaFich$ es una expresión de cadena de 63 caracteres o menos, que identifica la ruta parcial o completa del subdirectorio que será creado. Admite los mismos caracteres de significado especial que la instrucción de MS-DOS con la que comparte nombre, destacando: un punto (.) para designar el directorio actual y dos puntos (..) para referirse al directorio padre del actual.

Si el directorio ya existe, GW-BASIC lo indicará con el mensaje: «Error de acceso a trayecto/archivo».

Ejemplos:

MKDIR "A:\PERSONAL\SECRETOS"

Crea un subdirectorio llamado SECRETOS en el subdirectorio de nombre PERSONAL del directorio raíz de la unidad de disco A:.

MKDIR ".\TEMPORAL"

Crea un subdirectorio llamado TEMPORAL dentro del directorio activo. Esta orden equivale al comando: MKDIR "TEMPORAL".

Véase también:

RMDIR, CHDIR y FILES.

MKD$, MKI$, MKS$

Sintaxis:

```
MKI$(expresión entera)
MKS$(expresión simple_precisión)
MKD$(expresión doble_precisión)
```

Descripción:

Las funciones MKI$, MKS$ y MKD$, convierten un valor numérico (entero, de simple precisión o de doble precisión, respectivamente) en una cadena numérica que puede ser almacenada (mediante la sentencia FIELD) en una variable de cadena.

Información adicional:

MKI$ convierte un número *entero* en una *cadena de 2 bytes*. Su función complementaria es CVI.

MKS$ convierte un número en *simple precisión* en una *cadena de 4 bytes*. Su función complementaria es CVS.

MKD$ convierte un número en *doble precisión* en una *cadena de 8 bytes*. Su función complementaria es CVD.

Los números que se introducen en un buffer aleatorio mediante las sentencias LSET o RSET deben ser transformados a cadena previamente. Las funciones MKI$, MKS$ y MKD$ permiten esta conversión: interpretan los bytes del parámetro como un número con un formato determinado para su conversión sin cambiar los bytes (como sí hace la función STR$).

Ejemplos:

```
10 OPEN "MKISD.DAT" FOR RANDOM AS #1
```

```
20 NAC=1964
30 EDAD=2019-NAC
40 NOM$="EL HOMBRE SIN NOMBRE"
50 FIELD #1, 2 AS EDAD$, 20 AS NOMBRE$
60 LSET EDAD$=MKI$(EDAD)
70 LSET NOMBRE$=NOM$
80 PUT #1
90 CLOSE #1
100 N$=SPACE$(20):E$=SPACE$(2)
110 REM Leer los datos
120 OPEN "MKISD.DAT" FOR RANDOM AS #1
130 FIELD #1, 2 AS EDAD$, 20 AS NOMBRE$
140 GET #1
150 RSET E$=EDAD$
160 RSET N$=NOMBRE$
170 PRINT CVI(E$);" años - ";N$
180 CLOSE #1
190 KILL "MKISD.DAT"
RUN
 55  años - EL HOMBRE SIN NOMBRE
Ok
```

La función MKI$ *de la línea* 60 *prepara el número entero* EDAD *para convertirlo en una cadena válida para* LSET. *El formato de los datos en el dispositivo asociado a* #1 *está determinado por la línea* 50, *en la que se aprecia que cada registro tiene dos campos: uno de* 2 *bytes para almacenar la edad y otro de* 20 *caracteres de texto para el nombre.*

Véase también:

FIELD, CVI, CVS y CVD.

NAME

Sintaxis:

NAME *rutaArchViejo$* AS *rutaArchNuevo$*

Descripción:

El comando NAME, permite renombrar un archivo del disco.

Información adicional:

rutaArchViejo$ es una ruta válida al archivo origen, y *debe existir*; en caso contrario se genera el error «Archivo no encontrado».

rutaArchNuevo$ es una ruta válida al archivo destino, y *NO debe existir*; en caso contrario se genera el error «El archivo ya existe».

Al intentar renombrar un directorio se genera el error «Error de acceso a trayecto/archivo».

Tras la ejecución del comando NAME, si la ruta al archivo destino y al archivo origen es la misma, se habrá creado en esa misma ubicación un fichero idéntico al original con un nombre diferente; pero si la ruta es diferente, el archivo original será eliminado y aparecerá un nuevo archivo copia del original con el nuevo nombre y localización indicado en *rutaArchNuevo$*.

Ejemplos:

NAME "A:\NOK\PANADA.TXT" AS "A:\OK\PALGO.TXT"

El comando anterior mueve el archivo PANADA.TXT sito en el subdirectorio NOK del directorio raíz de la unidad A: al subdirectorio OK del directorio raíz de la unidad A: con el nuevo nombre de PALGO.TXT.

```
NAME "A:\OK\PALGO.TXT" AS "A:\OK\IDEAS.TXT"
```

El comando anterior renombra el archivo PALGO.TXT sito en el subdirectorio OK del directorio raíz de la unidad A: con el nuevo nombre de IDEAS.TXT.

Véase también:

FILES, KILL, CHDIR, MKDIR y RMDIR.

NEW

Sintaxis:

NEW

Descripción:

El comando NEW permite borrar un programa de la memoria.

Información adicional:

La ejecución de NEW produce el borrado del programa que actualmente está en memoria (si lo hubiere) y limpia todas las variables, dejando todo dispuesto para la introducción de un nuevo programa sin interferencias no deseadas con el anterior. Tanto si se ejecuta desde dentro de un programa como si no, siempre se vuelve a la línea de comandos de GW-BASIC.

Ejemplos:

NEW   '*Elimina el programa actual de la memoria.*

```
1000 PRINT "¿Me suicido (/N)?"
1010 ADIO$=INKEY$:IF ADIO$="" THEN 1010
1020 IF ADIO$="N" OR ADIO$="n" THEN 1040
1030 PRINT"¡Adiós, mundo cruel...!":NEW
1040 PRINT "¡Vive y deja vivir!"
```

La línea **1030** *del código anterior elimina el programa de la memoria si la respuesta es distinta de* **N** *o* **n**.

Véase también:

FILES, SAVE y LOAD.

OCT$

Sintaxis:

OCT$(*x*)

Descripción:

La función OCT$ permite convertir un valor decimal a octal.

Información adicional:

x es una expresión numérica que se redondea automáticamente antes de la conversión. Ante un decimal de 5 ó más, el redondeo equivale a aproximar el número (eludiendo el signo) al valor entero inmediato superior y posteriormente restablecer el signo, antes de efectuar la conversión a octal. El rango del número *x* debe estar entre -32768 y 65535, ambos inclusive.

Un número octal utiliza la base 8 en vez de la base 10.

Ejemplos:

```
PRINT OCT$(-10), OCT$(10), OCT$(10.5), OCT$(11)
177766          12              13              13
```

El número decimal 10 es en binario 001 010, por lo que su conversión a octal es 1(decimal de 001) 2(decimal de 010).

El número decimal -10 en binario consiste en sumar 1 al binario de 10 con unos y ceros invertidos: 110 101 + 1=110 110.

El número 17776 en binario es: 1 111 111 111 110 110.

Véase también:

HEX$.

ON COM(n), ON KEY(n), ON PEN, ON PLAY(n), ON STRIG(n) y ON TIMER(n)

Sintaxis:

ON *<tipoEvent>* GOSUB *númLínea*

Descripción:

Estas sentencias se utilizan para capturar un evento y tratarlo en la subrutina que se encuentra en la línea del programa indicada tras la palabra GOSUB.

Información adicional:

<tipoEvent> identifica el suceso a capturar. Es *una de las sentencias*: COM(n), KEY(n), PEN, PLAY(n), STRIG(n) o TIMER(n).

númLínea es el número de línea donde se encuentra la subrutina de atención al evento capturado. Si es 0, desactiva la captura de eventos para ese suceso.

Tras activar la captura de eventos, el control sobre los mismos puede efectuarse dentro del programa mediante la palabra ON, OFF o STOP seguida de la sentencia que identifica el suceso a capturar, de manera que:

✓ *<tipoEvent>* ON activa la detección del evento. Antes de ejecutar cada sentencia, GW-BASIC comprueba si el evento a tratar está aconteciendo; siendo así, ejecuta un GOSUB a la línea especificada en la sentencia ON (*númLínea*).

✓ **`<tipoEvent>` `OFF`** desactiva por completo la captura del evento, por lo que si se produjera, éste sería ignorado.

✓ **`<tipoEvent>` `STOP`** detiene momentáneamente la captura del evento; pero en caso de ocurrir, éste será recordado (aunque ignorado hasta activar de nuevo la captura de eventos mediante la sentencia **`<tipoEvent>` `ON`**, instante en que será atendida).

Un error en el programa detiene y desactiva automáticamente la captura de eventos.

La captura de eventos sólo tiene lugar durante la ejecución del programa en `GW-BASIC`.

Véase también:

`COM(n)`, `KEY(n)`, `PEN`, `PLAY(n)`, `STRIG(n)` y `TIMER(n)`.

ON ERROR GOTO

Sintaxis:

```
ON ERROR GOTO númLínea
```

Descripción:

Esta sentencia permite la captura de errores y determina la primera línea donde comienza la subrutina para su tratamiento.

Información adicional:

númLínea es el número de línea de comienzo de la subrutina de tratamiento de los errores producidos. Si el número de línea especificado no existe, se produce el mensaje de error: «No. de línea no definido».

Una vez activada la detección de errores, cualquier error será redirigido a la línea especificada en la sentencia de activación (i.e, *númLínea*). La subrutina de tratamiento de errores debería identificar el error y actuar en consecuencia para su resolución. La ejecución del programa continúa hasta encontrar una sentencia RESUME, la cual tiene un parámetro que determinará la siguiente línea del programa a ejecutar.

Para desactivar la captura de errores se ejecuta la sentencia ON ERROR GOTO 0. A partir de ese instante, ante cualquier error, se imprimirá el mensaje correspondiente y el programa detendrá su ejecución.

Ejemplos:

```
10 ON ERROR GOTO 1000
20 PRINT LOG(-3):PRINT
```

```
30 PRINT "Justo tras error logarítmico"
40 PRINT:PRINT 3/0
50 PRINT "Esta línea no se imprimirá"
60 END
1000 REM Tratamiento de errores
1010 CODERR=ERR: NLERR=ERL
1020 PRINT "ERROR ";CODERR;" en línea ";NLERR
1030 IF CODERR<>5 THEN 1060
1040 PRINT "Parámetro del Logaritmo inválido"
1050 GOTO 1090
1060 REM Error desconocido
1070 ON ERROR GOTO 0
1080 PRINT "Esta línea ya no se ejecuta"
1090 RESUME NEXT

RUN
ERROR  5  en línea  20
Parámetro del Logaritmo inválido

Justo tras error logarítmico

ERROR  11  en línea  40
División entre cero en 40
Ok
```

La línea 20 *produce el error* 5. *La línea* 1090 *redirige el programa a la siguiente sentencia a la que produjo el error. La línea* 1070 *trata los errores que el programa no sabe manejar.*

Véase también:

RESUME, ERR y ERL.

ON...GOSUB y ON...GOTO

Sintaxis:

```
ON exprNum GOTO númerosDeLínea
ON exprNum GOSUB númerosDeLínea
```

Descripción:

Estas sentencias permiten dirigir el flujo de ejecución del programa a los números de línea especificados, de acuerdo con el valor de una expresión numérica.

Información adicional:

exprNum es una expresión numérica que debe devolver un valor en el rango, de 0 a 255. Si *es 0 ó mayor que el número de elementos en* númerosDeLínea (pero menor o igual que 255), entonces se continúa la ejecución en la siguiente línea del programa. Si el valor está *fuera de rango*, se genera el error «Argumento no válido». Si el valor *no es entero*, el número se redondea al valor más próximo superior si el primer decimal es mayor o igual que 5; o al inmediato inferior, si es menor que 5.

númerosDeLínea es una lista de números de línea existentes en el programa en ejecución. Si uno de los números de línea no existe, se genera el error «No. de línea no definido». Un valor de *exprNum* de 2, dirigirá el flujo del programa al número de línea que se encuentre en el segundo lugar de la lista, que en el caso de ON...GOSUB debe ser el punto de comienzo de una subrutina.

Ejemplos:

```
10 SALTO=1.5: REM SALTO vale 2
```

```
20 PRINT "Inicio del programa"
30 ON SALTO GOTO 60,80,100
40 PRINT "Fin del programa (línea 40)"
50 END
60 PRINT "Este es el segundo salto (línea 60)"
70 SALTO=3: GOTO 30
80 PRINT "Este es el primer salto (línea 80)"
90 SALTO=1.3: GOTO 30: REM SALTO vale 1
100 PRINT "Este es el tercer salto (línea 100)"
110 FOR N=1 TO 2
120 ON N GOSUB 150,160
130 NEXT
140 SALTO=0: GOTO 30: REM Finaliza programa
150 PRINT "Subrutinas en líneas: 150,";:RETURN
160 PRINT " 160":RETURN
RUN
Inicio del programa
Este es el primer salto (línea 80)
Este es el segundo salto (línea 60)
Este es el tercer salto (línea 100)
Subrutinas en líneas: 150, 160
Fin del programa (línea 40)
```

Las líneas del programa se ejecutan en siguiente orden: 10, 20, 30, 80, 90, 30, 60, 70, 30, 100, 110, 120, 150, 130, 120, 160, 130, 140, 30, 40, 50.

Véase también:

ON ERROR GOTO, ON COM(n), ON KEY(n), ON PEN, ON PLAY(n), ON STRING(n) y ON TIMER(n).

OPEN

Sintaxis:

OPEN *modoC$*, [#]*númFich*, *nomFich$* [,*LongReg*]

OPEN *nomFich$*,[FOR <*modo*>] [ACCESS <*acceso*>]
[<*bloqueo*>] AS [#]*númFich* [LEN=*LongReg*]

Descripción:

Esta sentencia establece un enlace de entrada/salida (E/S) con un archivo o dispositivo, para poder escribir en él o leer del mismo.

Información adicional:

modoC$ es una expresión de cadena compuesta por un único carácter que define el modo de apertura del fichero, a saber:

- ✓ **O** Modo de *SALIDA SECUENCIAL*.
- ✓ **I** Modo de *ENTRADA SECUENCIAL*.
- ✓ **R** Modo de *ENTRADA/SALIDA ALEATORIA*.
- ✓ **A** *POSICIONARSE AL FINAL* del archivo.

númFich es un número entero entre 1 y el número de ficheros abiertos permitidos por el sistema operativo. Ese número se asocia a un búfer de E/S que comunica el archivo de disco o dispositivo con el programa hasta que se cierra este enlace mediante CLOSE (ya sea indicando el número de archivo o no).

nomFich$ es una cadena de texto con la ruta de localización del archivo a procesar.

LongReg es una expresión entera de 1 a 32767, que establece el tamaño de cada registro (en *bytes*) en archivos aleatorios. *Por defecto, esta longitud es de 128 bytes*. No puede exceder el valor especificado en la opción /s (de haberse utilizado al entrar al intérprete de GW-BASIC).

FOR *<modo>* Esta cláusula es opcional. *Si se omite*, se está eligiendo un modo de E/S aleatorio, en el que los registros pueden ser grabados en cualquier punto del archivo y la posición inicial del puntero en el archivo es el comienzo del mismo; si el archivo no existe, será creado. *Si no se omite*, *modo* determina la posición inicial en el archivo; *<modo> es una de las siguientes palabras* (NO debe escribirse entre comillas):

✓ **INPUT** El *puntero* se posiciona *al principio* del archivo. Si éste no existe, se genera el error «Archivo no encontrado».

✓ **OUTPUT** El *puntero* se posiciona *al principio* del archivo. Si éste no existe, se crea.

✓ **APPEND** El *puntero* se posiciona *al final* del archivo. Si éste no existe, se crea.

✓ **RANDOM** Especifica el modo: *entrada* o *salida* aleatoria.

ACCESS *<acceso>* Esta cláusula es opcional; *<acceso> es una de las siguientes palabras* (NO debe escribirse entre comillas):

✓ **READ** Elige el modo de sólo lectura del archivo.

✓ **WRITE** Elige el modo de sólo escritura en el archivo.

✓ **READ WRITE** Elige el modo de lectura y escritura en el archivo. Válido sólo para archivos aleatorios y de acceso secuencial (abiertos con el modo APPEND).

<bloqueo> especifica el estado de bloqueo de los archivos en una red (NO debe escribirse entre comillas); *<bloqueo> es una de las siguientes palabras* ():

✓ **SHARED** *No hay restricciones* de acceso de lectura o escritura para los otros procesos, excepto que el modo predeterminado no esté permitido.

✓ **LOCK READ** *Restricción de lectura.* Una vez abierto un archivo con esta opción, se denegará el acceso de lectura a todos los demás procesos de la red.

✓ **LOCK WRITE** *Restricción de escritura.* Una vez abierto un archivo con esta opción, se denegará el acceso de escritura a todos los demás procesos de la red.

✓ **LOCK READ WRITE** *Restricción total* tanto en lectura como en escritura. Una vez abierto un archivo con esta opción, se denegará el acceso de lectura y escritura a todos los demás procesos de la red.

El *modo por defecto* no especifica ningún control de acceso y un proceso puede abrir cualquier número de veces un archivo que no haya sido abierto por otro proceso siempre y cuando lo permita el sistema operativo.

Ejemplos:

```
10 OPEN "I",3,"NOMBRES.DAT"
```
(Abre el archivo existente NOMBRES.DAT para leer sus datos).

```
10 OPEN "SECRETO.TXT" FOR RANDOM AS #1 LEN=5
```
(Abre el archivo SECRETO.TXT en modo aleatorio, para leer y escribir datos en él, a saber, registros de longitud 5).

```
10 OPEN "DIEZ.TXT" FOR OUTPUT AS #1
```
(Abre el archivo DIEZ.DAT para escribir datos en él. Si no existe, es creado).

```
40 OPEN "DIEZ.TXT" FOR INPUT AS #1
```
(Abre el archivo existente `DIEZ.TXT` *para leer datos del mismo).*

Véase también:

`OPEN "COMn"` y `CLOSE`.

OPEN "COM*n*"

Sintaxis:

```
OPEN "COM[n]:[baudios] [,paridad] [,datos]
[,stop] [,RS] [,CS[n]] [,DS[n]] [,CD[n]] [,LF]
[,PE]" AS [#]numFich [LEN=LongReg]
```

Descripción:

Esta sentencia crea un búfer asociado al puerto serie RS-232 de comunicaciones asíncrono de forma similar a como lo hace la sentencia OPEN para archivos de disco.

Información adicional:

COM[*n*] es un *dispositivo de comunicaciones* válido: Si n=1 el búfer se asocia a COM1, si n=2, a COM2.

baudios es un número entero que especifica la velocidad en baudios tanto en transmisión como en recepción. Los valores válidos son: 75, 110, 150, 300, 600, 1200, 1800, 2400, 4800 y 9600. El valor por defecto es de 300 bps (*bits por segundo*).

paridad es un único carácter que especifica el método utilizado para verificar la paridad en la comunicación, tanto para transmisión como para recepción. Los valores válidos son S, M, O, E o N:

✓ S (*Space*) El bit de paridad siempre se transmite y recibe como un *espacio* (bit 1).

✓ M (*Mark*) El bit de paridad siempre se transmite y recibe como una *marca* (bit 0).

✓ O (*Odd*) Siempre se transmite con paridad *impar* y se recibe comprobando la paridad *impar*.

✓ E (*Even*) Siempre se transmite con paridad *par* y se recibe comprobando la paridad *par*. Es el *valor por defecto*.

✓ N (*None*) *Sin paridad*. Ni se transmite con paridad, ni se comprueba la paridad en la recepción.

datos es un entero que indica el número de bits de datos usados tanto en la transmisión como en la recepción. Los valores válidos son: 4, 5, 6, 7 u 8. *El valor por defecto es 7 bits*.

Es de importancia saber que **hay dos combinaciones de valores incompatibles**: *4 bits de datos sin paridad y 8 bits de datos con cualquier paridad*.

stop es una expresión literal entera que devuelve un número de archivo válido e indica el número de bits de parada. Los valores válidos son 1 y 2. *Si se omite*, se usan 2 bits de stop para 75 bps y 110 bps y 1 bit de stop para el resto de velocidades de transmisión.

#numFich es un número entre 1 y el número máximo de ficheros abiertos permitido (como mucho, 255). Sólo se permite la apertura de un archivo a la vez. El número será válido mientras el archivo asociado a la comunicación permanezca abierto y, por tanto, podrá ser utilizado por cualquier sentencia de entrada/salida (E/S) de comunicaciones. Cualquier error producido al intentar establecer la asociación con el puerto de comunicaciones usando los parámetros de OPEN genera un mensaje «Nombre de archivo incorrecto» ; pero no indica cuál de los parámetros produjo el error.

LongReg es el tamaño del búfer, esto es, número máximo de bytes que pueden ser leídos del mismo. El valor por defecto cuando se utilizan GET o PUT es de 128 bytes.

Los demás parámetros (RS, CS, DS, CD, LF y PE) afectan a las señales de las líneas del puerto de comunicaciones:

✓ RS Suprime la detección de petición de envío, denotada comúnmente como RTS (*Request to Send*).

✓ CS[*n*] Define el tiempo de espera (*en milisegundos*) en la línea CTS (*Clear To Send*).

✓ DS[*n*] Define el tiempo de espera (*en milisegundos*) en la línea DSR (*Data Set Ready*).

✓ CD[*n*] Define el tiempo de espera (*en milisegundos*) en la línea DCD (*Data Carrier Detect).*

✓ LF Envía carácter de salto de línea tras un retorno de carro.

✓ PE Conecta el chequeo de paridad.

Los valores de tiempo de espera (*n*) antes de producirse un error de timeout (*tiempo de espera excedido*) en el dispositivo pueden variar de 0 a 65535. Los valores por defecto son: CS1000, DS1000, y CD0. Si se especifica RS, entonces el valor por defecto es CS0; y si se omite *n*, el tiempo de espera se establece en 0.

Ejemplos:

10 OPEN "COM1:" AS 1

Abre el archivo 1 y lo asocia al puerto de comunicaciones COM1 usando los valores por defecto: 300 bps, paridad par, 7 bits de datos, y 1 bit de stop.

20 OPEN "COM2:2400,N,8" AS #2

Abre el archivo 2 y lo asocia al puerto COM2 para comunicaciones de E/S asíncronas a 2400 bits/segundo, sin chequeo de paridad.

Véase también:

OPEN y CLOSE.

OPTION BASE

Sintaxis:

```
OPTION BASE n
```

Descripción:

Esta sentencia establece el límite inferior predeterminado para los subíndices de las matrices (también llamados *arrays* o *arreglos)*.

Información adicional:

n es 0 ó 1. El *valor por defecto* es 0.

El *índice* de una matriz *no puede ser nunca negativo*.

En caso de utilizarla, la sentencia OPTION BASE debe aparecer antes de definir o usar los arrays; si no es así, se producirá un error en la línea de la sentencia OPTION BASE (posiblemente, indicando que se ha intentado duplicar la definición del arreglo).

OPTION BASE puede ejecutarse una única vez en cada programa independiente.

Ejemplo:

```
10 OPTION BASE 1
30 A(0)=1

RUN
Indice fuera de rango en 30
```

El programa anterior produce un error debido a que a partir del instante de la definición de OPTION BASE en la línea 10, los índices de los arrays deben comenzar en 1.

```
10 A(1)=1
20 OPTION BASE 1
RUN
Definición duplicada en 20
```

El error de definición duplicada de la línea 20 se debe a que el límite inferior de los índices ya ha sido determinada de forma implícita en la línea 10. (En la línea 20, OPTION BASE 0 no habría dado error por ser el valor por defecto de definición de índices y la primera aparición de la sentencia en el programa).

```
10 A$(0)="CERO"
30 A$[1]="UNO"
40 PRINT A$(0);" + ";A$(1);
50 ERASE A$
60 OPTION BASE 1
70 B$(1)="UNO"
80 PRINT " = ";B$(1)
RUN
CERO + UNO = UNO
Ok
```

Sin la línea 50 se generaría el error «Definición duplicada en 60».

Véase también:

DIM.

OUT

Sintaxis:

OUT *puerto, dato*

Descripción:

Esta sentencia envía un byte a un puerto hardware de E/S.

Información adicional:

puerto es una expresión entera en el rango, de 0 a 65535 que *identifica el puerto*.

dato es una expresión numérica entera en el rango, de 0 a 255 que será enviada al puerto; esto es, *el dato*.

INP es la *función pareja de OUT*, que la complementa.

Ejemplo:

```
10 X%=INP(&H3FC) 'Lee el MCR de COM1
20 OUT &H3FC, (X% XOR 1) 'Cambia bit DTR
```

La línea 10 lee el registro de control del módem (MCR o Modem Control Register) del puerto de comunicaciones COM1 de la máquina, el cual tiene de dirección base en hexadecimal: 0x3F8. El registro se encuentra a un desplazamiento de 4 unidades de la dirección base (esto es, 0x3F8+0x4=0x3FC) y es almacenado en la variable entera X%. La línea 20 cambia el bit 0 del registro del control del módem, que corresponde a Data Terminal Ready.

Véase también:

INP.

PAINT

Sintaxis:

PAINT (x,y)[,[color|patrón]][,borde][,fondo]]

Descripción:

Esta sentencia permite rellenar un área gráfica con el *color* o el patrón de diseño (uno de los dos) especificado.

Información adicional:

(x,y) son las coordenadas de pantalla donde se inicia el relleno.

color es el atributo que *establece el color de relleno*. Si se omite, se usará el color de primer plano por defecto (3 ó 1). Es *una fórmula numérica* debe proporcionar el valor de un color válido.

patrón es una *fórmula de cadena* que *define el enlosado* mediante una máscara de 8 bits de ancho y de 1 a 64 bytes de longitud, generalmente creada mediante el *esquema*:

patrón= CHR$(a1)+CHR$(a1)+...+CHR$(an)

donde los argumentos de CHR$ son números entre 0 y 255, y la forma binaria de cada uno de ellos constituye el diseño.

Cada byte de la fórmula *enmascara 8 bits (píxeles)* en el eje X. Cada uno de ellos será rotado según convenga para *quedar alineado* desde el punto de vista del eje Y mediante la *fórmula*:

máscara_byte_enlosado= y MOD long_enlosado

donde:

✓ MOD es la *operación módulo* de una división.

✓ y es la *posición del cursor* en el eje Y de la pantalla gráfica.

✓ *Long_enlosado* es la *longitud en bytes de la cadena de enlosado* definida por el usuario.

El patrón de relleno se replicará de forma uniforme por toda la pantalla.

borde es el atributo que *especifica el color de los bordes del área de relleno*. PAINT rellena el área hasta encontrar un borde de este color. Si se omite, el valor por defecto es el especificado en el parámetro *color*. Véase más información en las sentencias COLOR y PALETTE.

fondo es una *fórmula de cadena* que devuelve un único carácter que especifica el patrón o *byte de color de fondo (8 bits) a ignorar* cuando se exploran los límites de finalización del relleno. Si se omite, el *valor por defecto* es CHR$(0).

PAINT debe comenzar a pintar en un punto distinto al borde para que tenga algún efecto. Si los gráficos son tan complejos que agotan la memoria disponible, se producirá el mensaje de error «No hay más memoria». La sentencia CLEAR puede incrementar el tamaño de memoria disponible. Los puntos especificados fuera de los límites de la pantalla no producen ningún error (son ignorados).

Los atributos de color dependen del adaptador de gráficos y del modo de pantalla elegido mediante la sentencia SCREEN.

Ejemplo:

```
10 SCREEN 1
20 CIRCLE(106,100),75,1:'Círculo IZQUIERDO
30 CIRCLE(220,100),75,1:'Círculo DERECHO
40 CIRCLE(163,100),10,1:'Círculo CENTRAL
50 PAINT(163,100),3,1:'RELLENO CENTRAL(BLANCO)
60 PAINT(106,100),CHR$(74),1:'Patrón IZQUIERDO
```

```
70 PAINT(160,80),CHR$(7),1:'Patrón DERECHO
75 'Patrón intersección de círculos DER. e IZQ.
80 PAINT(220,100),CHR$(74)+CHR$(165),1
90 END
100 SCREEN 0:WIDTH 80 'Modo texto de 80 columnas
```

La línea 100 sólo está por comodidad. Al ejecutarla (RUN 100) se restablece la pantalla en modo texto de 80 columnas El resultado de la ejecución del programa se puede ver en la siguiente imagen:

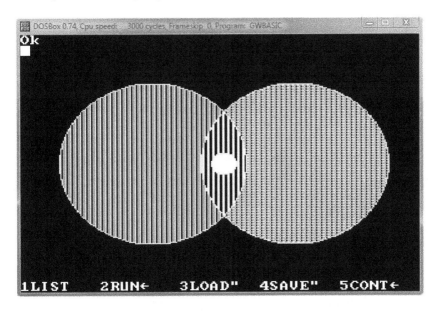

Véase también:

ASC, CHR$, CIRCLE, DRAW, LINE, SCREEN y PALETTE.

PALETTE
PALETTE USING

Sintaxis:

PALETTE [*atributo, color*]
PALETTE USING id_matriz (*índice_array*)

Descripción:

Estas sentencias permiten cambiar uno o más colores de la paleta activa en el modo de pantalla actual.

Información adicional:

atributo es un entero que especifica el atributo de color que será cambiado.

color es un entero que identifica el color que se asignará al atributo.

id_matriz es un array de valores de color que se asignará al juego de atributos activo en el modo de pantalla actual. El número de elementos del arreglo debe ser suficiente para cubrir los colores de todos los atributos.

índice_array es el índice del array que corresponde al primer elemento de la matriz que será asignado a un atributo.

PALETTE y PALETTE USING requieren de un adaptador gráfico EGA, VGA o MCGA. Los atributos y valores de color dependen de éste y del modo de pantalla actual determinado por la sentencia SCREEN. Cada paleta está formada por un conjunto de colores, cada uno de los cuales consta de un atributo. Cada atributo tiene asociado un color en el dispositivo de visualización actual, que será el que se verá en la pantalla. Cualquier cambio de uno de estos colores, se plasma inmediatamente en pantalla, ya que PALETTE sólo asocia los atributos con los colores actuales y las sentencias gráficas que usan argumentos de color, hacen referencia a sus atributos, no a los colores actuales.

El rango de los atributos y colores varía, dependiendo del modo de pantalla, del adaptador de gráficos y del monitor utilizado:

SCREEN (Rangos de Color y Atributos)

Modo	Monitor	Adaptador	Atributo	Color
0	Monocromo	MDPA	NA	NA
	Monocromo	EGA	0-15	0-2
	Color	CGA	NA	0-31(a)
	Color/M(d)	EGA	0-31(a)	0-15
1	Color	CGA	NA	0-3
	Color/M(d)	EGA	0-3	0-15
2	Color	CGA	NA	0-1
	Color/M(d)	EGA	0-1	0-15
7	Color/M(d)	EGA	0-15	0-15
8	Color/M(d)	EGA	0-15	0-15
9	Mejorado(d)	EGA(b)	0-15	0-15
	Mejorado(d)	EGA(c)	0-15	0-63
10	Monocromo	EGA	0-3	0-8

NA= No aplicable
CGA= Adaptador de gráficos a color de IBM.
EGA= Adaptador de gráficos mejorado de IBM.
MDPA= Adaptador para monitor monocromo e impresora IBM.

(a) Los atributos 16-31 son los colores 0-15 parpadeantes.
(b) EGA con memoria de 64K.
(c) EGA con memoria de más de 64K.
(d) Monitor a color mejorado de IBM.

Ejemplo:

```
10 PALETTE 0, 1
20 SCREEN 1:DIM A%(4)
30 FOR I = 0 TO 3: A%(I) = I: NEXT I
40 LINE (25, 45)-(165, 120), 3, BF
50 LINE (65, 65)-(205, 140), 2, BF
60 CIRCLE (100, 100), 20, 3
70 PAINT (100, 100), 3, 3
80 GOSUB 1000:REM Esperar pulsación tecla
90 REM COMIENZAN LOS CAMBIOS
100 A%(2)=A%(1):A%(3)=A%(3)+5
110 PALETTE USING A%(0)
120 GOSUB 1000:REM Esperar pulsación tecla
130 PALETTE
140 GOSUB 1000:REM Esperar pulsación tecla
150 SCREEN 0: WIDTH 80 'Modo texto (80 columnas)
160 END
1000 REM ESPERAR PULSACION DE UNA TECLA
1010 A$=INKEY$:IF A$="" THEN 1010 ELSE RETURN
```

El programa anterior dibuja dos rectángulos y un círculo rellenos, respectivamente, de color blanco, magenta y blanco. Pulsar una tecla cambia la paleta en las líneas 100 y 110. Al ejecutar la sentencia PALETTE USING de esta última línea, el magenta se vuelve azul y el blanco gris. Pulsar de nuevo una tecla, restablece la paleta a sus colores originales mediante la sentencia PALETTE de la línea 130. Otra pulsación de tecla finaliza el programa en modo texto de 80 columnas.

Véase también:

COLOR y SCREEN.

PCOPY

Sintaxis:

PCOPY *PFuente, PDestino*

Descripción:

Este comando copia una página de memoria de vídeo en otra. Funciona en todos los modos de pantalla.

Información adicional:

PFuente es una expresión entera que indica el número de la página de la memoria de video que será copiada.

PDestino es una expresión entera que indica el número de la página de la memoria de video en la que será copiada.

El número de la página de memoria está limitado por el modo de pantalla seleccionado (sentencia SCREEN), el tamaño de la memoria de vídeo y el tamaño por página asociado a dicho modo.

Ejemplo:

PCOPY 2,3

Copia el contenido de la página 2, en la página 3.

Véase también:

CLEAR y SCREEN.

PEEK

Sintaxis:

PEEK(*dirección*)

Descripción:

Esta función *devuelve* los **8** bits (*byte*) almacenados en la posición especificada de la memoria.

Información adicional:

dirección es un número entre **0** y **65535** que *determina la posición relativa (en bytes) a la dirección del segmento actual*, previamente establecida mediante la sentencia DEF SEG.

PEEK es la *función pareja de POKE*, que la complementa.

Ejemplo:

```
10 DEF SEG=0: STPREV%=32767
20 ST%=PEEK(&H417) 'Estado del teclado
30 IF ST%=STPREV% THEN 60
40 STPREV%=ST% 'Recoge último estado
50 PRINT "Estado del teclado (. Finaliza)= ";ST%
60 A$=INKEY$:IF A$="." THEN END ELSE 20

RUN
Estado del teclado (. Finaliza)=  32
Estado del teclado (. Finaliza)=  0
Estado del teclado (. Finaliza)=  64
Estado del teclado (. Finaliza)=  0
Estado del teclado (. Finaliza)=  16
Estado del teclado (. Finaliza)=  0
```

```
Estado del teclado (. Finaliza)=  64
Estado del teclado (. Finaliza)=  96
Estado del teclado (. Finaliza)=  112
Ok
```

El programa anterior la línea 20 chequea continuamente el estado del teclado. Cuando la siguiente línea verifica que ha cambiado, muestra en forma de byte (línea 50) dicha información (esto es, si cada tecla Bloq Num, Bloq Mayús o Scroll Lock está o no activada). La línea 60 finaliza el programa cuando se pulsa el carácter punto o redirige el flujo de ejecución a la línea 20 para repetir el proceso. La variable STPREV% controla que sólo se muestre el estado del teclado cuando cambie.

Véase también:

DEF SEG, POKE, BLOAD, BSAVE, CALL y USR.

PEN

Sintaxis:

Como *sentencia*:

```
PEN ON
PEN OFF
PEN STOP
ON PEN GOSUB númLínea
```

Como *función*:

```
x=PEN(n)
```

Descripción:

Permite *controlar un lápiz óptico* (fotosensible). Según su forma de uso, se comporta como una *sentencia* o como una *función*.

Información adicional:

PEN ON *activa la captura de eventos* producidos por el lápiz.

PEN OFF *desactiva la captura de eventos* producidos por el lápiz.

PEN STOP *suspende la captura de eventos* producidos por el lápiz óptico; pero recuerda el último evento producido en el dispositivo, mientras aún estaba PEN ON en ejecución.

El valor por defecto de PEN es OFF. Su activación consume recursos del sistema, por lo que conviene mantenerla desactivada mientras el uso del lápiz óptico sea innecesario; esto mejora la velocidad de ejecución de los programas.

El uso de PEN como *función* requiere la activación previa de la captura de eventos del dispositivo mediante PEN ON. Si no se hace de esta manera, es altamente probable que se produzca el error: «Llamada a función no válida».

Como *función*, x=PEN(n) devuelve un valor (que se almacena en la variable situada delante del símbolo igual, x), cuyo significado depende del *parámetro n*, a saber:

✓ (*n=0*): Si se *ha utilizado* el lápiz óptico desde la última llamada devuelve -1, si no 0.

✓ (n=1): Devuelve la *coordenada x* del píxel de la pantalla que ha tocado el lápiz óptico. El rango típico es: de 0 a 319 usando resolución media y de 0 a 639 en alta resolución.

✓ (*n=2*): Devuelve la *coordenada y* del píxel de la pantalla que ha tocado el lápiz óptico. El rango típico es: de 0 a 199.

✓ (*n=3*): Devuelve el *estado actual* de cambio en el lápiz: -1 si hacia abajo, 0 si hacia arriba.

✓ (*n=4*): Devuelve *última la coordenada válida conocida x* del píxel donde el lápiz óptico dejó de estar en contacto con la pantalla.

✓ (*n=5*): Devuelve *última la coordenada válida conocida y* del último píxel donde el lápiz óptico dejó de estar en contacto con la pantalla.

✓ (*n=6*): Devuelve la *posición de la fila* de caracteres donde se produjo el último contacto del lápiz con la pantalla. El rango está entre 1 y 24.

✓ (*n=7*): Devuelve la *posición de la columna* de caracteres donde se produjo el último contacto del lápiz óptico con la pantalla. El rango está entre 1 y 40 ó entre 1 y 80, según la resolución del ancho de pantalla.

✓ (**n=8**): Devuelve la *última posición conocida de la fila* de caracteres donde el lápiz óptico rompió el contacto con la pantalla.

✓ (**n=9**): Devuelve la *última posición conocida de la columna* de caracteres donde el lápiz óptico rompió el contacto con la pantalla.

Ejemplo:

```
10 PEN ON
20 CLS
30 P=PEN(3)
40 LOCATE 1,1:PRINT "PULSE F o f PARA FINALIZAR"
50 LOCATE 3,1: PRINT "Posición del lápiz óptico"
60 LOCATE 5,1: PRINT "Lápiz óptico hacia ";
70 IF P THEN PRINT "ABAJO." ELSE PRINT "ARRIBA."
80 PRINT "X=";PEN(4),"Y=";PEN(5)
90 A$=INKEY$:IF A$="F" OR A$="f" THEN 100 ELSE 30
100 PEN OFF
```

En el programa anterior, la línea 10 activa la captura de eventos del lápiz óptico; la línea 30 recoge si el dispositivo se ha movido hacia arriba o hacia abajo (nótese que cualquier valor distinto de cero se considera verdadero, en particular, -1 es VERDADERO); la línea 80 muestra la última posición de coordenadas de pantalla conocida en la que el lápiz óptico dejó de estar en contacto con la pantalla; la línea 100 desactiva la captura de eventos del lápiz fotosensible.

Véase también:

ON PEN y SCREEN.

PLAY

Sintaxis:

Como *sentencia*: PLAY `cadMacro$`

Como *función*: PLAY(`x`)

Descripción:

Como *sentencia*, permite *tocar música* cuyas notas se encuentran inmersas en una cadena con un formato especial en un *lenguaje de macros musical*.

Como *función*, devuelve el *número de notas* que actualmente se encuentran en segundo plano en la cola musical. Si la música está configurada para reproducirse en primer plano, devuelve 0.

Información adicional:

`x` es un argumento ilusorio que puede tener cualquier valor.

`cadMacro$` es una expresión de cadena *formada por un lenguaje de macros musical* compuesto por comandos adosados de un único carácter precedido o pospuesto por un argumento (o no).

Estos **comandos** son:

✓ **A-G [#,+,-]** Las *notas musicales Do-Si* en la octava actual se representan por las letras **CDEFGAB**. Una nota seguida del carácter *sostenido* (**#**) ó *más* (**+**) eleva la nota a **sostenida**; seguida del carácter *menos* (**-**) baja la nota a **bemol**.

✓ **. (período)** Un punto *tras una nota incrementa* su *tiempo de duración* en 3/2 el período de permanencia del sonido definido con los comandos **L** y **T**. Puede haber varios puntos; cada uno de ellos, incrementa la duración previa en 3/2; esto es, en un total de 9/4 si dos puntos (..), 27/4 si tres puntos (...), etc. Un punto *tras el comando P (pausa)* incrementa la pausa de forma similar.

✓ **Ln** establece la *duración de cada nota*. El valor de *n* está entre 1 y 64. *L1* es ***redonda*** (una *nota completa*), *L2* es ***blanca*** (*media nota*), etc. Si una nota tiene como sufijo un número, éste se tomará como la duración de la nota; esto es, *B12* *equivale a L12B.*

✓ **MF** toca la *música en primer plano*. Una nota no comienza a reproducirse hasta que haya finalizado la nota (sentencia PLAY) o el sonido (sentencia SOUND) anterior.

✓ **MB** toca la *música en segundo plano* (de fondo). Un búfer de *un máximo de 32 notas* permite que continúe la ejecución del programa en GW-BASIC mientras reproduce las notas o sonidos en segundo plano.

✓ **MN** toca *música normal*. Cada nota se reproduce a 7/8 de la duración especificada en el comando L.

✓ **ML** toca *música legato*. Cada nota se reproduce el tiempo completo especificado en el comando L.

✓ **MS** toca *música staccato*. Cada nota se reproduce a 3/4 de la duración especificada en el comando L.

✓ **Nn** toca la *nota especificada* (rango, de 1 a 84). Las 84 notas están distribuidas en 7 octavas. Si *n* toma el valor 0, indica una pausa.

✓ **On** *define la octava* a utilizar. Existen 7 octavas numeradas de 0 a 6; 0 indica la octava actual. El valor por defecto es 4 (en C medio comienza en la octava 3).

✓ **P***n* establece una *pausa* entre 1 y 64, donde **P1** es la **pausa de** una **redonda**, **P2** la **de** una **blanca**, etc.

✓ **P***n* establece el *tempo* en negras (L4) por minuto. Del rango, de 32 a 255, el valor por defecto es 120.

✓ **X***cadcmd$;* ejecuta una subcadena donde *cadcmd$* es una variable asignada a una cadena que contiene comandos en el lenguaje de macros musical del comando PLAY. El *formato* a seguir es: **PLAY "X" + VARPTR$(***cadcmd$***)**.

✓ **>***n sube una octava* la nota especificada.

✓ **<***n baja una octava* la nota especificada.

El **parámetro n** puede ser una *constante* o una *variable*. Si se da el último caso, debe ir precedida del símbolo igual (=) y rematada por un símbolo punto y coma (;).

Ejemplos:

```
10 E$="CDEFGAB":REM Escala completa
20 PLAY "MBL8"
30 I%=0
40 WHILE I%<7
50 IF I% MOD 2 THEN PLAY "O=I%;":GOTO 70
60 PLAY "O"+STR$(I%):'Equivale a línea previa
70 PLAY "X"+VARPTR$(E$)
80 X=PLAY(0)
90 IF X THEN PRINT "NOTAS EN EL BUFFER: ";X
100 I%=I%+1
110 WEND
RUN
NOTAS EN EL BUFFER: 6
```

```
NOTAS EN EL BUFFER: 13
NOTAS EN EL BUFFER: 15
NOTAS EN EL BUFFER: 15
NOTAS EN EL BUFFER: 16
NOTAS EN EL BUFFER: 16
NOTAS EN EL BUFFER: 17
```

El programa anterior toca la escala musical recorriendo 7 octavas diferentes. La línea 20 establece la duración de cada nota (L8) y toma la decisión de tocar la música en segundo plano (MB). En cada pasada por el bucle cambia la octava: en las pares lo hace la línea 50 y en las impares la línea 60 (ambas formas son válidas). En la línea 80 se averigua cuántas notas quedan pendientes en el búfer y en la 90 se muestra ese dato.

Véase también:

BEEP, SOUND y VARPTR$.

PMAP

Sintaxis:

```
z=PMAP (coordenadaInicio, función)
```

Descripción:

Esta función sirve para establecer una equivalencia entre las coordenadas de una ventana lógica y las de una ventana física.

Información adicional:

z es el valor aproximado de la coordenada pedida.

coordenadaInicio es una *variable numérica* o *expresión numérica* que indica la *coordenada* (X ó Y dependiendo del valor del segundo argumento de PMAP) de la *ventana lógica* o del *marco de visualización*.

función es un valor que define la coordenada que se desea obtener. Puede ser 0, 1, 2 ó 3:

✓ Si es **0**: z indica la ***coordenada física X*** correspondiente a la ***coordenada lógica X*** de *coordenadaInicio*.

✓ Si es **1**: z indica la ***coordenada física Y*** correspondiente a la ***coordenada lógica Y*** de *coordenadaInicio*.

✓ Si es **2**: z indica la ***coordenada lógica X*** correspondiente a la ***coordenada física X*** de *coordenadaInicio*.

✓ Si es **3**: z indica la ***coordenada lógica Y*** correspondiente a la ***coordenada física Y*** de *coordenadaInicio*.

Todos estos valores dependen de la definición de ventana que se hizo en alguna de las sentencias: WINDOW o VIEW.

PMAP es sólo válido para modos gráficos.

Ejemplos:

```
10 SCREEN 1
20 FOR V = 80 TO 100 STEP 20
30 WINDOW SCREEN (0, 0)-(V, V)
40 PRINT "Definida ventana de "; V; "x"; V;":"
50 PRINT
60 M = V/2: X=PMAP(M,0): Y=PMAP(M,1)
70 PRINT "X lógica=";M;", X física=";X
80 PRINT "Y lógica=";M;", Y física=";Y
90 PRINT "X física=";X;", X lógica=";PMAP(X,2)
100 PRINT "Y física=";Y;", Y lógica=";PMAP(Y,3)
110 PRINT
120 NEXT V
130 PRINT "Pulse una tecla para finalizar..."
140 A$=INKEY$:IF A$="" THEN 140
150 SCREEN 0:WIDTH 80 'Modo texto de 80 columnas
```

El programa anterior determina un modo gráfico de 320x200 píxeles en la línea 10. Posteriormente, define dos ventanas: una de 80x80 y otra de 100x100, calculando en cada una de ellas las coordenadas del punto central y mostrando la correspondencia entre ventana lógica y física.

Véase también:

POINT, WINDOW y VIEW.

POINT

Sintaxis:

```
POINT(x,y)
POINT(tipof)
```

Descripción:

Esta función genera distinta información según la nomenclatura utilizada. La notación de arriba permite obtener el atributo de color del píxel especificado en el argumento y la de abajo, proporciona las coordenadas actuales del cursor de gráficos.

Información adicional:

(x,y) son las coordenadas del píxel del cual POINT va a obtener información sobre sus atributos de color. Si las coordenadas no corresponden a la ventana actual, se devuelve el valor -1.

tipof determina el tipo de coordenadas que se desea obtener:

✓ Si es **0**: devuelve la *coordenada física* **X actual** del marco de visualización.

✓ Si es **1**: devuelve la *coordenada física* **Y actual** del marco de visualización.

✓ Si es **2**: devuelve la *coordenada lógica* **X actual** de la ventana activa. Si la sentencia WINDOW (u otra capaz) no ha definido una ventana *activa*, equivale a *tipof=0*).

✓ Si es **3**: devuelve la *coordenada lógica* **Y actual** de la ventana activa. Si la sentencia WINDOW (u otra capaz) no ha definido una ventana *activa*, equivale a *tipof=1*).

La función POINT *requiere un adaptador de gráficos*. Para obtener más información sobre colores y atributos válidos, consúltense las sentencias COLOR y PALETTE.

Ejemplos:

```
10 SCREEN 1
20 C = 2
30 LINE (0,0)-(5,5), C-1
40 LINE -(5,12), C+1
50 LINE -(10,12), C+1
60 LINE (10,11)-(10,0), C
70 GOSUB 1000
80 LOCATE 18,1
90 PRINT "Borrando puntos..."
100 FOR I = 0 TO 12
110 FOR J = 1 TO 300: NEXT J
120 IF POINT(10, I)= C THEN PRESET (10, I)
130 GOSUB 1000
140 NEXT
150 LOCATE 21,1
160 PRINT "Pulse una tecla para finalizar..."
170 A$=INKEY$:IF A$=""THEN 170
180 SCREEN 0:WIDTH 80 'Modo texto 80 columnas
190 END
1000 REM Visualizar información del gráfico
1010 LOCATE 5,1
1020 FOR Y = 1 TO 12
1030 FOR X = 1 TO 12
1040 PRINT POINT(X, Y);
1050 NEXT X
1060 PRINT
```

```
1070 NEXT Y
1080 RETURN
```

El programa anterior dibuja un gráfico y borra parte del mismo, mostrando en todo momento el color de cada píxel en juego.

Véase también:

COLOR, PALETTE, PMAP, SCREEN, WINDOW y VIEW.

POKE

Sintaxis:

```
POKE dirección,byte
```

Descripción:

Esta sentencia permite *escribir un byte* (**8** bits) en una posición específica de la memoria.

Información adicional:

`dirección` es un byte que *indica la posición relativa* a la dirección del segmento actual, previamente establecida mediante la sentencia `DEF SEG`. Su rango varía entre **0** y **65535**.

`byte` es el valor de **8** bits (un *byte*) que *va a ser escrito* en la dirección de memoria determinada por el parámetro `dirección`. Su rango: entre **0** y **255**.

Su *función complementaria es* `PEEK`, que permite leer un byte de una posición de memoria específica.

`PEEK` y `POKE` *se utilizan principalmente* para cargar rutinas en lenguaje ensamblador, pasar los argumentos necesarios y recoger los resultados devueltos por dichas rutinas. También permiten un almacenamiento de datos eficiente y la realización de funciones difíciles de hacer de otra manera, como la programación de dispositivos, como el teclado de un ordenador.

Ejemplo:

```
10 DEF SEG=0
20 E%=PEEK(&H417) 'Estado del teclado
30 POKE &H417,(E% XOR &H60)'bits 5(BN) y 6(BM)
```

El programa anterior, cambia el estado de las teclas Bloq Num *y* Bloq Mayús. *Los bits que controlan esta función son el 5 y el 6, respectivamente (el bit 4 lo mantenemos a cero, pues controla la tecla* Scroll Lock*). La línea 30 se encarga de hacer el trabajo, escribiendo un valor en la dirección correspondiente a la palabra de control del teclado(&H417). Téngase en cuenta que:*

El binario 0001 0000 (bit 4 activado) es el hexadecimal H10.
El binario 0010 0000 (bit 5 activado) es el hexadecimal H20.
El binario 0100 0000 (bit 6 activado) es el hexadecimal H40.
El binario 0110 0000 (bits 5 y 6 activados) es el hexadecimal H60, pues 4(=0100b)+2(=0010b)=6(=0110b).

La operación lógica XOR (OR exclusiva) permite cambiar de 1 a 0 ó de 0 a 1 los bits que queramos con sólo poner a 1 cada uno de los bits deseados en uno de los operandos .

Nota: *En la máquina virtual* **VirtualBox de Oracle** *funciona bien, pero es muy posible que en* **DOSBox** *no haga lo esperado.*

Véase también:

DEF SEG, PEEK, BLOAD, BSAVE, CALL y USR.

POS

Sintaxis:

POS(*x*)

Descripción:

Esta función devuelve la posición de la columna actual del cursor.

Información adicional:

x es una expresión cualquiera (no se utiliza, pero *debe estar*).

Las posiciones comienzan a numerarse por 1, por lo que *la posición de más a la izquierda es 1*.

Ejemplo:

```
10 CLS: P=POS(X)
20 PRINT "Esquina superior izquierda:";P
30 PRINT
40 PRINT ".........1.........2.........3.
50 PRINT "12345678901234567890123456789 01
60 PRINT "Nro de letras de esta frase:";POS(0)-1
70 PRINT "Ahora la columna es:";POS(X)

RUN
Esquina superior izquierda: 1

.........1.........2.........3.
12345678901234567890123456789 01
Nro de letras de esta frase: 28
Ahora la columna es: 21
```

Véase también:

LOCATE y CSRLIN.

PRESET y PSET

Sintaxis:

PRESET [STEP] (x,y) [,color]
PSET [STEP] (x,y) [,color]

Descripción:

Estas sentencias se usan en modo gráfico para activar o desactivar un píxel de la pantalla.

Información adicional:

STEP si aparece, especifica que las *coordenadas son relativas* a la posición actual del cursor gráfico.

color es el color del píxel.

(x,y) son las *coordenadas (absolutas o relativas) del píxel*. Un valor fuera del rango: de -32768 a 32767, provocará un error de desbordamiento. En media y alta resolución, la esquina superior izquierda es (0,0) y la esquina inferior izquierda es (0,199).

Las *coordenadas absolutas* se refieren directamente a la posición del píxel en la ventana.

Las *coordenadas relativas* determinan un desplazamiento desde la última posición del cursor en la ventana de gráficos.

Los *atributos de color dependen* del adaptador gráfico y del modo de pantalla. Las sentencias COLOR y PALETTE proporcionan más información.

Las *coordenadas dependen* del adaptador gráfico, del modo de pantalla y de la última definición de ventana efectuadas por una sentencia WINDOW o VIEW.

Ejemplos:

```
10 CLS
20 SCREEN 1
30 FOR I% = 0 TO 220 STEP 6
40 PRESET (I% + 13* COS(I%), 100 + 13* SIN(I%))
50 FOR J = 0 TO 12
60 PSET STEP(6, 0)
70 NEXT J
80 NEXT I%
90 END
100 SCREEN 0:WIDTH 80 'Modo texto de 80 columnas
```

El programa anterior dibuja una onda 3D. La línea 40 posiciona el cursor para que las siguientes tres líneas dibujen en el lugar adecuado una recta de puntos. En la siguiente imagen se puede ver la salida del programa:

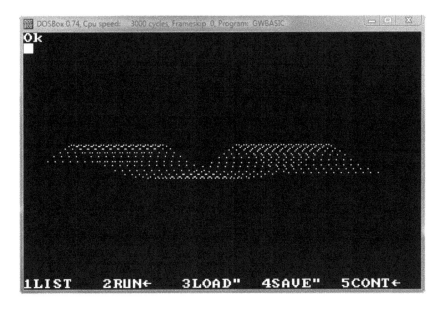

Véase también:

COLOR, PALETTE, PMAP, POINT, SCREEN, WINDOW y VIEW.

PRINT

Sintaxis:

```
PRINT [ListaExpresiones][{;|,}]
? [ListaExpresiones][{;|,}]
```

Descripción:

Esta sentencia permite mostrar datos en la pantalla.

Información adicional:

ListaExpresiones Si se omite, la salida por pantalla será una línea en blanco; en caso contrario, se muestran las *expresiones numéricas o de cadena* que contenga. Las *cadenas* deben ir, como es habitual, entre comillas dobles. Todo lo que haya en su interior se muestra tal cual se ponga; los *números literales* se adecúan para aproximarse lo más posible al valor deseado; sin embargo, las *expresiones numéricas* siempre se evalúan previamente, generando un resultado que se muestra por pantalla.

{;|,} Si se omite, se introduce un retorno de carro al final de la línea; esto es, el cursor se coloca al principio de la línea siguiente. En caso contrario, el cursor permanece en la misma línea, pero si se utiliza el *punto y coma* (;) el cursor se coloca inmediatamente tras el último valor impreso, mientras que una *coma* (,) provoca el posicionamiento del cursor al inicio de la siguiente zona de impresión (*cada zona de impresión consta de 14 caracteres*).

Las dos nomenclaturas son equivalentes y podrán utilizarse indistintamente dentro del editor de GW-BASIC, pero si forma parte de una línea del programa, la interrogación será transformada automáticamente a su equivalente (PRINT) y esta acepción será la que aparecerá en el listado del programa.

El número máximo de caracteres por línea definidos por la sentencia WIDTH influye (como es lógico) en la salida. *Cuando se llega al número máximo de caracteres impresos* se introduce de forma automática un *retorno de carro/cambio de línea*. Esto puede provocar en la salida una línea en blanco entre dos cadenas de exactamente el ancho de columna (40 u 80) si la sentencia PRINT no se ha finalizado con el terminador punto y coma (;).

Los números van a ir precedidos por un espacio si son positivos y por el signo menos si son negativos. Si el número precisa de una conversión por ser muy grande, se produce un redondeo.

En ocasiones es de gran ayuda el uso de funciones de apoyo, como STRING$, CHR$, SPC o TAB para mejorar el formato de la salida o imprimir caracteres poco comunes.

Las sentencias LPRINT y LPRINT USING hacen lo mismo que PRINT y PRINT USING, solo que envían la salida a la impresora.

Ejemplos:

```
PRINT 3.1234567890123456
 3.123456789012346

? -3.1234567890123456
-3.123456789012346

10 COMLL$=CHR$(34): N=23.85
20 PRINT " Sin comillas";SPC(3);"."
30 PRINT COMLL$"Entrecomillado";COMLL$;"."
40 PRINT N,N+.1,(-1)*(N+.15)

RUN
```

```
 Sin comillas    .
"Entrecomillado".
 23.85           23.95          −24
Ok
```

Véase también:

PRINT USING, PRINT# y PRINT# USING.

PRINT USING

Sintaxis:

```
PRINT USING CadFormat$;ListExpr][{;|,}]
```

Descripción:

Esta sentencia permite mostrar datos en la pantalla con un formato específico.

Información adicional:

{;|,} Si se omite, se introduce un retorno de carro al final de la línea; esto es, el cursor se coloca al principio de la línea siguiente. En caso contrario, el cursor permanece en la misma línea.

ListExpr es una lista de una o más *cadenas y/o expresiones numéricas separadas por un punto y coma (o una coma)*, que constituyen los datos a ser impresos en pantalla modificados según las especificaciones de la cadena de formato.

CadFormat$ es una expresión de cadena que contiene uno o más especificadores de formato que serán aplicados a los datos que contiene la lista de expresiones:

Los usados para dar *formato* a los *campos de cadena* son:

- **&** (*ampersand*) imprime la cadena completa.

- **!** (*admiración*) imprime sólo el primer carácter de la cadena.

- **\   ** (*barras invertidas separadas por espacios*) imprime los primeros *n*+2 caracteres de la cadena, donde *n* es el número de espacios entre las barras.

Los usados para dar *formato* a los *campos numéricos* son:

- # (*sostenido*) se utiliza para *representar la posición de cada dígito*. Estas posiciones siempre se rellenan. Si la **parte entera del dato tiene más dígitos de los que indica el formato**, *se imprime la parte entera completa*, pero se precede del carácter **%**. Si la **parte entera del número tiene menos dígitos de lo esperado**, *se rellena con espacios a su izquierda*; si el **formato no incluye una parte decimal pero el dato sí**, se produce un *redondeo del número* en el que un decimal de 5 o mayor determina el redondeo hacia arriba y uno menor, hacia abajo. Si el **formato incluye parte decimal**, los *decimales del dato faltantes se sustituyen por ceros*, y en caso de haber más dígitos en el dato de los que indica el formato, el último dígito impreso será redondeado hacia arriba (si el dígito que no se va a poder mostrar es mayor o igual que 5) o bien hacia abajo (en caso contrario).

- **.** (*punto*) indica la *posición del punto decimal*.

- **,** (*coma*) si se ubica inmediatamente a la izquierda del punto decimal genera la *inclusión de una coma cada 3 dígitos* (de derecha a izquierda de la parte entera) *para separar los miles*.

- + (*más*) incluido al principio de la cadena de formato genera la *inclusión de un signo más* delante de un número positivo y *un signo menos* delante de uno negativo. Si se incluye al final producirá idéntico efecto, pero el signo aparecerá adosado a la derecha del número impreso. Usar al mismo tiempo las dos posibilidades es factible, pero no parece práctico.

- - (*menos*) incluido al final (al principio se trataría como un literal) *genera un signo menos a la derecha de los números negativos* impresos (sobre los positivos no tiene ningún efecto).

- ****** (*dos asteriscos*) ubicados al principio de la cadena de formato, provoca el *llenado de los espacios previos al número con asteriscos*. **Los dos asteriscos se cuentan como posiciones válidas para los dígitos del número**.

- **$$** (*dos símbolos de dólar*) situados al principio de la cadena de formato provoca la *inclusión de un símbolo $ delante de cada número*. **Los dos símbolos de dólar se cuentan como posiciones de dígitos válidas para el número. La forma exponencial es incompatible con este formato, así como la inclusión del signo menos** (salvo si se produce al final del número).

- ****$** (*dos asteriscos y un símbolo de dólar*) los tres símbolos *combinan los dos comandos previos*; así pues, genera el llenado de espacios a la izquierda del número con asteriscos e introduce un símbolo dólar inmediatamente delante de cada número. **Los tres símbolos denotan posiciones válidas para los dígitos del número**.

- **^^^^** (*cuatro símbolos de acento circunflejo*) colocados al final de la cadena de formato, denotan el deseo de m*ostrar los datos implicados en forma exponencial* y reservan espacio para la impresión del final del número (E-xx ó E+xx, donde xx se refiere al exponente). Es necesario el uso de caracteres # en la reserva de espacio para los dígitos (téngase en cuenta que el signo necesita un lugar). También se puede especificar la posición del punto decimal. La salida será ajustada haciendo los redondeos pertinentes.

- **_** (*guión bajo*) ubicado dentro de la cadena de formato permite escribir el carácter que se sitúe inmediatamente después de él como un literal.

Ejemplos:

```
10 P$="+123":N$="-456"
20 TP$="Positivo":TN$="Negativo"
30 PRINT USING " & (!) ";TP$;P$;TN$;N$
40 PRINT USING " \\&";P$;SPACE$(11);N$
50 PRINT USING " \ \&";P$;SPACE$(10);N$
60 PRINT USING " \   \&";P$;SPACE$(9);N$
```

*El programa anterior prueba los comandos disponibles para dar
formato a los campos de cadena. Su ejecución produce la siguiente
salida:*

```
RUN
 Positivo (+)  Negativo (-)
 +1            -4
 +12           -45
 +123          -456
Ok
```

```
10 P=12.35:N=-5.675:PL=1256.788
20 PRINT USING "#";P                ' %12
30 PRINT USING "##";P+.16           ' 13
40 PRINT USING "#";N                ' %-6
50 PRINT USING "##";N               ' -6
60 PRINT USING "##.#";P;N           ' 12.4-5.7
70 PRINT USING "##.#";.25           '  0.3
80 PRINT USING "##.##";-7.8;7.8 ' -7.8 7.80
90 PRINT USING "#####,.##";PL       '  1,256.79
100 PRINT USING "##.#";-1;1.2   ' -1.0 1.2
110 PRINT USING "+##.#";-1;1.2  '  -1.0 +1.2
120 PRINT USING "##.#+";-1;1.2  '  1.0- 1.2+
130 PRINT USING "##.#-";-1;1.2  '  1.0- 1.2
```

```
140 PRINT USING "**#.#";-1;1.2  ' *-1.0**1.2
150 PRINT USING "$$#.#";-1;1.2  ' -$1.0 $1.2
160 PRINT USING "**$#.#";-1;1.2 ' *-$1.0**$1.2
170 PRINT USING "###.##^^^^";PL '  12.57E+02
180 PRINT USING "+.###^^^^";734 ' +.734E+03
190 PRINT USING "-##%_!";87.95  ' ¡88%!
```

En el programa anterior se ha puesto la salida por pantalla de cada línea como un comentario. Se recorren prácticamente todos los comandos posibles para procesar los campos numéricos.

Véase también:

PRINT, LPRINT, LPRINT USING, PRINT# y PRINT# USING.

PRINT# y PRINT# USING

Sintaxis:

PRINT#*numFich*,[USING *CadFormat$*;]*ListExpr*][{;|,}]

Descripción:

Esta sentencia permite enviar datos a un archivo con un formato específico.

Información adicional:

{;|,} *Si se omite*, se introduce un *retorno de carro al final* de la línea; esto es, el cursor se coloca al principio de la línea siguiente; *en caso contrario*, el *cursor permanece en la misma línea*.

numFich es el *número asociado al archivo* en su apertura.

CadFormat$ es una expresión de cadena que *contiene uno o más especificadores de formato* que serán aplicados a los datos que contiene la lista de expresiones. Véase la sentencia PRINT USING para más detalles.

ListExpr es una lista de una o más *expresiones numéricas o de cadena* separadas por un punto y coma —o una coma, incluso nada (si no hay conflictos entre campos adyacentes)—, que constituyen los datos a ser mandados al archivo (previamente modificados según las especificaciones de la cadena de formato). Si el separador es la coma, cada dato utiliza una zona de impresión de catorce caracteres (**14** columnas).

El valor por defecto de los **campos numéricos** *con variables sin asignar es* **0**.

Cualquier expresión entre *dos comillas dobles consecutivas* se considera un **campo de cadena**.

La función CHR$ permite la impresión de caracteres ASCII —lo cual es útil si se requiere imprimir comillas dobles (código 34)—.

La sentencia PRINT# guarda los datos en el archivo tal cual saldrían por la pantalla, sin ningún tipo de compresión. Es por ello que para separar los campos dentro del fichero hay que determinar claramente si éste será un **archivo encolumnado** en el que cada campo ocupa un número determinado de columnas o bien será un **archivo delimitado** en el que cada campo debe ser separado por un carácter (una coma, un punto y coma, etc.). En los dos casos, el formato de los datos debe adaptarse a esas circunstancias, bien añadiendo espacios en los campos que lo precisen, bien incluyendo los delimitadores entre cada campo. *El formato interno del archivo lo va a definir el programador.*

Ejemplos:

```
10 N$="TXTprint.TXT"
20 OPEN N$ FOR OUTPUT AS #1
30 PRINT#1,"          1          2          3"
40 PRINT#1,"12345678901234567890123456789001234"
50 PRINT#1,"Dato00003","Dato00034","Dato32767"
60 PRINT#1,"Dato00003";"Dato00034""Dato32767"
70 PRINT#1,USING "#.##_;";1.2;A;3.4
80 CLOSE
```

En el archivo **txtprint.txt** *que crea el programa anterior, la última línea está en formato delimitado y las dos penúltimas, en formato encolumnado (las dos primeras líneas facilitan el conteo de las columnas de sus campos).*

```
        1             2             3
1234567890123456789012345678901234
Dato00003     Dato00034     Dato32767
Dato00003Dato00034Dato32767
1.20;0.00;3.40;
```

Véase también:

PRINT, PRINT USING, LPRINT, LPRINT USING y CHR$.

PUT (archivos)

Sintaxis:

```
PUT [#]numFich[,numReg]
```

Descripción:

Esta sentencia permite escribir un registro desde el búfer de acceso aleatorio en un archivo de acceso aleatorio.

Información adicional:

numFich es el *número asociado al archivo* en su apertura.

numReg es el *número de registro* (no es obligatorio). En caso de omisión, se considera el siguiente registro disponible al leído en la última ejecución de la sentencia PUT. El número de registro más pequeño es 1; el máximo valor que puede tomar es $2^{32} - 1$.

El *búfer de acceso aleatorio* puede llenarse usando las sentencias PRINT#, PRINT# USING, LSET, RSET, o WRITE#. En particular, en la última, GW-BASIC rellena automáticamente con espacios el búfer aleatorio antes de una entrada. (Véase cada una de ellas para más detalles).

Un intento de *lectura o escritura fuera del búfer* provoca el error: «Campo excedido en <número de línea>».

Es factible usar esta función para comunicaciones. Sólo hay que tener en cuenta la longitud del registro, que debe caber en el búfer definido por la sentencia OPEN "COMn".

Ejemplos:

```
10 OPEN "PARES.DAT" FOR RANDOM AS #1 LEN = 4
```

```
20 FOR N=1 TO 10
30 PRINT#1,N;
40 PUT #1
50 NEXT N
60 REM Duplicar los impares
70 FOR N=1 TO 10
80 IF (N MOD 2)=0 THEN 110
90 PRINT#1,N*2;
100 PUT #1,N
110 NEXT N
120 CLOSE #1
130 REM Leer los datos
140 OPEN "PARES.DAT" FOR RANDOM AS #1 LEN = 4
150 FIELD 1, 3 AS DE1A99$
160 FOR N=1 TO 10
170 GET #1
180 PRINT DE1A99$;" ";
190 NEXT N
200 CLOSE #1
RUN
 2   2   6   4   10  6   14  8   18  10
Ok
```

El programa anterior crea un archivo de acceso aleatorio llamado
PARES.DAT *compuesto por los números pares y el doble de cada
impar hasta* **10***. Para ello, escribe todos los números del* **1** *al* **10**
*en el archivo y luego accede aleatoriamente a los impares al
tiempo que los duplica. Posteriormente se muestran los datos del
archivo creado. Una longitud de registro menor que* **4** *producirá
error. El archivo ocupa exactamente* **40** *(***4x10***) bytes, como era de
esperar.*

Véase también:

GET#, PRINT#, PRINT# USING, LSET, RSET y WRITE#.

PUT (gráficos)

Sintaxis:

```
PUT (x,y), matriz, [,<tipoAcc>]
```

Descripción:

Esta sentencia plasma en pantalla la imagen capturada previamente por la sentencia GET.

Información adicional:

PUT se utiliza conjuntamente con GET para que la animación de imágenes sea lo más rápida posible, en un modo gráfico. Nada impide obtener la imagen en un modo gráfico y representarla en otro siempre y cuando el tamaño de la matriz sea el adecuado. En general, GET y PUT son compatibles en modos de pantalla con la misma resolución horizontal y bits por píxel por plano.

(x,y) son las coordenadas de la posición de pantalla en la que la sentencia PUT situará la imagen.

matriz es el nombre de una matriz lo suficientemente grande como para albergar la imagen entera. Puede ser de cualquier tipo, excepto de cadena. Véase la sentencia GET para más información.

<tipoAcc> es una palabra que indica la *forma de representar la imagen* en pantalla. *Por defecto, toma el valor XOR. **Puede ser**:*

✓ **PSET** traza la *nueva imagen* borrando la existente.

✓ **PRESET** *borra* la imagen existente. Es como PSET, sólo que *produce una imagen inversa*. Afecta al fondo.

✓ **AND** *combina* la imagen almacenada con una existente.

✓ **OR** *superpone* la imagen almacenada con una existente.

✓ **XOR** se usa *para animación*. Conserva el fondo, borra la imagen trazada con anterioridad y traza la nueva imagen almacenada; para ello invierte únicamente los colores de cada punto de la misma.

Véanse las sentencias COLOR, PALETTE y SCREEN para obtener más información sobre modos y resoluciones de pantalla.

Ejemplos:

```
10 CLS: SCREEN 1
20 PSET (130,115)
30 DRAW "U25; E7; R20;F7;D25;G7;L20;H7"
40 DRAW "E7;R10;H7;E7;R12;E4"
50 PAINT (155,110)
60 MA=4+INT((40*2+7)/8)*45
70 MB=4+INT((49*2+7)/8)*45
90 DIM A(MA),B(MB)
100 GET (127,125)-(167,80),A
110 GOSUB 300 'Retardo
120 PUT (30,25), A, PSET
130 GOSUB 300 'Retardo
140 PUT (228,25), A, PSET
150 PUT (220,25), A, XOR
160 GET (220,25)-(269,70),B
170 GOSUB 300 'Retardo
180 PUT (225,130), A, PRESET
190 GOSUB 300 'Retardo
200 PUT (25,130), B, PRESET
210 PRINT "Pulse una tecla para terminar..."
220 A$=INKEY$:IF A$="" THEN 220
```

```
230 SCREEN 0:WIDTH 80
240 END
300 REM Subrutina de retardo
310 FOR R= 1 TO 2500: NEXT R
320 RETURN
```

*Las líneas 20 a 50 del programa anterior dibujan una figura. Las
líneas 60 y 70, calculan la memoria necesaria para las matrices
en las que se guardan los gráficos. Las líneas 100 y 170 guardan
en las matrices A y B imágenes diferentes. Allá donde se ejecuta
una instrucción PUT, se muestra una de ellas.*

*El resultado de la ejecución del programa puede verse en la
siguiente imagen:*

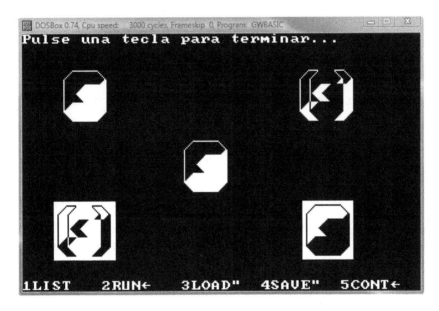

Véase también:

GET(gráficos) y SCREEN.

RANDOMIZE

Sintaxis:

```
RANDOMIZE [semilla]
RANDOMIZE TIMER
```

Descripción:

Esta sentencia permite establecer una nueva semilla para la generación de números aleatorios.

Información adicional:

`semilla` es una expresión que genera un número que puede ser entero o de coma flotante. Si se omite, `GW-BASIC` detiene la ejecución del programa para pedir al usuario un número de semilla mediante la pregunta: «`Semilla de No. aleatorio (-32768 a 32767)?`» ; si el valor introducido no está dentro del rango que especifica entre paréntesis, se produce el error: «`Desborde`».

Cada número de semilla genera un conjunto que se va a utilizar cada vez que se invoque a la función `RND` hasta que se vuelva a ejecutar la sentencia `RANDOMIZE`; i.e., un mismo número semilla va a producir la misma secuencia de números pseudoaleatorios.

 La segunda nomenclatura (`RANDOMIZE TIMER`) se utiliza dentro de un programa para generar la elección automática de una semilla aleatoria cada vez que se ejecuta, sin tener que pedírsela al usuario. Es común recoger los segundos de la hora del sistema a través de la variable `TIME$` y usarlo como semilla de la sentencia `RANDOMIZE`; las funciones `MID$` o `RIGHT$` en combinación con `VAL` se pueden combinar de la siguientes maneras para obtener los segundos de la variable `TIME$`:

$$semilla= VAL(MID\$(TIME\$,7,2))$$

ó

$$semilla= VAL(RIGHT\$(TIME\$,2))$$

Ejemplos:

```
10 RANDOMIZE TIMER
20 FOR I=1 TO 10
30 N=RND:PRINT "(";
40 PRINT USING "###";INT(100*N);
45 PRINT "%)";N
50 NEXT

RUN
(  3%) 3.574157E-02
( 31%) .3109693
( 62%) .622188
( 46%) .4653264
(  4%) 4.302788E-02
( 67%) .6760733
( 61%) .6159875
( 46%) .4665941
( 34%) .3412268
( 12%) .1254706
```

El programa anterior genera 10 números pseudoaleatorios con una semilla que cambia en cada ejecución del programa y los convierte en un porcentaje que muestra entre paréntesis al lado del número seleccionado.

Véase también:

RND.

READ

Sintaxis:

RED *lista de variables*

Descripción:

Esta sentencia permite leer los valores almacenados en sentencias DATA en forma de variables.

Información adicional:

Cada variable de la sentencia READ debe corresponderse con un valor de una sentencia DATA compatible en tipo y rango. Si no es así, se genera un error: «Error de sintaxis en <*nl*>», donde <*nl*> es el número de línea donde se ubica la sentencia DATA.

Las comillas son innecesarias para delimitar las cadenas dentro de la sentencia DATA, por lo que es más cómodo no ponerlas. Si la variable de la sentencia READ asociada al dato a considerar es de cadena, se leerá como una cadena.

Si no hay datos suficientes en las líneas DATA, se indica el error: «No hay más datos en <*nl*>», donde <*nl*> es el número de línea donde se encuentra la sentencia READ.

Si no hay más datos de los necesarios en las líneas DATA, aquéllos no leídos son ignorados o permanecen a la espera de otra sentencia READ que los atienda.

Cuando READ termina con los datos de una línea DATA, procede con los datos de la siguiente línea DATA, salvo que entre en juego la sentencia RESTORE, la cual permite volver a leer la información de una misma línea DATA varias veces.

Ejemplos:

```
10 LOGICA=0:'Por defecto: FALSO=0;VERDADERO=1
20 OPTION BASE 0
30 PRINT "¨FALSO=0 (/N)? ";
40 A$=INKEY$:IF A$="" THEN 40
50 IF A$<>"N" AND A$<>"n" THEN PRINT "S":GOTO 70
60 PRINT "N":LOGICA=1
70 FOR I=0 TO 7
80 READ X(I)
90 NEXT
100 IF LOGICA THEN RESTORE 1020 ELSE RESTORE 1010
200 I=0
210 WHILE I<7
220 PRINT X(I);" ";X(I+1);"= ";
230 IF X(I) THEN READ VERDAD$
240 READ VERDAD$
250 PRINT VERDAD$,
260 IF LOGICA THEN RESTORE 1020 ELSE RESTORE 1010
270 I=I+1
280 IF (I MOD 2) THEN GOTO 230
290 PRINT
300 WEND
310 END
1000 DATA 0,0,0,1,1,0,1,1
1010 DATA FALSO,VERDADERO:'FALSO=0;VERDADERO=1
1020 DATA VERDAD,FALSO   :'FALSO=1;VERDADERO=0
RUN
¿FALSO=0 (S/N)? S
0  0 = FALSO            FALSO
0  1 = FALSO            VERDADERO
```

```
1  0 = VERDADERO    FALSO
1  1 = VERDADERO    VERDADERO
Ok

RUN
¿FALSO=0 (S/N)? N
0  0 = VERDAD       VERDAD
0  1 = VERDAD       FALSO
1  0 = FALSO        VERDAD
1  1 = FALSO        FALSO
Ok
```

El programa anterior tiene algunas curiosidades dignas de mención:

✓ *La línea 10 define el valor por defecto de la lógica.*

✓ *La línea 20 asegura que el inicio de comienzo de índices de variables en 0 no de problemas.*

✓ *Las líneas 30 a 60 recogen la decisión del usuario acerca del tipo de lógica que va a usar el programa: Responder con una negativa a la pregunta que se muestra en pantalla determina que el valor 1 se considerará FALSO y el valor 0, VERDAD; con cualquier otra respuesta, 0 será FALSO y 1 se tomará como VERDADERO.*

✓ *Las líneas 70 a 90 recogen los datos de la primera línea DATA, almacenándolos en un array. El hecho de que los índices comiencen por 0 facilita la programación del formato de salida de la información en pantalla.*

✓ *Las líneas 100 y 260 aseguran que la siguiente lectura de datos de READ se haga en la línea adecuada: La línea 1010 se usa en caso de lógica definida positiva (valor por defecto) y la línea 1020 para lógica definida negativa.*

✓ *En la línea 230 se usa la información del arreglo recogida anteriormente para determinar qué valor de la línea DATA se mostrará en pantalla: Si X(I) es 1 (IF...THEN considera el 0 como FALSO lógico y los demás valores verdaderos) usa la sentencia READ para leer el primer valor y así asegurar que el dato leído en la línea 230 sea el correcto.*

✓ *La líneas 280 y 290 determinan que se van a mostrar dos datos por línea. La operación MOD (el módulo de una división) es cero (FALSO) en los elementos pares, lo que determina la ejecución del retorno de carro de la línea 290, con la consiguiente escritura de los nuevos datos en la línea siguiente.*

Una posible modificación del programa del ejemplo para obtener una tabla de verdad para todas las posibles combinaciones de tres bits sería cambiar las líneas de mismo número por las siguientes:

```
20 OPTION BASE 0:DIM X(23)
70 FOR I=0 TO 23
210 WHILE I<24
220 PRINT X(I);" ";X(I+1);" ";X(I+2);"= ";
280 IF (I MOD 3) THEN GOTO 230
1000 DATA 0,0,0, 0,0,1, 0,1,0, 0,1,1, 1,0,0,
1,0,1, 1,1,0, 1,1,1
```

En la línea 20 se reserva espacio para los 24 valores del array que va a albergar los datos de la línea 1000. Las líneas 70 y 210 se ajustan al número de datos. La línea 280 cambia la presentación a tres datos de verdad por línea (los correspondientes a los bits que muestra la línea 220 en pantalla).

Véase también:

DATA y RESTORE.

REM

Sintaxis:

```
REM [comentario]
'[comentario]
```

Descripción:

Esta sentencia permite insertar comentarios y aclaraciones en un programa.

Información adicional:

comentario es el texto destinado al programador humano.

Cuando se encuentra una sentencia REM *se ignora todo lo que viene después* de ella hasta la próxima línea del programa.

Esta sentencia puede estar **al principio de una línea**, apoderándose de ella (en cuyo se admiten las dos nomenclaturas), o bien puede aparecer **tras una línea de código** —en cuyo caso, si se prefiere la nomenclatura REM deberá introducirse un carácter *dos puntos* (:) delante de ella para no generar el error : «Error de sintaxis en <númLínea>»—. *En un **comentario tras una sentencia DATA** deben usarse los dos puntos para evitar que el comentario se tome como uno de los datos de esa línea.*

Ejemplos:

```
10 REM Comentario de línea: nomenclatura superior
20 'Comentario de línea: nomenclatura inferior
30 a=77:'Un valor de prueba
30 A= A MOD 3:REM Resto al dividir por 3
40 PRINT A 'Mostrar resultado en pantalla
```

RENUM

Sintaxis:

RENUM [*nuevoNL*],[*viejoNL*][,*incremento*]

Descripción:

Este comando permite reestructurar los números de línea del programa, para mejorar su comprensión o proporcionar sitio a nuevas líneas de código.

Información adicional:

nuevoNL es el primer elemento de la nueva secuencia de números de línea.

viejoNL es el número de línea a partir del cual comienza la reestructuración; por defecto, es la primera línea del programa.

incremento es el incremento a utilizar entre cada número de línea de la nueva secuencia.

RENUM también cambia las referencias a números de línea antiguas existentes en sentencias que así lo requieran —THEN, ELSE, GOTO, GOSUB, ON...GOTO, ON...GOSUB, RESTORE, RESUME y ERL— por las nuevas, siempre que sea posible. Si el número referenciado no existe, no se modifica, pero se indicará este hecho con el mensaje: «Número de línea no definido <*númErr*> en <*númL*>», donde <*númErr*> es el número de línea inexistente y <*númL*> es el número de línea donde se ubica la sentencia que produjo el error.

Un intento de reordenar las líneas del programa de forma que *nuevoNL* sea inferior o igual a las líneas que le preceden, o la generación de un número de línea superior a 65529 producirá el error: «Argumento no válido».

Ejemplos:

```
10 REM Originalmente línea 10
20 REM Originalmente línea 20
30 REM Originalmente línea 30

RENUM ,30
Argumento no válido
Ok

RENUM 30,20
Ok

LIST
10 REM Originalmente línea 10
30 REM Originalmente línea 20
40 REM Originalmente línea 30
Ok

RENUM 10,30,5
Argumento no válido
Ok

RENUM 70,30,20
Ok

LIST
10 REM Originalmente línea 10
70 REM Originalmente línea 20
90 REM Originalmente línea 30
Ok
```

RESET

Sintaxis:

RESET

Descripción:

Este comando se utiliza para cerrar todos los archivos de disco y dispositivos abiertos y así completar posibles acciones de escritura pendientes en ellos.

Información adicional:

Cuando la caché de escritura del sistema operativo no ha terminado su tarea, puede haber información que aún permanezca en memoria y no se haya volcado al disco. Se puede obligar la escritura de esos datos en el disco físico invocando la opción adecuada del programa de caché. El más común usado en DOS es SMARTDRV, cuya opción /C vuelca el contenido de la caché al disco duro.

Es altamente probable que los archivos abiertos permanezcan en la memoria RAM del computador (volátil); al cerrarse se guardan en el disco físico (la caché decide el momento). El comando RESET asegura la escritura de la información de directorio en la pista dedicada a los directorios del disco. Esta acción es especialmente importante en dispositivos extraíbles como los diskettes, en los que es indispensable hacerlo o se perderá la información reciente.

RESET cierra todos los archivos abiertos de todos los dispositivos activos que tengan pendientes operaciones de escritura.

Véase también:

CLOSE, END, OPEN y STOP.

RESTORE

Sintaxis:

```
RESTORE [númLínea]
```

Descripción:

Esta sentencia permite a la sentencia READ volver a leer valores de una sentencia DATA específica.

Información adicional:

númLínea es opcional; *si se especifica*, la siguiente sentencia READ que se encuentre, leerá el primer elemento definido por la sentencia DATA en la línea indicada; *si se omite*, leerá el primer elemento de la primera sentencia DATA del programa.

Ejemplos:

```
10 PASADA=0
20 FOR I=1 TO 3-PASADA
30 READ X1,X2,X3
40 PRINT " ";X1;"-";X2;"-";X3;
50 NEXT I
60 PASADA=PASADA+1:PRINT
70 IF PASADA=1 THEN RESTORE 1010:GOTO 20
80 IF PASADA=2 THEN RESTORE:GOTO 20
90 END
1000 DATA 1,2,3
1010 DATA 4,5,6
1020 DATA 7,8,9
```

```
RUN
  1-2-3   4-5-6   7-8-9
  4-5-6   7-8-9
  1-2-3
```

Cada pasada del programa anterior crea una fila de números. En la primera, están todos los números del 1 al 9; en la segunda, el conjunto se reduce al intervalo, del 4 al 9; y en la tercera, sólo se imprimen los tres primeros. Las líneas DATA se encuentran a partir de la línea 1000 y las líneas RESTORE localizadas en las líneas 70 y 80, determinan qué números elegir.

Véase también:

DATA y READ.

RESUME

Sintaxis:

```
RESUME
RESUME NEXT
RESUME númLínea
```

Descripción:

Esta sentencia reanuda el programa tras la ejecución de una rutina de identificación de errores.

Información adicional:

RESUME la ejecución se reanuda en la sentencia que provocó el error.

RESUME NEXT la ejecución se reanuda en la sentencia inmediata posterior a la que provocó el error.

RESUME *númLínea* la ejecución se reanuda a partir del número de línea especificado. Si *númLínea* es 0, la ejecución se reanuda a partir de la sentencia que causó el error.

Ejemplos:

```
10 ON ERROR GOTO 1000
20 X%=0:PRINT 4/X%:'Simula un error catastrófico
30 REM Provocar error 76 (ó 71)
40 PRINT:CHDIR "B:\"
50 X%=0:print
60 PRINT "División de 4 por "X%;"= "; 4/X%: REM
Provoca un error si es 0
70 PRINT:X%=-1
```

```
80 IF X%=3 THEN END
90 PRINT "4/";X%;"= ";4/X%: X%=X%+1
100 GOTO 80
200 REM Fin del programa por error catastrófico
210 PRINT "Umm... Veamos... ¡Vaya desastre!"
220 PRINT "Ignorando línea 20..."
230 PRINT "Iniciando el programa desde la línea
30..."
240 GOTO 30
1000 REM RUTINA TRATAMIENTO ERRORES
1010 PRINT
1020 PRINT "Error "; ERR; " en línea ";ERL
1030 IF (ERR=71) OR (ERR=76) THEN PRINT "Código
de error="; ERDEV; " en dispositivo ";ERDEV$:
RESUME NEXT
1040 IF (ERR=11) AND (ERL=60) THEN INPUT "El
denominador no puede ser cero ¿Denominador"; x%:
PRINT: RESUME
1050 IF (ERR=11) AND (ERL=90) THEN PRINT "No se
puede dividir por 0":X%=X%+1:RESUME 0
1060 PRINT "¡ERROR INESPERADO! Finalizando el
programa..."
1070 RESUME 200

RUN
Error 11 en línea 20
¡ERROR INESPERADO! Finalizando el programa...
Umm... Veamos... ¡Vaya desastre!
Ignorando línea 20...
Iniciando el programa desde la línea 30...
```

```
Error 76 en línea 40
Código de error= 0 en dispositivo

División de 4 por 0 =
Error 11 en línea 60
El denominador no puede ser cero ¿Denominador? 0

División de 4 por 0 =
Error 11 en línea 60
El denominador no puede ser cero ¿Denominador? 3

División de 4 por 3 = 1.333333

4/-1 =-4
4/ 0 =
Error 11 en línea 90
No se puede dividir por 0
4/ 1 = 4
4/ 2 = 2
OK
```

El resultado de una ejecución del programa, que se muestra tras el listado del mismo, ilustra el comportamiento de RESUME en sus distintas acepciones. El programa finaliza en la línea 80.

Véase también:

ERR, ERL, ERDEV($), ERROR y ON ERROR GOTO.

RETURN

Sintaxis:

RETURN [*númLínea*]

Descripción:

Esta sentencia permite regresar de una subrutina.

Información adicional:

La sentencia **RETURN** provoca el retorno desde una subrutina GOSUB, pasando el control a la línea siguiente a la localización de la sentencia GOSUB más reciente. Puede haber más de un punto de retorno controlado por RETURN dentro de la subrutina; y las subrutinas se pueden encontrar en cualquier punto del código del programa en GW-BASIC.

El formato **RETURN** *númLínea* se utiliza para tratamiento de eventos. El número de línea indica la línea de retorno a la que se regresará de la subrutina.

Ejemplos:

```
10 PRINT "Programa principal antes de llamada a
subrutina":PRINT
20 A=2:REM Evento 2
30 GOSUB 100
40 A=1:REM Evento 1
50 GOSUB 100
60 PRINT "Retorno del evento 1":PRINT:A=0:GOTO 50
70 PRINT "Retorno del evento 2":PRINT:GOTO 40
```

```
80 PRINT "Programa principal después de evento no
tratable"
90 END
100 REM Subrutina de tratamiento de eventos
110 IF A=1 THEN GOSUB 150: RETURN 60
120 IF A=2 THEN GOSUB 170: RETURN 70
130 PRINT "ERROR: Evento sin tratamiento"
140 RETURN 80
150 PRINT "Tratamiento del evento 1"
160 RETURN
170 PRINT "Tratamiento del evento 2"
180 RETURN
RUN

Programa principal antes de llamada a subrutina

Tratamiento del evento 2
Retorno del evento 2

Tratamiento del evento 1
Retorno del evento 1

ERROR: Evento sin tratamiento
Programa principal después de evento no tratable
OK
```

*El programa anterior simula un evento en la línea **20**; en la líneas **30** y **50** se llama a la rutina de tratamiento de eventos de la línea **100**. Tras retornar del evento 2, el programa se redirige para generar el evento 1 en la línea **40**; y al retornar de dicho evento, se genera en la línea **60** un evento no tratable por el programa, lo que genera un mensaje de error, tras el cual, la línea **80** devuelve el control al programa principal.*

El flujo de ejecución del programa es: *10, 20, 30, 100, 110, 120, 170, 180, 70, 40, 50, 100, 110, 150, 160, 60, 50, 100, 110, 120, 130, 140, 80 y 90.*

Véase también:

ON...GOSUB y GOSUB.

RIGHT$

Sintaxis:

RIGHT$(*C$*,*n*)

Descripción:

La función RIGHT$ devuelve los *n* caracteres de más a la derecha de la cadena *C$*.

Información adicional:

C$ es una *expresión de cadena* válida de la que se va a obtener la subcadena. *La cadena original no se modifica.*

n es un entero de 0 a 255, que indica el *número de caracteres a ser extraídos* de la cadena de origen. Si *n* es mayor que la longitud de la cadena LEN(C$), se devuelve la cadena entera *C$*; si *n* es cero, se devuelve la cadena nula.

Ejemplos:

```
10 ORIGEN$="REPOLLO"
20 A$=RIGHT$(ORIGEN$,5)
30 PRINT "No es lo mismo ";ORIGEN$;" que ";A$;"."
RUN
No es lo mismo REPOLLO que POLLO.
Ok
```

El programa anterior forma una frase con la cadena original y sus cinco últimos caracteres. La cadena original permanece intacta.

Véase también:

MID$ y LEFT$.

RMDIR

Sintaxis:

RMDIR *rutaFich$*

Descripción:

El comando RMDIR elimina un subdirectorio.

Información adicional:

rutaFich$ es una *expresión de cadena* de a lo sumo 63 caracteres, que especifica la ruta parcial o completa del subdirectorio que será creado. Admite los mismos *caracteres de significado especial* que la instrucción de MS-DOS con la que comparte nombre, destacando un ***punto*** (.) para designar el *directorio actual* o ***dos puntos seguidos*** (..) para referirse al *directorio padre del actual.*

Si el subdirectorio no existe, GW-BASIC informa con el mensaje: «Trayecto no encontrado».

Si el subdirectorio no está vacío, GW-BASIC emite el mensaje: «Error de acceso a trayecto/archivo».

Ejemplos:

RMDIR "A:\PERSONAL\SECRET"
Borra el subdirectorio llamado SECRET *sito en el subdirectorio de nombre* PERSONAL *del directorio raíz de la unidad de disco* A:.

RMDIR ".\TEMPORAL"
Borra el subdirectorio llamado TEMPORAL *sito en el interior del directorio activo. Equivale al comando:* RMDIR "TEMPORAL".

Véase también:

MKDIR, CHDIR y FILES.

RND

Sintaxis:

RND[(x)]

Descripción:

La función RND devuelve un número pseudo-aleatorio entre 0 y 1.

Información adicional:

x es un *valor numérico* real o entero, positivo o negativo, que influye en la elección del número aleatorio. **Si es cero**, se *repite el último número* invocado de la secuencia aleatoria seleccionada (o el primero de la misma si es nueva); **si se omite o es mayor que cero**, se utiliza el *siguiente número* de dicha secuencia.

Al iniciar GW-BASIC se determina siempre la misma secuencia aleatoria que *no cambiará a menos que lo pida el programador*. La sentencia RANDOMIZE cambia la semilla de números aleatorios, ofreciendo una secuencia distinta a la predeterminada.

Para **obtener un número entero pseudo-aleatorio** *entre 0 y* N, se puede usar la fórmula: *INT(RND*(N+1))*; *para enteros de 1 a* N, la fórmula es: *INT(RND*N)+1*.

Ejemplos:

```
PRINT RND(0);RND;RND;RND(0);RND
 .3116351   .1213501   .651861   .651861   .8688611
Ok

PRINT RND;RND(0);RND;RND(0)
 .1213501   .1213501   .651861   .651861
Ok
```

Cada uno de los ejemplos anteriores se ha ejecutado justo al entrar en el intérprete de GW-BASIC.

```
10 N=7
20 PRINT "Números aleatorios entre 0 y";N;":"
30 FOR I=1 TO 20
40 PRINT INT(RND*(N+1));
50 NEXT
60 PRINT:PRINT
70 PRINT "Números aleatorios entre 1 y";N;":"
80 FOR I=1 TO 23
90 PRINT INT(RND*N)+1;
100 NEXT
```

```
RUN
Números aleatorios entre 0 y 7:
 0 5 6 5 6 0 3 3 0 7 5 4 7 2 7 7 4 4 5 5

Números aleatorios entre 1 y 7:
 6 5 4 3 2 6 4 3 1 6 4 4 6 5 2 4 1 4 1 3 4 7 3
```

Véase también:

RANDOMIZE.

RSET

Sintaxis:

RSET *vbleCad$=exprCad$*

Descripción:

La sentencia RSET mueve datos de la memoria a un búfer de archivo aleatorio, justificado a la izquierda, preparándolo para la sentencia PUT.

Información adicional:

vbleCad$ es el nombre de una *variable de cadena*.

exprCad$ es el *literal o variable de cadena* que será copiada al búfer. **Si requiere menos bytes que *vbleCad$***, entonces *se justifica a la derecha*, rellenando con espacios las posiciones faltantes; **si requiere más bytes**, *se trunca por la derecha*, hasta la longitud requerida.

Las *funciones MKI$, MKS$ y MKD$*, pueden usarse *para convertir valores numéricos a cadena* y luego justificarlos a la derecha, proporcionando un campo de longitud determinada que podrá utilizarse como salida a un fichero, a la impresora e incluso a la pantalla.

Ejemplos:

```
10 CAD$="1234567"
20 PRINT "1234567*1234567*1234567*"
30 A$="COMEME":B$="BBME":C$="CORTAMExxxxx"
40 RSET CAD$=A$: PRINT CAD$;"*";
50 RSET CAD$=B$: PRINT CAD$;"*";
```

```
60 RSET CAD$=C$: PRINT CAD$;"*";
70 PRINT:END
RUN
1234567*1234567*1234567*
 COMEME*    BBME*CORTAME*
```

Véase también:

LSET, PUT, MKI$, MKS$ y MKD$.

RUN

Sintaxis:

RUN [*númLínea*][,r]
RUN *nombFich$*[,r]

Descripción:

El comando RUN ejecuta el programa que se encuentra actualmente en memoria, o carga un programa desde un archivo del disco a la memoria y lo ejecuta.

Información adicional:

númLínea es el *número de línea desde el que comenzará la ejecución* del programa en memoria. Es opcional; si se omite, la ejecución comenzará con la primera línea del programa (la de numeración más baja).

Si no hay ningún programa en memoria, el comando RUN simplemente vuelve a la línea de comandos de GW-BASIC.

nombFich$ es una *ruta válida a un archivo* existente en el disco. Antes de cargar el fichero y ejecutarlo, se cierran todos los archivos abiertos y se borra todo el contenido de la memoria.

r este parámetro es opcional; mantiene todos los archivos abiertos.

Además de cerrar todos los archivos (salvo al usar la opción **r**), el comando RUN detiene cualquier sonido que se esté reproduciendo en segundo plano; también pone a OFF las sentencias PEN (*para el lápiz óptico*) y STRIG (*para el joystick*).

Ejemplos:

```
RUN "SUBRUT1",R
```

Ejecuta la subrutina SUBRUT1.BAS *que se encuentra en el directorio activo del disco, sin cerrar los archivos de datos.*

Véase también:

LOAD.

SAVE

Sintaxis:

SAVE *nombFich$*[,**a**]
SAVE *nombFich$*[,**p**]

Descripción:

El comando SAVE graba el programa actualmente en memoria en un archivo del disco.

Información adicional:

nombFich$ es una ruta válida a un archivo existente en el disco. Admite cualquier nombre de fichero aceptado por DOS —siguiendo las mismas reglas, a saber: nombres de no más de ocho caracteres y que den lugar a confusión con sus comandos; por ejemplo, no son caracteres válidos: **< : > | / ? **—. Un *nombre inválido* genera un error. *Si el archivo existe*, es sobrescrito. *Si se omite* la extensión, ésta se considera .BAS.

La opción **a** *permite grabar el programa actualmente en memoria en un archivo con formato ASCII*, legible por humanos. Por defecto, GW-BASIC graba los programas en binario, que ocupa menos espacio en el disco, pero hay comandos (como MERGE) y algunos programas de MS-DOS (como TYPE o los editores de texto como EDIT) que requieren que los archivos estén en ASCII.

La opción **p** *permite grabar el programa actualmente en memoria en un archivo con formato codificado en binario, **para protegerlo***. Después de usar esta opción, el programa permanece en memoria sin codificar, pero no así el archivo en disco, que sólo podrá ser cargado y ejecutado, esto es, no podrá leerse —producirá el error

«Argumento no válido» al intentar listarlo mediante LIST o editarlo usando EDIT—, por lo que siempre conviene tener una copia adicional del archivo sin proteger para el mantenimiento del programa (*la orden* **SAVE** **nombFich$** *graba el programa usando un formato binario sin protección*).

Ejemplos:

```
SAVE "MIPROGP",P
SAVE "MIPROGA",A
```

Graba el programa actualmente en memoria en dos archivos de la unidad por defecto: MIPROGA.BAS *se guarda en formato ASCII y* MIPROGP.BAS *en formato codificado. El programa aún es legible en memoria hasta que sea borrado.*

```
SAVE "A:\MIPROG"
```

Graba el programa actual en memoria en binario en el directorio raíz de la unidad de disco A: *con el nombre* MIPROG.BAS*. Esta copia no está protegida y podrá editarse una vez cargada en el intérprete.*

Véase también:

LOAD, LIST y RUN.

SCREEN (función)

Sintaxis:

x=SCREEN(*fila, columna*[,*asciiColor*])

Descripción:

Esta **función** devuelve el ***valor ASCII*** o el ***atributo de color*** del carácter que se encuentra en una posición específica de la pantalla.

Información adicional:

x es una *variable numérica* válida en la que se guarda el valor devuelto por la función.

fila es una ***expresión numérica*** válida ***de 1 a 25*** que *indica la línea* en la que se encuentra el carácter seleccionado. Sólo se puede hacer referencia a la línea 25 si KEY está a OFF (i.e., ocultar la ayuda sobre la definición de las teclas de función).

columna es una ***expresión numérica*** válida ***de 1 a 40*** ó ***de 1 a 80*** (dependiendo de la resolución seleccionada con WIDTH) que indica *la columna* en la que se ubica el carácter seleccionado.

asciiColor es una ***expresión numérica*** válida con un valor ***verdadero*** o ***falso***. No funciona en modo gráfico y es opcional. *Si es verdadero* (distinto de cero), la función ***devolverá el color del carácter*** en vez de su código ASCII.

La función SCREEN informa (***por defecto***) del ***código ASCII*** del carácter ubicado en la coordenada de la pantalla definida por los parámetros *fila* y columna. Si se utiliza el parámetro opcional *asciiColor* con un valor distinto de cero, se obtendrá el número que identifica el color de dicho carácter.

Ejemplos:

```
10 CLS
20 LOCATE 1,9:COLOR 5:PRINT "D"
30 COLOR 7:PRINT
40 X=SCREEN(1,9,0):C= SCREEN(1,9,1)
50 PRINT "Carácter en fila 1, columna 9:"
60 PRINT "Valor ASCII ";X
70 PRINT "Color número ";C
RUN
        D

Carácter en fila 1, columna 9:
Valor ASCII   68
Color número   5
Ok
```

Véase también:

SCREEN *(sentencia)*, POINT, WIDTH y COLOR.

SCREEN (sentencia)

Sintaxis:

SCREEN [*modo*][,[mono*Col*]][,[*págAct*]][,[*págVis*]]

Descripción:

Esta **sentencia** establece las especificaciones de la pantalla (el modo y otras características).

Información adicional:

modo establece el modo de pantalla. Es una expresión entera que produce uno de los números: 0, 1, 2, 7, 8, 9 y 10; cualquier otro valor generará un error. Si el hardware del computador no admite el modo seleccionado, tampoco funcionará. Hoy en día esto es difícil que ocurra (quizás no se admita el modo 10), pero si utiliza un equipo viejo, tenga en cuenta el adaptador de pantalla que tenga incorporado para elegir el modo apropiado:

✓ **MDPA** (Monochrome Display and Printer Adapter) de IBM con monitor monocromo: admite sólo texto, por lo que sólo es válido el **modo 0**.

✓ **CGA** (Color Graphics Adapter) de IBM con monitor a color: admite modo texto y gráficos en media y alta resolución; son válidos los **modos 0, 1 y 2**.

✓ **EGA** (Enhanced Graphics Adapter) de IBM con *monitor a color*: funcionando como EGA, admite los **modos 0, 1, 2, 7** y **8**; configurado como CGA, los **modos 1** y **2** funcionan como lo harían con un adaptador CGA. Los modos 7 y 8 son similares a los modos 1 y 2, sólo que con más rango de colores. Con un *monitor a color mejorado*, el modo texto 640x350 no admite borde de color y la calidad del texto mejora (una resolución de carácter de 8x14 frente a la habitual, de 8x8). Este monitor admite el **modo 9**, en el que se puede usar una resolución de 640x350 a todo color (64 colores). El **modo 10** funciona en un monitor monocromático; permite ver gráficos monocromáticos a una resolución de 640x350.

monoCol es una ***expresión numérica***, de valor *verdadero* (distinto de 0) o *falso* (0). Permite cambiar entre color y monocromático (***en modos 0 y 1 solamente***), de forma que:

✓ En **modo 0**, un valor *cero desactiva* los colores, y uno distinto de cero los activa.

✓ En **modo 1**, un valor *cero activa* los colores, y uno distinto de cero los desactiva.

págAct es la página activa que se usará. La página activa es un área de la memoria en la que se escribe información de salida de texto o gráficos.

págVis es la página visual que se usará. La página visual es un área de la memoria que se muestra en la pantalla.

Los argumentos *págAct* y *págVis permiten trabajar con una página de gráficos mientras se muestra otra* para mejorar los tiempos de visualización. Por ello es típico, digamos, sacar primeramente los gráficos por la página 1 mientras se visualiza la página 2 (SCREEN *modo*,,1,2) y posteriormente, mostrar la página 1 mientras se dibujan los gráficos en la página 2 (SCREEN *modo*,,2,1).

Modos de pantalla:

Adaptadores **MDPA**, **CGA**, **Hércules**, **Olivetti**, **EGA**, **VGA** o **MCGA**:

SCREEN 0: Modo de *texto solamente*

✓ Formato de texto de 40x25 u 80x25, con cuadro de carácter de 8x8 (8x14 con EGA o VGA).

✓ 16 colores asignados a cualquiera de 2 atributos.

✓ 16 colores asignados a 16 atributos (con CGA o EGA).

✓ 64 colores asignados a 16 atributos (con EGA o VGA).

✓ Según la resolución del texto y el adaptador: 8 páginas de memoria de vídeo (0-7), 4 páginas (0-3), 2 páginas (0-1) ó 1 página (0).

Adaptadores **CGA**, **EGA**, **VGA** o **MCGA**:

SCREEN 1: Gráficos de *media resolución* de **320x200 píxeles**.

✓ Formato de texto por defecto de 40x25, con cuadro de carácter de 8x8.

✓ 16 colores de fondo y un juego de 3 colores de primer plano de los *dos disponibles*, seleccionado mediante la sentencia COLOR con CGA.

✓ 16 colores asignados a 4 atributos (con EGA o VGA).

✓ 1 página de memoria de vídeo (0).

✓ 2 bits por píxel.

SCREEN 2: Gráficos de *alta resolución* de **640x200 píxeles**.

✓ Formato de texto por defecto de 80x25, con cuadro de carácter de 8x8.

✓ 16 colores asignados a 2 atributos (con EGA o VGA).

✓ 1 página de memoria de vídeo (0).

✓ 1 bit por píxel.

Adaptadores **EGA** o **VGA**:

SCREEN 7: Gráficos de *media resolución* de *320x200 píxeles*.

✓ Formato de texto por defecto de 40x25, con cuadro de carácter de 8x8.

✓ 16 colores asignados a cualquiera de 16 atributos.

✓ 2, 4 u 8 páginas de memoria con 64K, 128K o 256K de memoria, respectivamente instalados en la tarjeta gráfica.

✓ 4 bits por píxel.

SCREEN 8: Gráficos de *alta resolución* de *640x200 píxeles*.

✓ Formato de texto por defecto de 80x25, con cuadro de carácter de 8x8.

✓ 16 colores asignados a cualquiera de 16 atributos.

✓ 2, 4 u 8 páginas de memoria con 64K, 128K o 256K de memoria, respectivamente instalados en la tarjeta gráfica.

✓ 4 bits por píxel.

SCREEN 9: Gráficos de alta *resolución mejorada* de *640x350 píxeles*.

✓ Formato de texto por defecto de 80x25, con cuadro de carácter de 8x14.

✓ 16 colores asignados a cualquiera de 4 atributos (memoria del adaptador de 64K), ó 16 colores asignados a cualquiera de 16 atributos (memoria del adaptador de más de 64K).

✓ 1 página de memoria de vídeo (0) si existe un adaptador EGA con 64K de memoria; de lo contrario, 2 páginas de memoria de vídeo (0-1).

✓ 2 bits por píxel (adaptador con 64K de memoria) ó 4 bits por píxel (adaptador con más de 64K de memoria).

Adaptadores **EGA** o **VGA**, con monitor monocromático solamente:

SCREEN 10: Gráficos de alta *resolución mejorada* de **640x350** *píxeles*.

✓ Sólo admite monitor monocromo.
✓ Formato de texto por defecto de **80x25**, con cuadro de carácter de **8x14**.
✓ **9** pseudo-colores asignados a cualquiera de 4 atributos.
✓ 2 páginas de memoria de vídeo (**0-1**), que requieren **256K** de memoria instalada en el adaptador de gráficos.
✓ 2 bits por píxel.

COLORES Y ATRIBUTOS

Modo de pantalla (SCREEN) 10:

Valor del color	*Pseudo-color presentado*
0	Desactivado
1	Parpadeante, desactivado a activado
2	Parpadeante, desactivado a alta intensidad
3	Parpadeante, activado a desactivado
4	Activado
5	Parpadeante, activado a alta intensidad
6	Parpadeante, alta intensidad a desactivado
7	Parpadeante, alta intensidad a activado
8	Alta intensidad

Valor del atributo	*Pseudo-color presentado*
0	Desactivado
1	Activado, intensidad normal
2	Parpadeante
3	Activado, alta intensidad

Información complementaria para los restantes modos:

(a) Los colores para EGA, VGA y MCGA usan valores que producen colores equivalentes a la vista.

(b) Para VGA o EGA con memoria de vídeo mayor que 64K.

(c) Sólo para el modo 0.

(d) Desactivado cuando se utilice como color de fondo.

(e) EGA con memoria de vídeo menor o igual que 64K.

Modos de pantalla (SCREEN) 0, 7, 8, 9(b):

`Monitor a color`

Atributo de color	Valor (a) predeterminado	Color presentado
0	0	Negro
1	1	Azul
2	2	Verde
3	3	Cian (azul-verdoso)
4	4	Rojo
5	5	Magenta
6	6	Marrón
7	7	Blanco
8	8	Gris
9	9	Azul claro
10	10	Verde claro
11	11	Cian (azul-verdoso) claro
12	12	Rojo claro
13	13	Magenta claro
14	14	Amarillo
15	15	Blanco de alta intensidad

`Monitor monocromo`

Atributo de color	Valor predeterminado	Color presentado
0	0(c)	Desactivado
1	1(c)	Subrayado(d)
2-7	1(c)	Activado(d)
8,15	0(c)	Desactivado
9		Alta intensidad (Subrayado)
10-14	2(c)	Alta intensidad

Modos de pantalla (SCREEN) 1 y 9*(e)*:

```
Monitor a color
```

Atributo de color	*Valor (a) predeterminado*	*Color presentado*
0	0	Negro
1	11	Cian (azul-verdoso) claro
2	13	Magenta claro
3	15	Blanco de alta intensidad

```
Monitor monocromo
```

Atributo de color	*Valor predeterminado*	*Color presentado*
0	0	Desactivado
1-2	2	Alta intensidad
0	0	Blanco desactivado

Modos de pantalla (SCREEN) 2:

```
Monitor a color
```

Atributo de color	*Valor (a) predeterminado*	*Color presentado*
0	0	Negro
1	15	Blanco de alta intensidad

```
Monitor monocromo
```

Atributo de color	*Valor predeterminado*	*Color presentado*
0	0	Desactivado
1	0	Blanco desactivado

SGN

Sintaxis:

SGN(*x*)

Descripción:

La función SGN devuelve el signo de *x*.

Información adicional:

x es una expresión numérica, de forma que:

✓ Si es *positivo*, SGN(*x*) devuelve 1.
✓ Si es *cero*, SGN(*x*) devuelve 0.
✓ Si es *negativo*, SGN(*x*) devuelve -1.

Ejemplos:

```
10 RANDOMIZE TIMER: X=INT(RND*32767)
20 GOSUB 60 'Número al azar
30 X=(-1)*X:GOSUB 60 'Opuesto
40 X=X-X:GOSUB 60 'Cero
50 END
60 ON SGN(X)+2 GOSUB 80,90,100
70 RETURN
80 PRINT X;" es NEGATIVO.":RETURN
90 PRINT X;" es CERO.":RETURN
100 PRINT X;" es POSITIVO.":RETURN

RUN
 15386  es POSITIVO.
-15386  es NEGATIVO.
 0  es CERO.
```

Ok

*El programa anterior genera un número pseudo-aleatorio X y elige
la subrutina adecuada, acorde con el signo del número X. La
expresión* SGN(X)+2 *de la línea* 30, *produce los números* 1, 2 *y* 3
ante los valores de la función: -1, 0 *y* 1, *respectivamente.*

Véase también:

ABS.

SHELL

Sintaxis:

SHELL [*rutaProg$*]

Descripción:

La sentencia SHELL permite cargar y ejecutar un programa o archivos por lotes.

Información adicional:

rutaProg$ es una ***expresión de cadena*** válida que contiene el *nombre del programa* a ejecutar y sus *parámetros* (si los hay).

La extensión del nombre del programa debe ser cualquiera que admita el intérprete de órdenes de MS-DOS —COMMAND.COM—. Cuando la extensión no exista, éste busca por defecto la extensión .COM, luego la .EXE y finalmente la .BAT (la última corresponde a un *archivo por lotes* también denominado *fichero batch*); en caso de no encontrar una coincidencia con un archivo existente, SHELL devolverá un error.

Si todo va bien, GW-BASIC ejecutará el programa ya localizado (en forma de proceso hijo) y al finalizar éste, devolverá el control *a la siguiente sentencia* tras SHELL. En ningún momento se eliminará el código del intérprete GW-BASIC de la memoria . El programa actual en memoria tampoco será borrado.

No es posible ejecutar otra instancia del propio intérprete desde GW-BASIC. Intentarlo, producirá el error: «No puede ejecutar Basic desde Basic».

SHELL sin parámetros ejecuta COMMAND.COM —el intérprete de comandos de DOS—. En ese caso, GW-BASIC permanece en memoria controlando la ejecución; ante el usuario aparecerá el *prompt* de MS-DOS y podrá hacer todo lo que el intérprete de comandos permita. Para salir de la sesión de MS-DOS, debe usarse el comando EXIT, tras lo cual GW-BASIC devolverá el control a la siguiente sentencia tras SHELL.

Ejemplos:

```
SHELL
D:\>CD MISDATOS
D:\MISDATOS>EXIT
```

La primera línea llama al intérprete de comandos, la segunda ejecuta la orden CD de DOS y la tercera retorna a GW-BASIC.

```
10 SHELL "DIR >DIRSORT.TXT |SORT"
20 PRINT "Orden ejecutada: ";
30 PRINT "DIR >DIRSORT.TXT | SORT"

RUN
Orden ejecutada: DIR >DIRSORT.TXT | SORT
Ok
```

La primera línea crea un fichero de texto llamado DIRSORT.TXT con la lista de archivos del directorio activo en orden ascendente e informa de ello en las líneas 20 y 30.

SIN

Sintaxis:

SIN(x)

Descripción:

La función SIN devuelve el valor de la *función trigonométrica seno* de x.

Información adicional:

El argumento x puede ser cualquier *expresión numérica*, pero debe estar expresada *en radianes*. Para convertir *grados a radianes* basta con multiplicar por $\dfrac{\pi}{180}$.

La función SIN efectúa las operaciones utilizando números de simple precisión, salvo que al iniciar GW-BASIC en la línea de comandos se haya empleado el parámetro /d; en cuyo caso se usarán números de doble precisión.

El resultado está en el rango, de -1 a 1, ambos inclusive.

Ejemplos:

```
10 PI#=3.14159265358979324#
20 INPUT "Grados"; X#
30 XRAD#=X#*(PI#/180#) 'Pasa grados a radianes
40 PRINT "Seno de ";X#;" grados es: ";SIN(XRAD#)
RUN
```
(El intérprete fue invocado así: C:\>GWBASIC*)*
```
Grados? 45
Seno de 45 grados es: .7071068
```

RUN

(El intérprete fue invocado así: C:\>GWBASIC /D*)*

Grados? 45

Seno de 45 grados es: .7071067811865475

Nótese que: $\sin 45 = \dfrac{\sqrt{2}}{2}$ *. El símbolo* # *al final de los nombres de algunas variables indica doble precisión. Al ejecutar* GW-BASIC *con el modificador* /d*, la función se calcula usando números de doble precisión, en vez de números de simple precisión.*

Véase también:

SIN, COS y TAN.

SOUND

Sintaxis:

SOUND *frecuencia,duración*

Descripción:

Esta sentencia *genera un sonido por el altavoz* del computador.

Información adicional:

frecuencia es una **expresión numérica** entre 37 y 32767 que indica la frecuencia del sonido *en hercios* (ciclos por segundo).

duración es una **expresión numérica** entre 0 y 65535 que indica el tiempo que permanece activo el sonido en tics de reloj (unas 18,2 veces por segundo).

Valores **inferiores o iguales a 0.022** producen la *reproducción continua* del sonido (hasta la ejecución de SOUND o PLAY).

Una **duración de 0** *interrumpe el sonido* (si está en activo).

PLAY decide si el sonido se reproduce en primer o segundo plano.

Una **correspondencia orientativa entre notas y frecuencias** en diferentes octavas (O1, O2, O3, O4) es:

Nota	Frec. (O1)	Frec. (O2)	Frec. (O3)	Frec. (O4)
C	130.810	261.630	523.250	1046.500
D	146.830	293.660	587.330	1174.700
E	164.810	329.630	659.260	1318.500
F	174.610	349.230	698.460	1396.900
G	196.000	392.000	783.990	1568.000
A	220.000	440.000	880.000	1760.000
B	246.940	493.880	987.770	1975.500

Do medio «C medio, octava 3» tiene una frecuencia de 525.250.

La **nota de una octava** es aproximadamente la mitad de la misma nota de siguiente octava; y el doble de la misma nota de la octava precedente.

Para producir **períodos de silencio** basta usar como `frecuencia` la máxima (32767) y como `duración`, la deseada.

*El **número de tics de reloj por minuto (1092)** puede usarse como dato para calcular la duración de cada sonido*; basta dividir dicha información entre cuántos de ellos se pretende reproducir en un minuto. Por ejemplo, si deseamos 60 sonidos en un minuto, la duración de cada uno de ellos debe ser de 1092/60=18.2 tics de reloj por minuto. A continuación, unos *ejemplos de **tempos:***

Tempo	Tipo	Sonidos/Minuto	Tics(reloj)/Minuto
	Larghissimo		
	Largo	40-60	27.3-18.2
muy lento	*Larghetto*	60-66	18.2-16.55
	Grave		
	Lento		
	Adagio	66-76	16.55-14.37
lento	*Adagietto*		
	Andante	76-108	14.37-10.11
	Andantino		
medio	*Moderato*	108-120	10.11-9.1
	Allegretto		
	Allegro	120-168	9.1-6.5
rápido	*Vivace*		
	Veloce		
	Presto	168-208	6.5-5.25
muy rápido	*Prestissimo*		

Ejemplos:

```
10 FOR I=220 TO 500 STEP 4
20 SOUND I,I/500
30 IF (I MOD 25)=0 THEN SOUND 32767,9
40 NEXT
```

El programa anterior reproduce una secuencia de sonidos de duración creciente interrumpidos (línea 30) cada 25 sonidos por una pausa de aproximadamente medio segundo (18.2/2=9.1).

Véase también:

PLAY.

SPACE$

Sintaxis:

SPACE$(*x*)

Descripción:

La función SPACE$ devuelve una cadena de *x* espacios.

Información adicional:

x es una ***expresión numérica*** que produce un número *entre 0 y 255* que será redondeado automáticamente en caso necesario.

Ejemplos:

```
PRINT LEN(SPACE$(0.4))
 0
PRINT LEN(SPACE$(0.5))
 1
PRINT LEN(SPACE$(1.4))
 1
PRINT LEN(SPACE$(1.5))
 2
PRINT "1234":PRINT SPACE$(3);"4"
1234
   4
```

El argumento se redondea (a partir de 0.5) al número superior.

Véase también:

SPC y STRING$.

SPC

Sintaxis:

SPC(*n*)

Descripción:

La función SPC *salta n espacios* en una sentencia PRINT, LPRINT o PRINT# (*y en ninguna otra*).

Información adicional:

n es una **expresión numérica**; que genera un número *entre 0 y 255* que será redondeado automáticamente en caso necesario, de modo idéntico a como hace SPACE$.

Si *n* es mayor que el ancho de la pantalla la conversión consiste en coger el módulo de la división de *n* por el número de columnas de la pantalla.

La función SPC puede aparecer sin ningún punto y coma tras ella, ya que se comporta tal y como si así fuera.

Sin embargo, la *inclusión de una coma* tras la función SPC produce otro efecto:

✓ Si el texto que precede a la función junto con los espacios que ha de saltar ésta no sobrepasan el marco de impresión de 14 caracteres, la función no tendrá efecto; esto es, la cadena que lo siga se imprimirá tras 14 columnas.

✓ En caso contrario, se introduce otro marco de impresión adicional de 14 caracteres. Así, la cadena que lo siga se imprimirá tras 14+14=28 columnas.

Ejemplos:

```
10 PRINT "          1         2         3"
20 PRINT "123456789012345678901234567890"
30 PRINT "A";SPC(.5)"B":REM 1 espacio
40 PRINT "A";SPC(.5),"B":'1 marco de impresión
50 PRINT "A";SPC(82)"B":'(82 MOD 80)=2 espacios
60 PRINT "A";SPC(15),"B":'2 marcos de impresión
70 PRINT "A";SPC(12);"B":'12 espacios

RUN
          1         2         3
123456789012345678901234567890
A B
A               B
A  B
A                             B
A               B
Ok
```

Como puede apreciarse en el programa anterior:

✓ *El argumento se ajusta de forma que a partir de 0.5 se redondea al número superior.*

✓ *Un argumento mayor que el ancho de pantalla (80 en este caso) se ajusta con la operación módulo de una división.*

✓ *SPC se comporta como si tuviera un punto y coma al final.*

✓ *El efecto de una coma tras la función genera marcos de impresión.*

Véase también:

SPACE$ y STRING$.

SQR

Sintaxis:

SQR(*x*)

Descripción:

La función SQR devuelve la raíz cuadrada de *x*.

Información adicional:

x es una *expresión numérica* mayor o igual a 0. Si no es así se produce el error «Argumento no válido».

Por defecto, el valor que devuelve SQR está en simple precisión, pero si se ejecuta el intérprete de GW-BASIC con el parámetro /D, el resultado será de doble precisión.

Una *variable pospuesta* con el ***modificador admiración*** (!) obliga a considerarla de *simple precisión*.

Una *variable pospuesta* con el **modificador sostenido** (#) obliga a considerarla de *doble precisión*.

La función SQR(*x*) ***equivale*** a la operación EXP(0.5*LOG(*x*)).

La ***raíz n-ésima de un número*** se puede calcular con ayuda de las funciones EXP y LOG de la siguiente manera:

$$EXP((1/n)*LOG(x))$$

Ejemplos:

(El intérprete fue invocado así: C:\>GWBASIC /D)

```
X=SQR(2)
PRINT "La raíz cuadrada de 2 es:";X
```

```
La raíz cuadrada de 2 es: 1.414214
Ok

X!=SQR(2)
PRINT "La raíz cuadrada de 2 es:";X!
La raíz cuadrada de 2 es: 1.414214
Ok

X#=SQR(2)
PRINT "La raíz cuadrada de 2 es:";X#
La raíz cuadrada de 2 es: 1.414213538169861
Ok

X#=EXP(0.5*LOG(2))
PRINT "La raíz cuadrada de 2 es:";X#
La raíz cuadrada de 2 es: 1.414213418960571
Ok
```

Véase también:

EXP y LOG.

STICK

Sintaxis:

z= STICK(n)

Descripción:

Esta función devuelve las coordenadas *x* e *y* de dos palancas de mando (llamadas comúnmente *joysticks*).

Información adicional:

z es una *variable numérica* para albergar el resultado.

n es una *expresión numérica* válida en el rango de 0 a 3:

- ✓ Si es **0**, en *z* se *guarda* la **coordenada x** de la **palanca A**.
- ✓ Si es **1**, en *z* se *guarda* la **coordenada y** de la **palanca A**.
- ✓ Si es **2**, en *z* se *guarda* la **coordenada x** de la **palanca B**.
- ✓ Si es **3**, en *z* se *guarda* la **coordenada y** de la **palanca B**.

Véase también:

STRIG y ON STRIG.

STOP

Sintaxis:

STOP

Descripción:

Esta sentencia termina la ejecución del programa y vuelve al intérprete de comandos de GW-BASIC.

Información adicional:

El programa se detendrá en la línea que albergue la sentencia STOP emitiendo el mensaje: «Interrumpido en <númlínea>».

La *intercepción de eventos* de las sentencias ON COM, ON KEY, ON PEN, ON PLAY, ON STRIG y ON TIMER *se detiene* hasta que se reanude la ejecución del programa.

Los archivos abiertos, permanecen abiertos; los valores de las variables permanecen inalterados; y el intérprete de GW-BASIC permanece a la espera de alguna instrucción válida.

En ese punto, cualquier valor de cualquier variable del programa puede ser modificado por el usuario.

El comando CONT reanuda la ejecución del programa en la siguiente línea a aquélla que contenía la sentencia STOP que provocó su parada; sin embargo, si el programador ha cambiado alguna línea del programa se emitirá el mensaje de error: «No se puede continuar».

Los valores de las variables que se hayan modificado en el nivel de comandos permanecen modificados. Las sentencias que las utilicen se ejecutarán con los nuevos valores.

Ejemplos:

```
10 A=3:B=5
20 PRINT A"+"B"=";A+B
30 STOP
40 PRINT A"+"B"=";A+B
```

```
RUN
 3 + 5 = 8
Interrumpido en 30
```
A=4:B=6 *(tecleado por el usuario)*
```
Ok
```
CONT *(tecleado por el usuario)*
```
 4 + 6 = 10
Ok
```

Véase también:

CONT.

STR$

Sintaxis:

STR$(*x*)

Descripción:

Esta función devuelve la representación del valor de *x* en forma de cadena.

Información adicional:

x es una expresión numérica.

La función pareja y complementaria de STR$ es VAL.

Ejemplos:

```
10 X#=(1#+SQR(5#))/2#: REM Nro. de oro
20 PRINT "Nro. de oro:"X#:PRINT "Como cadena:";
30 X$=STR$(X#):PRINT CHR$(34);X$;CHR$(34)
40 I=1:L=LEN(X$)
50 WHILE I<=L
60 C$=MID$(X$,I,1)
70 IF C$<>"." THEN I=I+1:WEND
80 PRINT "     Parte entera: ";LEFT$(X$,I-1)
90 PRINT "Parte fraccionaria:  ";RIGHT$(X$,L-I)
RUN
Nro. de oro: 1.618033988749895
Como cadena:" 1.618033988749895"
      Parte entera:  1
Parte fraccionaria:  618033988749895
Ok
```

La salida del programa anterior ha sido producida teniendo activa la opción /d del intérprete de GW-BASIC, mejorando así la precisión en el cálculo de decimales. El símbolo sostenido (#) pospuesto tras cada número se hace indispensable si queremos obligar a considerarlos de doble precisión.

Después de calcular el número de oro, lo convierte a cadena (mostrándolo en pantalla entre comillas dobles); posteriormente busca el punto decimal para separar la parte entera de la fraccionaria en dos cadenas distintas y saca dicha información por la pantalla.

Véase también:

VAL.

STRIG

Sintaxis:

Como *sentencia*:

```
STRIG ON
STRIG OFF

STRIG(n) ON
STRIG(n) OFF
STRIG(n) STOP
ON STRIG(n) GOSUB númLín
```

Como *función*:

```
x= STRIG(n)
```

Descripción:

Permite activar, desactivar o detener la intercepción de eventos de la palanca de mando, así como detectar el estado de los botones de la misma.

Información adicional:

númLín es el **número de línea** *donde se localiza la subrutina de intercepción de eventos* que se ejecutará cuando ON STRIG detecte la pulsación de uno de los botones de la palanca de mando.

x es una **variable numérica** que almacena el resultado; *su valor* es:

✓ -1 si se cumple la condición que controla el parámetro *n*.

✓ 0 en caso contrario.

n es una expresión numérica que determina la condición a cumplir por los botones o disparadores. Los posibles valores junto con la condición asociada son (como *función*):

- 0 El *botón inferior de la palanca A* ha sido presionado desde la última ejecución de STRIG(0).

- 1 El *botón inferior de la palanca A* se está presionando en este momento.

- 2 El *botón inferior de la palanca B* ha sido presionado desde la última ejecución de STRIG(2).

- 3 El *botón inferior de la palanca B* se está presionando en este instante.

- 4 El *botón superior de la palanca A* ha sido presionado desde la última ejecución de STRIG(4).

- 5 El *botón superior de la palanca A* está presionado en este instante.

- 6 El botón *superior de la palanca B* ha sido presionado desde la última ejecución de STRIG(6).

- 7 El botón *superior de la palanca B* se está presionando en este momento.

Como **sentencia**, *n* sólo toma los valores correspondientes a los botones, a saber:

- 0 Hace referencia al **botón A1** (*inferior de la palanca A*).
- 2 Hace referencia al **botón B1** (*inferior de la palanca B*).
- 4 Hace referencia al **botón A2** (*superior de la palanca A*).
- 6 Hace referencia al **botón B2** (*superior de la palanca B*).

STRIG ON *debe ser ejecutado previamente* para activar la intercepción de eventos del *joystick* y pueda usarse STRIG(*n*).

STRIG OFF *desactiva la intercepción de eventos* del *joystick*.

STRIG(n) *activa, desactiva* o *detiene la intercepción de eventos* a la que se refiera *dependiendo del parámetro* n, según vaya seguido del modificador ON, OFF o STOP, respectivamente.

Ejemplos:

```
10 ON STRIG(0) GOSUB 100
20 STRIG(0) ON
30 PRINT "Pulse botón del joystick (ESC salir)."
40 WHILE INKEY$ <> CHR$(27): WEND
60 STRIG(0) OFF
70 END
100 REM Subrutina tratamiento botón A1 joystick
110 PRINT "Botón A1 del joystick presionado."
120 RETURN
```

En el programa anterior se activa la intercepción del evento «pulsación de la tecla A1 (botón A inferior) de la palanca de mando» y se crea un bucle infinito del que se sale sólo pulsando la tecla ESC. Al detectar la pulsación del disparador inferior de la palanca A, ON STRIG(0) *de la línea 10 desvía la ejecución del programa a la subrutina de tratamiento, para (tras finalizar su ejecución) regresar de nuevo al bucle infinito.*

Véase también:

STICK.

STRING$

Sintaxis:

```
STRING$(n,codASCII)
STRING$(n,exprCad$)
```

Descripción:

Esta función devuelve una cadena de longitud *n* compuesta por caracteres idénticos al especificado en el segundo argumento.

Información adicional:

n es la longitud de la cadena. Debe ser mayor o igual que 0. Si es cero, la función devuelve lo esperado: una cadena vacía.

`codASCII` es un ***número*** que se corresponde con el *código* `ASCII` del carácter que compondrá repetido la cadena. Los *valores válidos* están en el rango: de 0 a 255 (los posibles valores que se pueden representar con un byte u ocho bits).

`exprCad$` es una ***expresión de cadena*** de la que sólo se utilizará el *primer carácter de la misma* para componer la nueva cadena de caracteres idénticos. Si la cadena está vacía, se produce un mensaje de error de «`Argumento no válido`».

Ejemplos:

```
10 A$(1)="*DEL 1 AL 6"
20 A$(2)="-123456":A$(3)=".654321"
30 FOR I=1 TO 3
40 L=LEN(A$(I))
50 DECOR1$=STRING$(9,A$(I))
60 DECOR2$=STRING$(INT((12-(L-1))/2),32)
```

```
70 A$(I)=RIGHT$(A$(I),L-1)
80 PRINT DECOR1$DECOR2$;A$(I);DECOR2$DECOR1$
90 NEXT
100 A$(4)=STRING$(0,0):PRINT
110 PRINT "STRING$(0,0) es una cadena vacía "
120 PRINT STRING$(13,32);'Espacios de alineación
130 PRINT "pues su tamaño es";LEN(A$(4))

RUN
********* DEL 1 AL 6 *********
---------   123456   ---------
.........   654321   .........

STRING$(0,0) es una cadena vacía
            pues su tamaño es 0
Ok
```

*El programa anterior introduce decoraciones (variable DECOR1$)
a diestra y siniestra de distintas cadenas, compuestas por 9
caracteres idénticos al primero de cada una de ellas. Asimismo se
centran las cadenas adicionando los espacios necesarios a ambos
lados de cada una de ellas. La variable de la línea 60 (DECOR2$)
se actualiza en cada pasada del bucle de la forma apropiada.*

*Las líneas 100 a 130 demuestran que indicando una longitud de
cadena de 0 la función devuelve una cadena vacía sin producir
errores.*

Los códigos ASCII del 0 al 31 son los siguientes *caracteres de
control*:

000 (**NUL**) NULl (*Carácter nulo*)
001 (**SOH**) Start **O**f **H**eading (*Comienzo de encabezamiento*)
002 (**STX**) Start **O**f Te**X**t (*Comienzo de texto*)

003 (**ETX**) End **O**f TeXt (*Fin de texto*)

004 (**EOT**) End **O**f Transmission (*Fin de transmisión*)

005 (**ENQ**) **ENQ**uiry (*Petición*)

006 (**ACK**) **ACK**nowledge (*Reconocimiento*)

007 (**BEL**) **BEL**l (*Campana*)

008 (**BS**) **B**ack **S**pace (*Retroceso*)

009 (**HT**) **H**orizontal **T**ab (*Tabulación horizontal*)

010 (**LF**) **L**ine **F**eed (*Salto de línea*)

011 (**VT**) **V**ertical **T**ab (*Tabulación vertical*)

012 (**FF**) **F**orm **F**eed (*Cambio de página*)

013 (**CR**) **C**arriage **R**eturn (*Vuelta de carro*)

014 (**SO**) **S**hift **O**ut (*Desplazar*)

015 (**SI**) **S**hift **I**n (*No desplazar*)

016 (**DLE**) **D**ata **L**ink **E**scape (*Cambio del medio de transmisión de datos*)

017 (**DC1**) **D**evice **C**ontrol **1** (*Control del dispositivo 1*)

018 (**DC2**) **D**evice **C**ontrol **2** (*Control del dispositivo 2*)

019 (**DC3**) **D**evice **C**ontrol **3** (*Control del dispositivo 3*)

020 (**DC4**) **D**evice **C**ontrol **4** (*Control del dispositivo 4*)

021 (**NAK**) **N**egative **A**c**K**nowledge (*No reconocimiento*)

022 (**SYN**) **SYN**chronous idle (*Reposo síncrono*)

023 (**ETB**) End of **T**ransmission **B**lock (*Fin del bloque de transmisión de datos*)

024 (**CAN**) **CAN**cel (*Anular*)

025 (**EM**) End of **M**edium (*Final de soporte*)

026 (**SUB**) **SUB**stitute character (*Carácter de sustitución*)

027 (**ESC**) **ESC**ape (*Cambio de código*)

028 (**FS**) **F**ile **S**eparator (*Separador de ficheros*)

029 (**GS**) **G**roup **S**eparator (*Separador de grupos*)

030 (**RS**) **R**ecord **S**eparator (*Separador de registros*)

031 (**US**) **U**nit **S**eparator (*Separador de unidades*)

Con la finalidad de facilitar la *localización de los códigos **ASCII** y de sus grafías*, a continuación se ofrece el listado de un pequeño y relativamente sencillo *programa completamente funcional*:

```
10 KEY(1) ON
20 ON KEY(1) GOSUB 500
30 M$(0)="Carácter a ASCII: "
40 USO$(0)="ESC ESC Salir; F1 ASCII a carácter"
50 M$(1)="ASCII (3 dígitos) a carácter: "
60 USO$(1)="ESC Salir; F1 Carácter a ASCII"
70 IM=0:ESC=0:NOFIN=-1
80 WHILE NOFIN
90 PRINT:PRINT USO$(IM)
100 PRINT M$(IM);
110 A$=INKEY$:IF A$="" THEN 110
120 IF ASC(A$)=27 THEN ESC=ESC+1:NOFIN=ESC MOD 2
130 IF NOFIN=0 THEN 310
140 IF IM THEN 150 ELSE 270
150 REM ASCII a carácter
160 WHILE (A$<"0" OR A$>"9") XOR (ASC(A$)=27)
170 A$=INKEY$: IF A$="" THEN 170
180 WEND
190 IF ASC(A$)=27 THEN ESC=ESC+1:NOFIN=ESC MOD
2:GOTO 310
200 N$=N$+A$
210 IF LEN(N$)<3 THEN PRINT A$;:A$=".":GOTO 150
220 N=VAL(N$)
230 IF N>255 THEN PRINT A$;" (Fuera de
rango."N">255)":BEEP:GOTO 250
240 PRINT A$;" ";CHR$(N)
```

```
250 N$=""
260 GOTO 310
270 REM Carácter a ASCII
280 IF ASC(A$)<>13 THEN PRINT A$" ";
290 IF ASC(A$)<>27 THEN ESC=0
300 PRINT ASC(A$)
310 WEND
320 CLS:PRINT "Cortesía de David Herrera Pérez"
330 END
500 REM Invertir Carácter <-> ASCII
510 IM=1-IM
520 PRINT:PRINT:PRINT USO$(IM)
530 PRINT M$(IM);
540 RETURN
```

La forma de funcionamiento del programa anterior es sencilla.

*Al ejecutarlo, aparece el siguiente **prompt**:*

```
ESC ESC Salir; F1 ASCII a carácter
Carácter a ASCII:
```

*El programa se queda a la espera de la pulsación de una tecla. Al pulsar la A (por ejemplo), aparece inmediatamente el carácter A seguido de su código ASCII correspondiente (65). La pulsación de la tecla ESC dos veces seguidas detendrá el programa. Si se pulsa la tecla de función F1, el **prompt** cambia a:*

```
ESC Salir; F1 carácter a ASCII
ASCII (3 dígitos) a carácter:
```

El programa se queda a la espera de la pulsación de tres dígitos que conformen un número válido entre 0 y 255. Esto quiere decir que es necesario rellenar con ceros a la izquierda. Por ejemplo, para mostrar el séptimo código de control (BEL) habría que digitar **007** *e inmediatamente podremos oír el sonido correspondiente a la impresión de dicho código por el altavoz de su* **PC**. *El programa vuelve a mostrar el mismo* **prompt** *esperando una orden. Si queremos, se pueden introducir más códigos. Si el código es correcto, se mostrará éste y el carácter asociado; si es incorrecto, se emitirá un* **BEEP** *y se indicará que el valor introducido está fuera del rango permitido. La pulsación de* **ESC** *finalizará el programa, pero si se desea ver de nuevo el código* **ASCII** *correspondiente a un carácter, se puede pulsar* **F1** *para volver al* **prompt** *primigenio y proceder como al principio:*

```
ESC ESC Salir; F1 ASCII a carácter
Carácter a ASCII:
```

Véase también:

CHR$ y ASC.

SWAP

Sintaxis:

SWAP *vble1, vble2*

Descripción:

Esta sentencia *intercambia los valores de dos variables.*

Información adicional:

vble1 y *vble2* deben ser del *mismo tipo de datos*, ya sea entero, de simple precisión, de doble precisión o de cadena.

Si los *tipos* de las variables son *incompatibles* se genera el mensaje de error: «Tipos no coinciden en <*númlínea*>».

Si *no se ha asignado ningún valor* a las variables previamente a la ejecución de la sentencia SWAP se devolverá el mensaje de error: «Argumento no válido en <*númlínea*>».

Una variable *sin modificador* se considera numérica y puede albergar cualquier tipo de número: entero, de simple precisión, de doble precisión, octal o hexadecimal. Al asignarla un número, el intérprete de GW-BASIC le postpone (si procede) el modificador correspondiente (**%**, **!** o **#**), según sea, respectivamente:

Entero (%): número entre -32768 y +32767 sin punto decimal.

Punto fijo (!): número positivo o negativo con punto decimal.

Punto flotante (#): número positivo o negativo en notación científica, esto es: una *mantisa* entera o en punto fijo, una *letra* (**E** si es de *simple precisión* o **D** si es de *doble precisión*) y tras ella un entero *con o sin signo* que indica el *exponente*:

✓ `12.34E-5` se guarda como `.0001234`.
✓ `12.35E+5` se guarda como `1235000!`.
✓ `12.34D-5` se guarda como `.0001234#`.

Las **constantes octales** van precedidas por **&** o **&O** y las **constantes hexadecimales** van precedidas por **&H** y se pueden guardar en una variable sin modificador (véanse las funciones OCT$ y HEX$ para saber más sobre este tipo de representación numérica).

Una variable postpuesta con el *modificador tanto por ciento* (**%**) obliga a considerarla un *entero*.

Una variable postpuesta con el *modificador admiración* (**!**) obliga a considerarla de *simple precisión*.

Una variable postpuesta con el *modificador sostenido* (**#**) obliga a considerarla de *doble precisión*.

Una variable postpuesta con el modificador *dólar* (**$**) obliga a considerarla una *cadena*.

Ejemplos:

```
10 A=1357:B=2468
20 C!=233440!:D!=111200!
30 CAD1$="CORTARLO":CAD2$="DESATARLO"
40 E#=1.357913D-19:F#=2.4682468246D+37
50 PRINT "Previamente al intercambio:"
60 GOSUB 110 'Mostrar variables
70 GOSUB 170 'Intercambiar variables
80 PRINT:PRINT "Tras el intercambio:"
90 GOSUB 110 'Mostrar variables
100 END
110 REM Mostrar resultados
120 PRINT "A="A" B="B
```

```
130 PRINT "C!="C" D!="D!
140 PRINT "E#="E#" F#="F#
150 PRINT "Un nudo puedes "CAD1$" o "CAD2$
160 RETURN
170 REM Intercambiar variables
180 SWAP A,B
190 SWAP C!,D!
200 SWAP E#,F#
210 SWAP CAD1$,CAD2$
220 RETURN

RUN
Previamente al intercambio:
A= 1357  B= 2468
C!= 233440  D!= 111200
E#= 1.357913D-19  F#= 2.4682468246D+37
Un nudo puedes CORTARLO o DESATARLO

Tras el intercambio:
A= 2468  B= 1357
C!= 111200  D!= 233440
E#= 2.4682468246D+37  F#= 1.357913D-19
Un nudo puedes DESATARLO o CORTARLO
Ok
```

Véase también:

HEX$ y OCT$.

SYSTEM

Sintaxis:

SYSTEM

Descripción:

Este comando devuelve el control al sistema operativo.

Información adicional:

Al ejecutar la instrucción SYSTEM se cierran todos los archivos abiertos, pero se perderá el programa que resida en memoria.

Si se entró a GW-BASIC desde un archivo por lotes *batch**, se retorna de nuevo al mismo ; devolviendo el control a la siguiente instrucción que se encuentre dentro del archivo tras dicha llamada.

Si se entró a GW-BASIC desde el *prompt*** del sistema operativo se vuelve al mismo, a la espera de la introducción nuevos comandos de MS-DOS.

* Un archivo *batch* o *por lotes* de MS-DOS es un fichero de extensión .BAT con un conjunto de órdenes que el sistema operativo ejecuta cuando el usuario teclea el nombre del mismo.

** El *prompt* del sistema operativo son los caracteres que se muestran al usuario para indicarle la finalización de la ejecución de una instrucción o comando y la predisposición para recibir más órdenes. Tradicionalmente, consiste en la letra de la unidad de disco actual seguida de dos puntos, la ruta completa desde el directorio raíz hasta el actual, un carácter *mayor que* y un cursor parpadeante. Por ejemplo, si el directorio actual es un descendiente directo del directorio raíz llamado GWBASIC, el *prompt* sel sistema sería: C:\GWBASIC>_ (donde _ es el cursor que parpadea).

TAB

Sintaxis:

TAB(*columna*)

Descripción:

Esta función *fija una tabulación* en la columna especificada de la línea de texto actual para *alineación de datos por la izquierda*.

Información adicional:

columna es el *número de columna de la siguiente posición de impresión*. El rango debe estar entre 1 y 255, pero debido a que la función TAB *presupone un punto y coma implícito tras ella*, un valor mayor que el ancho de pantalla (definido por WIDTH) no producirá un cambio de línea, sino que permanecerá en la misma, de forma que la tabulación se fijará en la columna resultante de hacer la operación módulo (MOD) entre valor del argumento y el ancho de columna.

La **columna 1** se corresponde con *la primera de más a la izquierda* de cada línea.

Si la función TAB es previa a la impresión de cualquier otro dato en la línea actual, se completará la línea con espacios hasta llegar a la columna especificada.

Si tras imprimir un cierto número de caracteres éstos sobrepasan en número el valor de columna especificado en la siguiente función TAB, el cursor cambia a la columna deseada pero dentro de la línea siguiente.

Ejemplos:

```
10 PRINT TAB(10)"1"TAB(20)"2"TAB(30)"3"
20 PRINT "123456789012345678901234567890"
25 PRINT TAB(2)TAB(1)
30 PRINT "**Tabulación 1    Tabulación 2"
35 PRINT TAB(3)
40 PRINT TAB(3)"Primero"TAB(99)"Segundo";
50 PRINT TAB(243)"Tercero";
60 PRINT TAB(19)"Cuarto"
70 PRINT TAB(3)"Quinto"TAB(8);
80 PRINT TAB(19)"Sexto"
90 PRINT TAB(3)
100 PRINT "Séptimo"TAB(19)"Octavo"
RUN
          1         2         3
123456789012345678901234567890

**Tabulación 1    Tabulación 2
  Primero       Segundo
  Tercero       Cuarto
  Quinto

                Sexto
  Séptimo       Octavo
Ok
```

La línea 10 del programa anterior imprime los dígitos 1, 2 y 3 para formar el 10 el 20 y el 30 (en vertical). La línea 25 introduce una línea en blanco. La línea 35 no tiene ningún efecto (si fuera TAB(4), se crearía una línea en blanco). La columna 99 de la línea 40 se traduce a 19 (99 MOD 80). El punto y coma final de la misma línea es innecesario. El tabulador de la línea 50 (243

*MOD 80=3) obliga a un cambio de línea, pues esa posición de tabulación ya ha sido usada. El punto y coma al final de la cadena «*Tercero*» es indispensable para mostrarla en pantalla en la misma línea que «*Cuarto*». *TAB(8)* al final de la línea 70 introduce un cambio de línea (si manteniendo el punto y coma se eliminara *TAB(8)*, la palabra «*Sexto*» permanecería en la misma línea que «*Quinto*»). Finalmente, *TAB* se presupone con un punto y coma al final, como comprueba la línea 90.*

Véase también:

SPC, SPACE$, PRINT y PRINT USING.

TAN

Sintaxis:

TAN(x)

Descripción:

La función TAN devuelve el valor de la *función trigonométrica tangente* de x.

Información adicional:

El argumento x puede ser cualquier *expresión numérica*, pero debe estar *expresada en radianes*. Para convertir *grados a radianes* basta con multiplicar por $\frac{\pi}{180}$.

La *función TAN* efectúa las operaciones utilizando números de *simple precisión*, salvo que al iniciar GW-BASIC en la línea de comandos se haya empleado el parámetro /d; en cuyo caso se usarán números de *doble precisión*.

Equivale a la operación entre las funciones: SIN(x)/COS(x).

Para calcular la **cotangente** sólo hay que calcular la inversa de la tangente: 1/TAN(x).

La *función complementaria* es el arco tangente: ATN(x).

Ejemplos:

```
10 PI#=3.141592653589793#
20 INPUT "Grados"; X#
30 XRAD#=X#*(PI#/180#) 'Pasa grados a radianes
40 PRINT "Seno de ";X#;" grados: "; SIN(XRAD#)
```

```
50 PRINT "Coseno de ";X#;" grados: "; COS(XRAD#)
60 PRINT "Tangente de ";X#;" grados: ";TAN(XRAD#)
70 PRINT "SIN("X#")/COS("X#")  es: ";
80 PRINT SIN(XRAD#)/COS(XRAD#)
```

(El intérprete fue invocado así: `C:\>GWBASIC`)
```
RUN
Grados? 30
Seno de  30  grados:  .5
Coseno de  30  grados:  .8660254
Tangente de  30  grados:  .5773503
SIN( 30 )/COS( 30 )  es:  .5773503
Ok
```

(El intérprete fue invocado así: `C:\>GWBASIC /D`)
```
RUN
Grados? 30
Seno de  30  grados:  .5
Coseno de  30  grados:  .8660254037844386
Tangente de  30  grados:  .5773502691896257
SIN( 30 )/COS( 30 )  es:  .5773502691896257
Ok
```

Nótese que: $\sin 30 = \dfrac{1}{2}$, $\cos 30 = \dfrac{\sqrt{3}}{2}$ y $\dfrac{\sin 30}{\cos 30} = \dfrac{1}{\sqrt{3}}$. *El símbolo # al final de los nombres de las variables indica doble precisión. Al ejecutar* **GW-BASIC** *con el modificador* **/d***, la función se calcula usando números de doble precisión, en vez de números de simple precisión.*

Véase también:

SIN, COS y ATN.

TIME$

Sintaxis:

Como *sentencia*:

TIME$ = expCad$

Como *variable*:

[LET] expCad$ = TIME$

Descripción:

TIME$ puede recoger o cambiar la hora actual del sistema.

Información adicional:

expCad$ es un *literal* o una *variable de cadena* en el que se indica: hora (*hh*), minutos (*mm*) y segundos (*ss*) separados por caracteres «dos puntos» (:). Los **formatos válidos** son:

✓ **hh** define la *hora* y debe estar en el rango 0-23. Los minutos y segundos se cambian a 00 de forma automática.

✓ **:mm** define los *minutos*; deben estar en el rango 0-59. Los segundos se cambian automáticamente a 00.

✓ **::ss** define los *segundos*; deben estar en el rango 0-59.

✓ **hh:mm** define la *hora* y los *minutos*. Los segundos se cambian automáticamente a 00.

✓ **hh:mm:ss** define la *hora*, los *minutos* y los *segundos*.

Un valor que no se ajuste a alguno de los formatos anteriores genera el error: «Argumento no válido».

TIME$ usado *como variable* se comporta como una función que *genera una cadena con el formato más completo* (**hh:mm:ss**) con un total de *8 caracteres*: dos para la hora (hh), un separador (:) de horas a minutos, dos para los minutos (mm), un separador (:) de minutos a segundos y por último, dos para los segundos (ss).

Cada vez que la variable TIME$ se encuentre en una sentencia LET o PRINT será actualizada en el momento de la ejecución con la hora del sistema (la palabra LET es opcional y no suele usarse).

Es común usar la variable TIME$ para recoger los segundos de la hora del sistema usarlos como *semilla para generar números pseudo-aleatorios* con ayuda de la sentencia RANDOMIZE; para ello, se necesita una de las funciones, MID$ o RIGHT$, en combinación con VAL para calcular el argumento SEMILLA:

SEMILLA=VAL(MID$(TIME$,7,2)) ó

SEMILLA=VAL(RIGHT$(TIME$,2))

y *a posteriori*:

RANDOMIZE SEMILLA

Ejemplos:

```
TIME$="::33"      'Cambia los segundos
TIME$=":22:35"    'Cambia minutos y segundos
TIME$=":55"       'Cambia los minutos del sistema
TIME$="21:59:5"   'Cambia hora, minutos y segundos
TIME$="22:10"     'Cambia hora y minutos

HORA$=TIME$       'Recoge la hora del sistema
LET H$=TIME$      'Recoge la hora del sistema

PRINT TIME$       'Imprime la hora del sistema
```

Véase también:

TIMER, RANDOMIZE y RND.

TIMER

Sintaxis:

nSeg=TIMER

Descripción:

Esta función devuelve los segundos transcurridos desde la medianoche o un reinicio del sistema.

Información adicional:

nSeg es la *variable de punto flotante* en la que se va a guardar el valor devuelto por la función (un número de *simple precisión*).

Las fracciones de segundo se calculan con la mayor precisión posible. *Si se precisa obtener más de dos decimales*, puede utilizarse una variable de doble precisión (con el sufijo #).

La función TIMER puede usarse como semilla para RANDOMIZE o bien para medir tiempos dentro de un programa.

Ejemplos:

```
10 FLAG=-1:J=0:F=2590
20 INICIO#=TIMER
30 FOR I=1 TO F:J=J+1:NEXT I
40 FIN#=TIMER
50 PRINT F" vueltas tardan ";
60 PRINT FIN#-INICIO#;" segundos."
70 FLAG=FLAG+1:F=F+1
80 IF FLAG THEN 100
90 R1#=FIN#-INICIO#:GOTO 20
```

```
100 R2#=FIN#-INICIO#
110 PRINT R2#-R1#" segundos en 1 iteración."
120 END
```

(El intérprete fue invocado así: `C:\>GWBASIC /D`)

```
RUN
 2590  vueltas tardan  .98828125  segundos.
 2591  vueltas tardan  1.0390625  segundos.
 .05078125  segundos en 1 iteración.
Ok
```

*El programa anterior calcula el tiempo que tarda en ejecutarse un bucle **FOR** de **2590** vueltas con una iteración en su interior e inmediatamente después recoge el tiempo que tarda el mismo bucle en dar una vuelta más, muestra los tiempos y la diferencia entre ellos (cada ejecución saca valores distintos, y poco fiables).*

```
10 F=0
20 INICIO=TIMER
30 WHILE TIMER-INICIO<1
40 F=F+1
50 WEND
60 FIN=TIMER
70 PRINT F" vueltas en ";FIN-INICIO;" segundos."
```

```
RUN
 1183  vueltas en  1.04296875  segundos.
```

*El programa anterior calcula las vueltas que necesita ejecutar un bucle **WHILE** con una iteración en su interior en su ordenador para que transcurra aproximadamente **1** segundo.*

Véase también:

`TIME$`, `RANDOMIZE` y `RND`.

TRON y TROFF

Sintaxis:

TRON

TROFF

Descripción:

Estos comandos (*o instrucciones*) permiten *seguir la ejecución de un programa* en detalle.

Información adicional:

(*La palabra* TRON *procede de* «**TRace ON**»)

TRON *conecta la funcionalidad de seguimiento* de un programa, la cual consiste en efectuar un trazado detallado de la ejecución del mismo en forma de etiquetas formadas por los números de línea que va recorriendo encerrados individualmente entre corchetes.

(*La palabra* TROFF *procede de* «**TRace OFF**»)

TROFF *desactiva el seguimiento* de la ejecución de programas.

Tanto TRON como TROFF pueden utilizarse dentro de un programa o de forma interactiva con el usuario.

El uso del *comando* **NEW** (que *elimina el programa de memoria*) también *desactiva el seguimiento*, pero de la *sentencia* **STOP** no. Esto último es útil en la depuración de programas, porque permite imprimir de forma interactiva los valores de variables sospechosas y continuar el trazado. También *se puede iniciar el seguimiento* (si éste está desactivado) *tras una sentencia* STOP.

Ejemplos:

```
10 PRINT "Iniciando seguimiento...";
20 TRON:PRINT "TRON"
30 GOTO 70
40 PRINT " Digite CONT<ENTER>":STOP:GOTO 50
50 GOTO 60
60 GOTO 80
70 GOTO 40
80 TROFF
90 PRINT:PRINT"TROFF"
100 PRINT "Esta línea no tiene seguimiento."
110 END
```

```
RUN
Iniciando seguimiento...TRON
[30][70][40] Digite CONT<ENTER>
Interrumpido en 40
Ok
CONT   (tecleado por el usuario)
[50][60][80]
TROFF
Esta línea no tiene seguimiento.
Ok
```

En el programa anterior se ejecuta el comando de seguimiento en la línea 20. La línea 30 lleva a la 70 y finalmente a la 40 (la cual imprime un mensaje para el usuario y detiene temporalmente el programa mediante STOP). El usuario digita CONT (y pulsa la tecla ENTER o INTRO). El trazado del programa continúa: línea 50, línea 60 y línea 80 —en la que TROFF desactiva el seguimiento—. A partir de ese instante, se deja de rastrear la ejecución.

Véase también:

NEW, STOP y CONT.

UNLOCK

Sintaxis:

UNLOCK [#]n [,[númReg] [TO númReg]]

Descripción:

La sentencia UNLOCK cancela los bloqueos impuestos por la última instrucción LOCK.

Información adicional:

n es el número asociado a un archivo abierto en el programa.

númReg es un **número de registro** del archivo. El *número máximo de registros* admitidos es de 1 a $2^{32} - 1$. El *tamaño máximo de un registro* es de 32767 bytes.

númReg TO *númReg* es la forma de expresar el **rango de registros a considerar**. El *númReg antes de TO* designa el *registro inicial* (si se omite, se considera 1) y el *pospuesto a TO*, el *final* (en caso de faltar, se considera sólo el registro inicial; y si tampoco lo hubiere, el archivo completo); y ambos definen el **conjunto de registros a ser desbloqueados**.

En archivos secuenciales, UNLOCK *desbloquea el archivo íntegro*, independientemente de los parámetros utilizados (éstos sólo son aplicables a archivos de acceso aleatorio).

UNLOCK **complementa** a LOCK en entornos multi-dispositivo o de red, en los que varios procesos quieren acceder al mismo recurso.

Un fallo al ejecutar la sentencia UNLOCK puede comprometer futuros accesos al fichero en la red. El rango de registros bloqueado, debería ser desbloqueado antes de cerrar el archivo para garantizar futuros accesos al mismo.

Si a pesar de ser *sintácticamente correcta* la orden UNLOCK falla, se emite el error: «`Permiso negado en <nl>`», donde *nl* es el número de línea en la que localiza la sentencia que no se pudo llevar a cabo.

Cada orden **UNLOCK** *debe ir pareja a la correspondiente* **LOCK**. Por ejemplo, si el archivo asociado a **#1** se bloquea mediante:

```
LOCK #1, 3 TO 5
LOCK #1, 6 TO 8
```

debe desbloquearse con las *sentencias parejas*:

```
UNLOCK #1, 3 TO 5
UNLOCK #1, 6 TO 8
```

Sería erróneo utilizar esta otra forma:

```
UNLOCK #1, 3 TO 8
```

Ejemplos:

```
UNLOCK #1,TO 10     'Desbloquea reg.  1 a 10
UNLOCK #1,11 TO 20  'Desbloquea reg. 11 a 20
UNLOCK #2,100       'Desbloquea el registro 100
UNLOCK #3           'Desbloquea el archivo 3
```

Véase también:

LOCK.

USR

Sintaxis:

v=USR[*n*](*arg*)

Descripción:

La función USR permite llamar a una subrutina en ensamblador.

Información adicional:

n es el número identificativo de la rutina invocada. Los valores válidos son, de 0 a 9 (ambos inclusive). El valor por defecto es 0 (*la primera rutina*, i.e. USR0)

arg puede ser cualquier ***expresión numérica o de cadena***. Debe ser del mismo tipo (numérico o de cadena) que espera la subrutina como argumento y su *presencia es obligatoria* (si ésta no requiere ninguno, se debe proporcionar uno ficticio).

USR se *utiliza de forma conjunta con la sentencia DEF USR* que redefine la dirección de comienzo de las rutinas USR[*n*]. Ello asegura que se puedan llamar más de 10 rutinas en ensamblador desde un mismo programa.

DEF USR *cambia* el segmento de inicio de la subrutina. Si ésta se encuentra en el segmento de datos por defecto de GW-BASIC (DS) su uso no sería necesario. En los demás casos, DEF USR debe ser invocado antes de cada llamada a la función USR para definir juntas la *dirección de la subrutina*, determinando respectivamente el *segmento* y el *desplazamiento* dentro de dicho segmento.

*Al llamar a la función **USR***, el registro AL contiene un número que indica el tipo del argumento, el NTF (*Number Type Flag*), cuyos valores pueden ser:

✓ 2 para un *entero **de dos bytes***.

✓ 3 para una *cadena*.

✓ 4 para un número en punto flotante de *simple* precisión.

✓ 8 para un número en punto flotante de *doble* precisión.

*Si el argumento de USR es **una cadena***, el registro AL contiene el número 3 y en el registro DX se guardan *tres bytes* conocidos como **descriptor de cadena**:

✓ El **byte 0** contiene un *número entre 0 y 255* que indica la longitud de la cadena.

✓ El **byte 1** contiene los *8 bytes inferiores* de la dirección de comienzo de la cadena dentro del segmento de datos de GW-BASIC.

✓ El **byte 2** contiene los *8 bytes superiores* de la dirección de comienzo de la cadena dentro del segmento de datos de GW-BASIC.

*Si el argumento de USR es un **literal de cadena***, el descriptor de la cadena apunta al texto del programa invocante, por lo que hay que procurar que la modificación de esa información no trascienda al resto del programa al llamar a la subrutina. Es recomendable añadir «+""» al literal de cadena (por ejemplo: C$="LITERAL"+"") en el programa invocante para forzar la copia del literal de cadena en el espacio de memoria del mismo reservado para cadenas, evitando así que una alteración de ésta por parte de la rutina invocada pueda afectar al programa sobrescribiéndolo, con resultados inesperados.

*Cuando el argumento de USR es un **número**,* éste se guarda en el acumulador para números en punto flotante, también llamado FAC (*Floating-point ACcumulator*), el cual es de un tamaño de 8 bytes y reside en el segmento de datos de GW-BASIC. El registro BX apunta al *quinto byte* del acumulador FAC. La información que allí se encuentre se interpreta de distinta manera según sea el **tipo del argumento**:

Si es un **entero**:

✓ BX+1 contiene los *8 bits superiores* del argumento.

✓ BX+0 contiene los *8 bits inferiores* del argumento.

Si es un número en **punto flotante de simple precisión**:

✓ BX+3 es el *exponente*, menos 128 —*para eliminar el bit 7*—. La posición del punto está representado en binario a izquierda del bit más significativo de la mantisa.

✓ BX+2 contiene los *8 bits superiores* de la mantisa. El bit 7 indica el signo del número: 0 si es positivo; 1 si es negativo. El resto constituyen los siete bits más significativos de la mantisa.

✓ BX+1 son los *8 bits de la parte media* de la mantisa.

✓ BX+0 son los *8 bits de la parte baja* de la mantisa.

Si es un número en **punto flotante de doble precisión**:

✓ BX+3 a BX+0 son idénticos a los números de punto flotante de simple precisión.

✓ BX-1 a BX-4 contiene 4 bytes más para la mantisa, de tal modo que los *ocho bits menos significativos* recaen en BX-4.

Cuando se requiere un retorno FAR de la subrutina (porque ésta estaba en un segmento distinto al del programa invocante) el valor de retorno debe almacenarse en el registro FAC.

Si bien USR permite llamar a un programa externo al programa principal, *la función CALL permite pasar más argumentos y es más compatible* con otros lenguajes de programación.

VAL

Sintaxis:

VAL(*exprCad$*)

Descripción:

Esta función convierte en un número la representación del valor del mismo en forma de cadena.

Información adicional:

exprCad$ es la ***representación del número*** a convertir, ***en forma de cadena***. Cualquier carácter *espacio en blanco* (ASCII 32), *tabulación horizontal* (HT, ASCII 9) o *cambio de línea** (LF, ASCII 10) que se encuentre a la izquierda de dicho número es eliminada automáticamente antes de aplicar la función VAL (*la cadena original no se modifica*). Si el ***primer carácter*** de la cadena es ***no numérico***, se *devuelve el valor 0*; pero los **caracteres no numéricos pospuestos** al número *serán ignorados*, de forma que si los primeros caracteres de la cadena conforman un número válido, su versión numérica será el valor devuelto por VAL.

* Un retorno de carro (CR, ASCII 13) a la izquierda del número va a generar el valor numérico 0 al aplicar la función VAL. Es habitual en sistemas UNIX la inclusión de un único carácter LF al final de cada línea de un archivo de texto; pero en sistemas no UNIX como el MS-DOS en su lugar se usa la combinación de caracteres CR-LF.

La ***conversión*** que efectúa VAL *puede incluir redondeos* en el número cuando la función lo considere necesario. Como ejemplo, x!=VAL("1.34342453434") produce el valor x!=1.343425.

La **función pareja** *complementaria* de VAL es STR$, la cual es capaz de proporcionar una representación del número que se le pasa como argumento en forma de cadena.

Ejemplos:

```
10 X$="1.33435649334":X!=VAL(X$)
20 HT$=CHR$(9) 'Tabulación horizontal
30 CR$=CHR$(13) 'Retorno de carro
40 LF$=CHR$(10) 'Cambio de línea
50 N$(1)="-43fiu":N$(2)="++34"
60 N$(3)="+ 99":N$(4)=" -345"
70 N$(5)=HT$+"1.4142":N$(6)=".577e21"
80 N$(7)=CR$+"5434":N$(8)=LF$+"1.33356233445"
90 N$(9)="434 TEXTO IGNORADO"
100 FOR I=1 TO 9
110 PRINT "VAL(";CHR$(34);N$(I);CHR$(34);
120 PRINT ")=";VAL(N$(I))
130 NEXT
140 PRINT "VAL(";CHR$(34);X$;CHR$(34);
150 PRINT ")=";X!
```

```
RUN
VAL("-43fiu")=-43        (texto ignorado: fiu)
VAL("++34")= 0           (dos caracteres + generan 0)
VAL("+ 99")= 99          (el espacio es ignorado)
VAL(" -345")=-345        (el espacio es ignorado)
VAL("   1.4142")= 1.4142 (el tabulador es ignorado)
VAL(".577e21")= 5.77D+20 (D indica doble precisión)
VAL("                    (un retorno de carro delante del número genera 0)
5434")= 0
VAL("                    (un cambio de línea delante del número es ignorado)
```

```
1.33356233445")= 1.33356233445
VAL("434 TEXTO IGNORADO")= 434    (texto ignorado)
VAL("1.33435649334")= 1.334357    (redondeo)
Ok
```

Véase también:

STR$.

VARPTR

Sintaxis:

VARPTR(*nomVble*)

VARPTR(*#númFich*)

Descripción:

Esta función devuelve la *dirección compensada de una variable* en memoria (*nomenclatura superior*) *o del FCB* (*File Control Block o bloque de control de archivos*) del archivo asociado al descriptor del argumento (*nomenclatura inferior*).

Información adicional:

nomVble es el **nombre de una variable** de GW-BASIC *de cualquier tipo* (numérica, de cadena o una matriz) que reside en memoria. La **dirección devuelta** por VARPTR es un *entero de dos bytes* entre -32768 y 32767, de tal forma que **si el valor es negativo**, *se añade* 65536. La asignación de un valor al nombre de variable debe efectuarse lo antes posible previamente a la llamada a la función; en especial en las matrices (*arreglos* u *arrays*) en las que una simple asignación puede variar la dirección. En este último caso, VARPTR devuelve la dirección del primer elemento del array (aquél que ostenta la dirección más baja). Una llamada a la función con un argumento sin valor asignado genera el error «Argumento no válido».

númfich es el número asociado al fichero o dispositivo abierto.

VARPTR(*nomVble*) devuelve la dirección del primer byte de datos identificado por el nombre del argumento. Se usa a menudo para obtener la *dirección de la variable o el array* que debe pasarse como argumento a una rutina en ensamblador. En este último caso, de da la dirección del primer elemento de la matriz.

VARPTR(#*númFich***)** devuelve la dirección de comienzo del FCB asignado al número que se le ha pasado como argumento. Diversos desplazamientos a partir de dicha dirección proporcionan distintas informaciones del bloque de control de archivos, a saber:

✓ *Desplazamiento u offset: **0***; *Bytes: **1***. Modo en el que el archivo o dispositivo fue abierto:

1	Sólo entrada.
2	Sólo salida.
4	E/S aleatoria.
16	Sólo para añadir datos
32	Uso interno.
64	Uso futuro.
128	Uso interno

✓ *Desplazamiento u offset: **1***; *Bytes: **38***. FCB (*Bloque de control de archivos*) del disco.

✓ *Desplazamiento u offset: **39***; *Bytes: **2***. Número de sectores leídos o escritos en *acceso secuencial*. El último número de registro leído o escrito **+1** en *archivos aleatorios*.

✓ *Desplazamiento u offset: **41***; *Bytes: **1***. Número de bytes en el sector cuando se lee o escribe.

✓ *Desplazamiento u offset: **42***; *Bytes: **1***. Número de bytes que quedan en el búfer de entrada.

✓ *Desplazamiento u offset: **43***; *Bytes: **3***. Reservado para futura expansión.

✓ *Desplazamiento u offset: **46***; *Bytes: **1***. Identificador del dispositivo:

```
0-9 Discos A: a J:
255 KYBD: (Teclado)
254 SCRN: (Pantalla)
253 LPT1: (Dispositivo de impresión 1)
252 CAS1: (Dispositivo de cinta 1)
251 COM1: (Dispositivo de comunicaciones 1)
250 COM2: (Dispositivo de comunicaciones 2)
249 LPT2: (Dispositivo de impresión 2)
248 LPT3: (Dispositivo de impresión 3)
```

✓ *Desplazamiento u offset: 47; Bytes: 1*. Ancho (amplitud) del dispositivo.

✓ *Desplazamiento u offset: 48; Bytes: 1*. Posición en el búfer de impresión.

✓ *Desplazamiento u offset: 49; Bytes: 1*. De uso interno durante operaciones BLOAD/BSAVE de volcado a disco de RAM del sistema. No se utiliza para archivos de datos.

✓ *Desplazamiento u offset: 50; Bytes: 1*. Posición de salida utilizada durante la expansión de etiquetas.

✓ *Desplazamiento u offset: 51; Bytes: 128*. Búfer de datos físico. Usado para la transferencia de datos entre DOS y BASIC. Con este desplazamiento se pueden examinar datos en modo de E/S secuencial.

✓ *Desplazamiento u offset: 179; Bytes: 2*. Tamaño de registro de longitud variable. Por defecto es 128. Queda fijado mediante la *opción longitud* de la sentencia OPEN.

✓ *Desplazamiento u offset: 181; Bytes: 2*. Número de registro físico actual.

✓ *Desplazamiento u offset: 183; Bytes: 2.* Número de registro lógico actual.

✓ *Desplazamiento u offset: 185; Bytes: 1.* Reservado para futura expansión.

✓ *Desplazamiento u offset: 186; Bytes: 2.* Sólo para archivos de disco. Posición de salida para PRINT, INPUT y WRITE.

✓ *Desplazamiento u offset: 188; Bytes: n.* Búfer de datos del campo actual. El tamaño queda determinado por el parámetro /S: de GW-BASIC cuando éste es invocado. Se transmiten el número de bytes especificados en el tamaño del registro (*offset* 179 de más arriba) entre el búfer de datos físicos (*offset 51* de más arriba) y el actual (*offset 188*) en operaciones de E/S. Con este desplazamiento se pueden examinar archivos de datos en modo de E/S aleatorio.

Ejemplos:

```
10 A$(0)="A":I=1
20 FOR C=66 TO 69
30 A$(I)=A$(I-1)+CHR$(C):I=I+1
40 NEXT C
50 FOR I=0 TO 4
60 PRINT PEEK(VARPTR(A$(I)));":";A$(I)
70 NEXT I

RUN
 1 :A
 2 :AB
 3 :ABC
 4 :ABCD
 5 :ABCDE
```

Ok

El programa anterior demuestra que la longitud de la cada cadena en GW-BASIC se guarda en un byte al principio de la misma.

```
FCB=VARPTR(#3)'Dirección del FCB
BUFD=FCB+188  'Dirección del búfer de datos
C$=PEEK(BUFD) 'Primer carácter del búfer de datos
```

(#3 es un descriptor válido de un archivo dado por OPEN)

Véase también:

VARPTR$, POKE y PEEK.

VARPTR$

Sintaxis:

VARPTR$(*nomVble*)

Descripción:

Esta función devuelve la representación de la dirección de una variable en memoria en forma de cadena.

Información adicional:

nomVble es el **nombre de una variable** de GW-BASIC *de cualquier tipo* (numérica, de cadena o una matriz) que reside en memoria. Es *indispensable la asignación de algún valor* a la variable antes de la llamada a la función. De no ser así se emite el error: «Argumento no válido». Además, debe tenerse en cuenta que una asignación en nuevos elementos de una matriz puede provocar un cambio de dirección de la matriz.

Los usos más comunes de VARPTR$ son:

✓ Conjuntamente con las sentencias PLAY, DRAW o PAINT para proporcionar la dirección de cadenas de instrucciones.

✓ Conjuntamente con la sentencia USR para proporcionar los argumentos a una rutina en ensamblador.

VARPTR$ *devuelve* el *desplazamiento de la dirección* de la variable en memoria dentro del segmento actual *en forma de una* **cadena de tres bytes**, en la cual el primer carácter es el Byte 0, el segundo es el Byte 1 y el tercero es el Byte 2.

Cada uno de ellos tiene un *propósito*:

El **Byte 0** determina el tipo de variable:

- ✓ 2 indica un número *entero*.
- ✓ 3 indica una *cadena*.
- ✓ 4 indica un número de *simple precisión*.
- ✓ 8 indica un número de *doble precisión*.

El **Byte 1** contiene el *byte menos significativo* de la dirección (desplazamiento dentro del segmento actual) en formato del **8086**.

El **Byte 2** contiene el *byte más significativo* de la dirección (desplazamiento dentro del segmento actual) en formato del **8086**.

Ejemplos:

*El siguiente programa **muestra el valor de los bytes que devuelve VARPTR$** para tipos distintos tipos de variables (en este orden): de **cadena ($)**, de **entero (%)**, de **simple precisión (!)**, de **doble precisión (#)** y **sin modificador** (por defecto, equivale a **!**):*

```
10 A$="DIC.":N%=29:X!=11.35:Y#=1.36E+23:Z=2018
20 PRINT "B0   B1   B2   VARIABLE":CLL$=CHR$(34)
30 X$=VARPTR$(A$):GOSUB 90:PRINT " "CLL$A$CLL$
40 X$=VARPTR$(N%):GOSUB 90:PRINT " "N%
50 X$=VARPTR$(X!):GOSUB 90:PRINT " "X!
60 X$=VARPTR$(Y#):GOSUB 90:PRINT " "Y#
70 X$=VARPTR$(Z):GOSUB 90:PRINT " "Z
80 END
90 REM Ver cadena de dirección
100 FOR J=1 TO LEN(X$)
110 PRINT ASC(MID$(X$,J,1));
120 NEXT
130 RETURN
```

```
RUN
B0    B1   B2   VARIABLE
 3   181   19   "DIC."
 2   188   19   29
 4   194   19   11.35
 8   202   19   1.359999987849096D+23
 4   214   19   2018
Ok
```

*La línea siguiente **llama a la subrutina 1** en ensamblador y le pasa el argumento **ARG**:*

```
1000 Y=USR1(VARPTR$(ARG))
```

*El siguiente programa usa **VARPTR$ conjuntamente con** las sentencias **PLAY**, **DRAW** y **PAINT**:*

```
10 CLS:SCREEN 8:PSET(110,100)
20 REM *
30 REM * VARPTR$ con PLAY
40 REM *
50 E$="CDEFG...AFGEF...FAFGE...GFEDC"
60 PLAY "MBL14"
70 PLAY "X"+VARPTR$(E$)
80 REM *
90 REM * VARPTR$ con DRAW
100 REM *
110 CASA$="C7 E50;F50;L100;D50;R100;U50;"
120 DRAW "X"+VARPTR$(CASA$)
130 DRAW "BM-20,+4;p8,7;BM+0,-8 P9,7;BM+20,+4"
140 REM *
150 REM * VARPTR$ con PAINT
160 REM *
```

```
170 PAT$=CHR$(74)+CHR$(165)
180 CIRCLE (160,120),20,1
190 PAINT (160,120),VARPTR$(PAT$),1
200 END
300 SCREEN 0:WIDTH 80 'Modo texto de 80 columnas
```

Véase también:

VARPTR, PLAY, DRAW, PAINT y USR.

VIEW

Sintaxis:

```
VIEW [[SCREEN][(x1,y1)-(x2,y2)[,[rell][,borde]]]]
```

Descripción:

La sentencia VIEW *define una* **ventana cuadrangular** en la pantalla (apodada *marco de visualización* o **viewport**) determinada por las coordenadas de dos de sus esquinas diagonalmente opuestas, en la que se pueden representar gráficos.

Información adicional:

SCREEN es *opcional*; *si se especifica*, las coordenadas se refieren a la *pantalla principal*; **en caso contrario**, se refieren al *marco de visualización*.

(x1,y1)-(x2,y2) son las **coordenadas** *de la* **esquina superior izquierda** *y la* **esquina inferior derecha**, respectivamente, de la ventana cuadrangular que determina el *viewport*. Sin embargo, se admite cualquier par de coordenadas diagonalmente opuestas. La única restricción está en que no se permite que x1 sea igual a x2; tampoco puede ser y1 igual a y2.

rell define el **color de relleno** del marco de visualización; si se omite, se usará el color por defecto para el fondo en ese instante.

borde si se omite, no se dibuja borde alguno, en caso contrario, determina el color de la línea que define la ventana cuadrangular que determina el marco de visualización.

La **sentencia CLS** por defecto *borra la última ventana* que VIEW estableció como marco de visualización.

VIEW sin ningún argumento restablece la pantalla completa como marco de visualización (*desactiva viewports*).

Nota: *Las ventanas que define* VIEW *sólo funcionan como se espera con sentencias para gráficos.*

Ejemplos:

```
10 SCREEN 1:VIEW:CLS
20 FOR I=10 TO 210 STEP 50
30 VIEW (I, 10+INT(I MOD 2))-(300,180),,1
40 LINE (20,20)-(20,80)
50 NEXT
60 VIEW SCREEN (20,120)-(147,150),2,1
70 VIEW SCREEN (168,120)-(200,150),2,1
80 VIEW SCREEN (220,120)-(290,150),2,1
90 VIEW SCREEN (30,130)-(137,140),,3:CLS
100 VIEW SCREEN (178,130)-(190,140),3,0
110 VIEW SCREEN (230,130)-(280,140),2,3:CLS
120 VIEW (247,30)-(288,90),1,3
130 FOR I=10 TO 50 STEP 5
140 LINE (5,I)-(36,I),0
150 NEXT:END
200 SCREEN 0:WIDTH 80:'Modo texto 80 columnas
```

*La siguiente imagen muestra la **salida del programa**:*

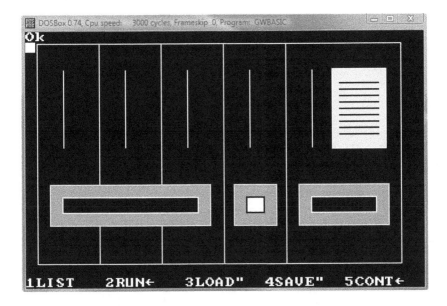

Véase también:

CLS, SCREEN, VIEW PRINT y WINDOW.

VIEW PRINT

Sintaxis:

VIEW PRINT [*LinSup* TO *LinInf*]

Descripción:

La sentencia VIEW PRINT *define los límites de una ventana de texto* en la pantalla.

Información adicional:

LinSup indica la ***primera línea*** (la de menor valor numérico) *de la ventana de texto*. Su rango está entre **1** y **24**. La línea **25** está reservada. Ante un valor fuera de rango o mayor que *LinInf*, se genera el error: «Argumento no válido».

LinInf indica la ***última línea*** (la de mayor valor numérico) *de la ventana de texto*. Su rango está entre **1** y **24**. La línea **25** no se utiliza; debe ser mayor que *LinSup* . Un valor fuera de rango, genera el error: «Argumento no válido». Si *LinSup* no se especifica, se indica con el mensaje: «Error de sintaxis».

Tanto *LinSup* como *LinInf* son **opcionales**, pero *si aparece uno de ellos, debe aparecer el otro. La **omisión de ambos**, se entiende como una ventana que abarca *toda la pantalla*.

Las ***sentencias y funciones afectadas por la ventana de texto*** son: CLS, LOCATE, PRINT y SCREEN.

El ***editor de GW-BASIC*** *limita el movimiento* de los cursores y el *scroll* de pantalla a los límites de la ventana.

Ejemplos:

```
VIEW PRINT 1 TO 12  'Ventana: 12 primeras líneas
VIEW PRINT          'Ventana: líneas 1 a 24
```

Véase también:

CLS, LOCATE, PRINT, SCREEN y VIEW.

WAIT

Sintaxis:

```
WAIT númPort, exprAND [,exprXOR]
```

Descripción:

Esta sentencia **suspende la ejecución del programa** hasta recibir por un puerto de entrada determinado una secuencia de bits específica.

Información adicional:

númPort es un **número** entre 0 y 65535 que *identifica un puerto válido de entrada.*

exprAND es una **expresión entera** entre 0 y 255 que *se combina mediante el operador AND*, bien con el dato del puerto de entrada (si el argumento *exprXOR* no existe), bien con el byte resultante de aplicar el operador XOR a dicho dato (en caso de haber indicado un valor para *exprXOR*). **Si el resultado es distinto de 0**, WAIT *deja de controlar* el puerto.

exprXOR es una **expresión entera** entre 0 y 255 que *se combina mediante el operador XOR con el dato del puerto de entrada. **Si se omite**, se considera 0 (lo que equivale a no efectuar la operación).* La **operación XOR** (*OR exclusivo*) permite controlar qué bits del dato de entrada invertir: todos los bits de *exprXOR* que estén a 1 invertirán el bit de su misma posición del byte del puerto y todos los que estén a 0, mantendrán el valor de los bits homólogos del dato del puerto. Esto *permite activar o desactivar bits a voluntad.*

WAIT **testea continuamente** el valor de *exprAND*: en el instante en el que encuentra *uno de sus bits a 1*, da el control a la siguiente sentencia del programa. Si *todos los bits son* 0, GW-BASIC inicia de nuevo la ejecución de la sentencia y lee un dato del puerto.

Es posible que la sentencia WAIT provoque un **bucle infinito**. En caso de suceder esto, *se puede salir* del mismo presionando simultáneamente CRTL y BREAK. En caso extremo, se tendrá que reiniciar el sistema. (En un emulador de DOS bajo Windows u otro sistema operativo moderno, bastará con cerrar la ventana).

Ejemplos:

WAIT PORT,2,3

La línea anterior provoca el cálculo: (PORT XOR 3) AND 2; *mientras el resultado de la operación sea* 0 *permanecerá en bucle, leyendo el puerto; pero si deja de ser* 0, *se da por finalizada la sentencia.*

Véase también:

INP y OUT.

WHILE...WEND

Sintaxis:

```
WHILE condición
⋮
[sentencia(s) bucle]
⋮
WEND
```

Descripción:

Esta sentencia permite ejecutar una serie de instrucciones en bucle *mientras* una condición lógica especificada sea verdadera.

Información adicional:

`condición` es una ***expresión numérica*** cuyo *valor final* se tratará como *lógico*, de forma que 0 es `FALSO` y cualquier otro resultado es `VERDADERO`.

`sentencia(s) bucle` es opcional. Son las sentencias que se van a repetir mientras se siga cumpliendo la condición del bucle.

`WHILE` comprueba primero la condición del bucle. Si el valor es verdadero (distinto de 0), inicia un bucle en el que ejecuta todas las sentencias posteriores a `WHILE` y previas al primer `WEND` que encuentre (esto quiere decir que *se permiten* **bucles anidados, pero no entrelazados**). Al encontrar la palabra `WEND`, vuelve a la sentencia `WHILE` correspondiente y comprueba si la condición de permanencia en el bucle sigue siendo verdadera. Si es así, ejecuta las sentencias hasta el primer `WEND`. Este ciclo se repite una y otra vez de forma indefinida mientras la condición sea verdadera. En el momento en que ésta sea falsa, se pasa el control del programa a la primera sentencia que se encuentre tras la palabra WEND.

Cada WEND se empareja con el WHILE más reciente. Un WEND sin su correspondiente pareja WHILE provoca el error: «Wend sin While en <númlínea>».

Una sentencia WHILE sin su correspondiente WEND provoca el error: «While sin Wend en <númlínea>».

Si no se controla bien la condición de salida, puede crearse un bucle infinito del que es posible salir presionando simultáneamente CRTL y BREAK. En algunos casos extremos, se tendrá que reiniciar el sistema. (En un emulador de DOS bajo Windows u otro sistema operativo moderno, bastará con cerrar la ventana).

Ejemplos:

El siguiente programa demuestra que WHILE permite modificar la condición del bucle fuera del mismo.

Versión del programa con GOTO:

```
10 PRINT "(Condición del bucle: I< 5"
20 PRINT "PASO del bucle [normal=0] (0-4):";
30 A$=INKEY$:IF A$="" THEN 30
40 C=VAL(A$):PRINT C:PRINT
50 I=1
60 WHILE I<5
70 PRINT "Dentro del bucle I="I
80 IF C AND C>=1 THEN GOTO 120
90 I=I+1:REM Sólo si C=0
100 WEND
110 END
120 I=I+C
```

```
130 PRINT "Fuera I="I
140 GOTO 100:'Con WHILE es válido GOTO 60
```

*Versión del programa con **GOSUB** (cambiar las siguientes líneas):*

```
80 IF C AND C>=1 THEN GOSUB 120:GOTO 100
140 RETURN
```

Las distintas ejecuciones del programa:

```
RUN
(Condición del bucle: I< 5
PASO del bucle [normal=0] (0-4): 0

Dentro del bucle I= 1
Dentro del bucle I= 2
Dentro del bucle I= 3
Dentro del bucle I= 4
Ok

RUN
(Condición del bucle: I< 5
PASO del bucle [normal=0] (0-4): 1

Dentro del bucle I= 1
Fuera I= 2
Dentro del bucle I= 2
Fuera I= 3
Dentro del bucle I= 3
Fuera I= 4
Dentro del bucle I= 4
Fuera I= 5
Ok
```

```
RUN
(Condición del bucle: I< 5
PASO del bucle [normal=0] (0-4): 2

Dentro del bucle I= 1
Fuera I= 3
Dentro del bucle I= 3
Fuera I= 5
Ok
RUN
(Condición del bucle: I< 5
PASO del bucle [normal=0] (0-4): 3

Dentro del bucle I= 1
Fuera I= 4
Dentro del bucle I= 4
Fuera I= 7
Ok
RUN
(Condición del bucle: I< 5
PASO del bucle [normal=0] (0-4): 4

Dentro del bucle I= 1
Fuera I= 5
Ok
```

Véase también:

FOR...NEXT.

WIDTH

Sintaxis:

```
WIDTH columnas
WIDTH númFich, columnas
WIDTH "dispositivo", columnas
```

Descripción:

La sentencia `WIDTH` permite *determinar el ancho* de la línea de salida enviado a un dispositivo o *cambia el número de columnas* máximo que se pueden representar en la pantalla.

Información adicional:

`columnas` es el **nuevo ancho medido en columnas**. Los *valores válidos* son:

✓ Para la *pantalla*, únicamente `40` u `80`.
✓ Para una *impresora*, se encuentra en el rango: de `1` a `255`. Un valor de `255` indica ancho infinito.
✓ Para *otros dispositivos* se admiten valores de `0` a `255`.

Si el valor está fuera del rango especificado se indica mediante el mensaje: «`Argumento no válido`».

`númFich` es un identificador válido del fichero abierto.

`dispositivo` es una **cadena válida** que *identifica el dispositivo*:

✓ Para la *pantalla*: `SCRN:`
✓ Para *impresoras*: `LPT1:`, `LPT2:` o `LPT3:`
✓ Para *dispositivos de comunicaciones*: `COM1:` y `COM2:`

Una cadena distinta de las anteriores provoca el error: «`Nombre de archivo incorrecto`».

WIDTH *columnas* se utiliza *sólo para la pantalla*. Tras cambiar el ancho de pantalla, provoca su borrado y establece los bordes de la misma en color negro.

WIDTH *númFich,columnas* se utiliza *para ficheros*. Los datos enviados al archivo afectado por la sentencia **WIDTH** se adaptan por **GW-BASIC** añadiendo los caracteres necesarios disponibles hasta completar la línea e insertando un retorno de carro al final de la misma.

La apertura de la impresora como un archivo (mediante **OPEN**), proporciona un identificador válido para poder modificar el ancho de cada línea de la impresora usando esta nomenclatura mientras el archivo siga abierto.

WIDTH *"dispositivo",columnas* se utiliza *para la pantalla, la impresora* o *dispositivos de comunicaciones*.

*La sentencia **SCREEN** afecta al ancho de pantalla únicamente al cambiar entre **SCREEN 2** y una de **SCREEN 1** ó **SCREEN 0**.*

Ejemplos:

*En el siguiente ejemplo: la línea **10** cambia la configuración de la impresora para escribir en cada línea **40** caracteres; la línea **20** asocia el dispositivo de impresión al identificador **#3** (mantiene la programación de **40** columnas por línea); la línea **100** modifica el número de caracteres por línea de la impresora a **132**, la línea **300** reprograma este número a **75** y la línea **100** cierra el vínculo con el dispositivo de impresión.*

```
10 WIDTH "LPT1:",40
20 OPEN "LPT1:" FOR OUTPUT AS #3
⋮
100 WIDTH #3,132
```

```
⋮
300 WIDTH #3,75
⋮
1000 CLOSE #3
```

En el siguiente ejemplo se utiliza **WIDTH** escribir los **6** mismos datos con distinto formato en un mismo archivo (**WIDTH.TXT**):

```
10 N$="WIDTH.TXT"
20 OPEN N$ FOR OUTPUT AS #1
30 PRINT#1,"          1         2         3"
40 PRINT#1,"12345678901234567890012345678901234"
50 COLUM=30
60 WHILE COLUM>=10
70 WIDTH #1,COLUM
80 COLUM=COLUM-10
90 GOSUB 130
100 WEND
110 CLOSE
120 END
130 REM Imprimir datos
140 PRINT#1,"Dato000001""Dato000002""Dato000003"
150 PRINT#1,"Dato000004""Dato000005""Dato000006"
160 RETURN
```

El archivo **WIDTH.TXT** generado por el programa (y unos comentarios entre paréntesis) es:

```
          1         2         3
12345678901234567890012345678901234
Dato000001Dato000002Dato000003          (30 columnas)
Dato000004Dato000005Dato000006          (30 columnas)
Dato000001Dato000002                    (20 columnas)
```

```
Dato000003      (Dato solitario por PRINT#1) (20 columnas)
Dato000004Dato000005                          (20 columnas)
Dato000006      (Dato solitario por PRINT#1) (20 columnas)
Dato000001                                    (10 columnas)
Dato000002                                    (10 columnas)
Dato000003                                    (10 columnas)
Dato000004                                    (10 columnas)
Dato000005                                    (10 columnas)
Dato000006                                    (10 columnas)
```

*En el siguiente ejemplo: la línea **10** configura la pantalla en modo de texto de **40** columnas. Las líneas **30** a **40** esperan la pulsación de una tecla; la línea **50** cambia el número de columnas a **80**.*

```
10 SCREEN 0:WIDTH 40:REM Texto 40 columnas
20 PRINT "Ancho de pantalla de 40 columnas"
30 PRINT:PRINT "Pulse una tecla..."
40 A$=INKEY$:IF A$="" THEN 40
50 WIDTH 80
60 PRINT "Ancho de pantalla de 80 columnas"
```

Véase también:

PRINT, LPRINT, SCREEN, VIEW y VIEW PRINT.

WINDOW

Sintaxis:

WINDOW [[SCREEN] (*xsi*,*ysi*)-(*xid*,*yid*)]

Descripción:

La sentencia WINDOW *activa el sistema de coordenadas lógicas* (definiendo las dimensiones lógicas de la ventana de gráficos actual) *o lo desactiva* (cuando no se usa ningún argumento).

Información adicional:

Esta sentencia *permite dibujar* líneas, gráficos y otros objetos definidos *fuera de los límites físicos de la ventana de gráficos actual*, en la ventana lógica estipulada.

SCREEN es opcional:

✓ *Si se utiliza*, los valores de las coordenadas cartesianas de la pantalla aumentan *desde la parte superior* de la pantalla *hasta la parte inferior*.

✓ *Si se omite*, los valores de las coordenadas cartesianas de la pantalla aumentan *desde la parte inferior* de la pantalla *hasta la parte superior*.

(*xsi*,*ysi*) son las *coordenadas de la esquina superior izquierda* de la ventana lógica definida por el usuario. Pueden ser números de *simple* o de *doble precisión*.

(*xid*,*yid*) son las *coordenadas de la esquina inferior derecha* de la ventana lógica definida por el usuario. Pueden ser números de *simple* o de *doble precisión*.

Las *coordenadas del argumento* deben cumplir ser las *esquinas opuestas de la ventana lógica* y pueden estar en cualquier orden ya que WINDOW organiza los pares en orden ascendente. Los pares de coordenadas en los que *xsi* es igual a *xid* o *ysi* es igual a *yid* *NO* son válidos.

WINDOW se encarga de la *conversión de coordenadas lógicas a coordenadas físicas*, convirtiéndolas de forma apropiada, según la presencia u omisión del argumento SCREEN.

La ejecución *sin ningún argumento* de SCREEN, WINDOW o RUN desactiva el sistema de coordenadas lógicas, retornando la pantalla a su *estado normal de coordenadas físicas*.

Ejemplos:

```
10 CLS:SCREEN 1:REM resolución 320x200
20 REM Círculo azul central
30 CIRCLE (160,100),10,1
40 REM Círculos blancos concéntricos
50 I=2
60 WHILE I<11
70 WINDOW (-160/I,-100/I)-(160/I,100/I)
80 CIRCLE (0,0),10
90 IF I MOD 2 THEN I=I+1 ELSE I=I+3
100 WEND
110 REM Semicírculo esquina superior izquierda
120 WINDOW 'Desactiva coordenadas lógicas
130 CIRCLE (0,0),60,1:'Círculo azul incompleto
140 REM Elipses magenta
150 S=-1
160 FOR I=1 TO 4
170 IF I MOD 2 THEN S=S*(-1):GOTO 210
```

```
180 WINDOW SCREEN (-160,-100)-(160,100)
190 CIRCLE (S*63,S*35),10,2,,,1.9:'E. Vertical
200 GOTO 230
210 WINDOW (-160,-100)-(160,100)
220 CIRCLE (S*63,S*35),10,2,,,.5:'E. Horizontal
230 NEXT
240 END
250 SCREEN 0:WIDTH 80:REM Modo texto 80 columnas
```

La salida del programa anterior es:

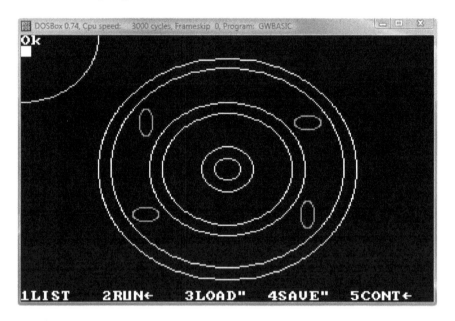

Las cuatro elipses magenta están centradas en las esquinas de un cuadrado imaginario cuyas coordenadas lógicas, comenzando por el extremo superior derecho y siguiendo el sentido horario, son respectivamente: (63,35), SCREEN (63,35), (-63,-35) y SCREEN (-63,-35),

Véase también:

CLS, PMAP, POINT, SCREEN, VIEW, WIDTH y RUN.

WRITE

Sintaxis:

WRITE [*ListExpr*]

Descripción:

Esta sentencia ***permite mostrar datos con formato*** en la pantalla.

Información adicional:

ListExpr es *opcional*; ***si se omite,*** la salida es una línea en blanco; ***si está presente***:

✓ Es una *lista de una o más expresiones numéricas o de cadena* separadas por una coma (*o un punto y coma*).

✓ Cada *separador* debe ir *pospuesto obligatoriamente por un dato*. Si no es así, se genera el error: «Falta operando en <*númLínea*>».

✓ Los *literales de cadena* deben ir delimitados entre comillas dobles.

GW-BASIC inserta tras el último dato impreso la combinación de caracteres CR/LF (retorno de carro/cambio de línea).

WRITE produce el mismo formato para los valores numéricos que la sentencia **PRINT**, pero a *diferencia* de esta última:

✓ Los datos se muestran separados por una coma.

✓ Los números positivos no van precedidos por ningún espacio en blanco.

✓ Todas las cadenas son delimitadas por comillas dobles.

Ejemplos:

```
10 B#=1.56766:A$="A="
20 PRINT A$;2019,"B#=";B#:WRITE
30 WRITE A$;2019,"B#=";B#

RUN
A= 2019        B#= 1.567659974098206

"A=",2019,"B#=",1.567659974098206
```

Véase también:

WRITE#, PRINT, LPRINT, INPUT y LINE INPUT.

WRITE#

Sintaxis:

```
WRITE# númFich, ListExpr
WRITE #númFich, ListExpr
WRITE # númFich, ListExpr
```

Descripción:

Esta sentencia **permite escribir datos con formato delimitado** por comas en un archivo.

Información adicional:

númFich es un *identificador* válido de un *archivo secuencial abierto para salida* y debe ir **precedido obligatoriamente** por un carácter **almohadilla (#)**.

ListExpr *no se puede omitir*. Es una **lista de una o más expresiones** numéricas o de cadena **separadas por una coma** (*o un punto y coma*). Cada separador *debe ir pospuesto obligatoriamente* por un dato. Los **literales de cadena** deben ir delimitados entre comillas dobles.

GW-BASIC inserta tras el último dato impreso la combinación de caracteres CR/LF (retorno de carro/cambio de línea).

Ejemplos:

```
10 OPEN "MULT1a7.TXT" FOR OUTPUT AS #1
20 FOR I=1 TO 7
30 READ NUM$
40 WRITE #1,NUM$;"x2",I*2;"x3",I*3;"x4",I*4
50 NEXT I
```

```
60 CLOSE #1 'Asegura escritura del archivo
70 DATA UNO,DOS,TRES,CUATRO,CINCO,SEIS,SIETE
```

El programa anterior genera un archivo de texto de nombre
MULT1a7.TXT cuyo contenido es:

```
"UNO","x2",2,"x3",3,"x4",4
"DOS","x2",4,"x3",6,"x4",8
"TRES","x2",6,"x3",9,"x4",12
"CUATRO","x2",8,"x3",12,"x4",16
"CINCO","x2",10,"x3",15,"x4",20
"SEIS","x2",12,"x3",18,"x4",24
"SIETE","x2",14,"x3",21,"x4",28
```

Como puede apreciarse, todas las cadenas están delimitadas por
comillas, tanto si es un literal como una variable.

Véase también:

WRITE, PRINT, LPRINT, INPUT, LINE INPUT y OPEN.

Capítulo 6

Bibliografía complementaria

Basic BASIC (Second edition). *An introdution to computer programming in basic language.* James S. Coan. HAYDEN BOOK COMPANY, INC. Rochelle Park, New Jersey, 1978.

QBASIC - Referencia Básica, 1987-1991. Microsoft Corporation (pulsar ENTER nada más entrar en el programa QBASIC).

8088-8086/8087. Programación ensamblador en entorno MS-DOS. Miguel Ángel Rodríguez-Roselló. EDICIONES ANAYA MULTIMEDIA, S.A.,1989.

Programación avanzada y desarrollo de software en BASIC. Con ejemplos y aplicaciones prácticas en QBasic y QuickBasic. Peter Bishop. EDICIONES ANAYA MULTIMEDIA, S.A.,1992.

https://es.wikipedia.org/wiki/GW-BASIC. Sección dedicada a GW-BASIC en la Wikipedia.

Índice de instrucciones

*En este índice, la letra **CH** no forma parte de la letra **C**; y la letra **LL** no forma parte de la letra **L**, como se hacía tradicionalmente; en contraste, en el capítulo 5 se sigue un orden más moderno en el que la letra **CH** se integra con la **C** y la **LL** con la **L**.*